2025年度版

山形県の
数学科

過去問

協同教育研究会 編

協同出版

本書には，山形県の教員採用試験の過去問題を
収録しています。各問題ごとに，以下のように5段
階表記で，難易度，頻出度を示しています。

難 易 度

非常に難しい　☆☆☆☆☆
やや難しい　☆☆☆☆
普通の難易度　☆☆☆
やや易しい　☆☆
非常に易しい　☆

頻 出 度

◎　　ほとんど出題されない
◎◎　　あまり出題されない
◎◎◎　普通の頻出度
◎◎◎◎　よく出題される
◎◎◎◎◎　非常によく出題される

はじめに～「過去問」シリーズ利用に際して～

　教育を取り巻く環境は変化しつつあり，日本の公教育そのものも，教員免許更新制の廃止やGIGAスクール構想の実現などの改革が進められています。また，現行の学習指導要領では「主体的・対話的で深い学び」を実現するため，指導方法や指導体制の工夫改善により，「個に応じた指導」の充実を図るとともに，コンピュータや情報通信ネットワーク等の情報手段を活用するために必要な環境を整えることが示されています。

　一方で，いじめや体罰，不登校，暴力行為など，教育現場の問題もあいかわらず取り沙汰されており，教員に求められるスキルは，今後さらに高いものになっていくことが予想されます。

　本書の基本構成としては，出題傾向と対策，過去5年間の出題傾向分析表，過去問題，解答および解説を掲載しています。各自治体や教科によって掲載年数をはじめ，「チェックテスト」や「問題演習」を掲載するなど，内容が異なります。

　また原則的には一般受験を対象としております。特別選考等については対応していない場合があります。なお，実際に配布された問題の順番や構成を，編集の都合上，変更している場合があります。あらかじめご了承ください。

　最後に，この「過去問」シリーズは，「参考書」シリーズとの併用を前提に編集されております。参考書で要点整理を行い，過去問で実力試しを行う，セットでの活用をおすすめいたします。

　みなさまが，この書籍を徹底的に活用し，教員採用試験の合格を勝ち取って，教壇に立っていただければ，それはわたくしたちにとって最上の喜びです。

協同教育研究会

C O N T E N T S

第1部

山形県の
数学科
出題傾向分析

山形県の数学科　傾向と対策

1　出題傾向

　中学校・高等学校ともに試験時間110分，問題数は大問7問(そのうち共通問題が大問3問)，試験時間，問題数とも2023年度と変わらず，出題形式，出題傾向に変化はなかった。中学校数学は中学・高校の範囲(数学Ⅲの領域を除く)からの出題であり，難易度は教科書の例題，節末・章末問題，大学入試基本レベルである。高等学校数学は数学全範囲からの出題であり，難易度は教科書の節末・章末問題，大学入試基本・標準レベルである。2024年度も学習指導要領に関する出題は見られなかった。

　中・高共通の1問目は独立した小問集合7問(必要十分条件，絶対値のついた一次不等式，データの代表値，余弦定理，場合の数，整数の除法の余り，曲線の接線)，2問目(第3問)は平面幾何(メネラウスの定理と三角形の面積比)，3問目(第4問)は二次方程式の解と係数の関係の出題である。

　中学校の1問目(第2問)は作図，2問目(第5問)は等差数列，3問目(第6問)は指数関数と二次関数の融合問題，4問目(第7問)は積分の問題。以上の出題である。

　高等学校の1問目(第2問)は数学的帰納法の証明問題，2問目(第5問)は空間ベクトルと空間図形，3問目(第6問)は関数の微分可能についてと極値，4問目(第7問)は楕円の面積の出題である。

　以上のように，問題は高校数学の内容を主とした出題である。中学校数学は全般的に中学と高校の内容の全範囲から幅広く出題され，基本問題もあり，苦手な分野(単元)を作らないことが大切である。また，高校数学の微分・積分の問題はやや難しい内容も出題されるので，大学入試レベルの問題集の活用で応用問題にも対応できるように準備をしておく必要がある。

2　学習対策

　どのような試験でも最低これだけは費やさなければならない時間と，

これだけかければ大丈夫だろうという時間がある。それらの時間は人それぞれに異なり一般論はないものの，過去問やそれと同レベルの大学入試問題の解答・解説を「必要に応じて教科書や参考書のように使いこなしながら理解していく」というやり方が有力な方法として知られている。そして，どのような問題が出題されても，教科書や参考書のどこを見て何を参考にすれば解けるかが分かるようになることが，充分な時間をかけて学習したかどうかの大きな判断になる。これらにより，

1. 自分の実力と合格レベルとの正確な距離感を把握すること
2. 教科書や問題集の基本的内容を把握すること
3. 頻繁に使われる具体的な知識，その使い方にも習熟できること
4. 気付かなかった苦手分野の克服の方向性が実践的に捉えられること
5. 常に実践レベルの密度の濃い学習が維持できること

ができるようにする。そして，自分に適した有効な勉強方法を考え「問題の精選と苦手分野の克服を実践レベルで学習する」質の高い学習を重ねることが，実力をつける最も有力な方法である。

　一般的に「まず教科書の基本を復習し，基礎をしっかり固めて苦手な分野をなくしてから練習問題，応用問題とレベルを上げ，最後に実践問題に取り組む」ことがよく言われるが，無限に時間があるわけではない。持ち時間も限られている。基本事項の復習ひとつをとっても，単なる復習では学習密度に差がある。最初から実践レベルの学習に取り組み，それに慣れることが最優先である。

　こうした事柄を念頭に置いて対策を考えると，中学・高校の教科書の基本問題の完全マスターが必要である。応用問題は後回しにして，基本問題を集中的にこなして理解し，すぐに暗算でも答えが出せるくらいにしておきたい。このようにして山形県では中学・高校教科書の学習内容を適宜参照して活用することが"実践レベル"での学習を保つことになる。"実践レベル"での解法を保てれば着実に力がついていくだろう。また，過去問や大学入試問題を解く学習を積んでおくことも大切である。そして，どのような場合でも常に自分の実力と合格レベルとの距離感を正確に把握し，"実践レベル"での解法を意識する学習を心掛けたい。

過去5年間の出題傾向分析

●中学数学

分　類	2020年度	2021年度	2022年度	2023年度	2024年度
数と式			●	●	
方程式と不等式	●	●		●	●
数の性質	●	●	●	●	●
ベクトル					
複素数					
関数とグラフ	●	●	●	●	
平面幾何	●	●	●		●
空間図形	●	●	●	●	
平面座標と図形		●	●		
三角関数			●	●	
三角比と平面図形	●	●		●	●
指数・対数	●		●		●
数列	●	●	●	●	●
行列					
微分・積分	●		●	●	●
場合の数・確率	●	●	●	●	●
集合と命題	●	●			●
データの分析，確率分布	●		●	●	●
学習指導要領					
作図	●				

●高校数学

分　類	2020年度	2021年度	2022年度	2023年度	2024年度
数と式			●	●	
方程式と不等式	●	●		●	●
数の性質	●	●	●	●	●
ベクトル	●	●			●
複素数	●	●	●	●	
関数とグラフ	●		●	●	
平面幾何	●		●		●
空間図形		●	●	●	●
平面座標と図形		●	●		
三角関数					
三角比と平面図形	●	●		●	●
指数・対数	●				
数列	●	●	●	●	
行列					
微分・積分	●	●	●	●	●
場合の数・確率	●	●	●	●	●
集合と命題	●	●			
データの分析，確率分布	●		●	●	●
学習指導要領					
作図					

第 2 部

山形県の
教員採用試験
実施問題

2024年度　実施問題

【中高共通】

【１】次の問いに答えなさい。(結果のみ書きなさい。)

1　a, bは実数とする。次の(1), (2)の文中の空欄(①), (②)にあてはまる適切な語句を, 以下のア〜エの中からそれぞれ1つずつ選び, 記号で答えなさい。

　(1)　$|a|+|b|=|a+b|$は, $a＝b$であるための(①)。

　(2)　$a+b>0$かつ$ab>0$は, $a>0$かつ$b>0$であるための(②)。

　　ア　必要十分条件である

　　イ　必要条件であるが十分条件でない

　　ウ　十分条件であるが必要条件でない

　　エ　必要条件でも十分条件でもない

2　不等式$|2x-4|≧|x-1|$を解きなさい。

3　次のデータは, 10人の生徒の通学時間を調べたものである。

　　15, 39, 26, 41, 22, 65, 12, 24, 33, 23　(単位は分)

　　このデータのうち, 39分と41分をどちらも40分に修正したとき, 修正後のデータの平均値と分散は, 修正前と比べてどのように変化するか。次のア〜ウの中からそれぞれ1つずつ選び, 記号で答えなさい。

　　ア　増加する　　イ　減少する　　ウ　変わらない

4　△ABCにおいて, $\dfrac{AB}{7}=\dfrac{BC}{5}=\dfrac{CA}{3}$が成り立つとき, この三角形の内角のうち, 最大の角の大きさを求めなさい。

5　9人を, 次のようなグループに分ける方法は何通りあるか, それぞれ求めなさい。

　(1)　3人ずつA, B, Cの3つのグループに分ける。

　(2)　3人, 2人, 2人, 2人の4つのグループに分ける。

6　nは整数とする。$(2n+1)^2$を3で割った余りを求めなさい。

7　関数$f(x)＝2x^2－5x+2$について，曲線$y＝f(x)$上の点(3，5)における法線の方程式を求めなさい。

(☆☆☆◎◎◎◎)

【2】図のように，AB＝7，BC＝8，∠B＝45°の△ABCがある。辺ACの中点をL，線分BLの中点をMとし，直線AMと辺BCとの交点をNとするとき，以下の問いに答えなさい。

図

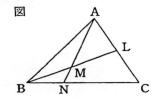

1　BN：NCを求めなさい。

2　△BMNの面積を求めなさい。

(☆☆☆◎◎◎◎)

【3】a，bは実数とする。2次方程式$x^2＋ax+b＝0$の2つの解を$α$，$β$としたとき，2次方程式$x^2－3bx+3a＝0$の2つの解は$α+2$，$β+2$である。このとき，次の問いに答えなさい。

1　a，bの値をそれぞれ求めなさい。

2　nを自然数とするとき，$α^{3n}＋β^{3n}$の値を求めなさい。

(☆☆☆◎◎◎)

【中学校】

【1】図は，直線lと直線l上の異なる2点A，Bを通る円の一部である。弧ABを直線lに関して対称移動した弧を，定規とコンパスを使って作図する方法を説明しなさい。

ただし，定規とコンパスの使い方を説明する必要はない。

図

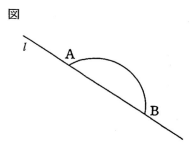

l
A
B

(☆☆☆☆◎◎)

【2】 数列　3, 6, 9, …, 3n　について，次の問いに答えなさい。
　1　初項から第n項までの和を求めなさい。
　2　異なる2項の積の総和を求めなさい。

(☆☆☆☆◎◎◎)

【3】 aは正の定数とする。関数$y＝4^x－a・2^{x+1}＋a^2＋2a－8$について，次の
　問いに答えなさい。
　1　$2^x＝t$とするとき，yをtを用いて表しなさい。
　2　$y＝0$が異なる2つの実数解をもつようなaの値の範囲を求めなさい。

(☆☆☆◎◎◎◎)

【4】 aは定数とする。関数$f(x)$が次の等式を満たすとき，以下の問いに答
　えなさい。

$$\int_x^2 f(t)dt＝x^3－ax＋\int_0^4 |t^2－4|dt$$

　1　定積分$\displaystyle\int_0^4 |t^2－4|dt$を求めなさい。

　2　aの値と関数$f(x)$をそれぞれ求めなさい。

　3　$g(x)＝\displaystyle\int_x^2 f(t)dt＋k$とする。関数$y＝g(x)$のグラフと$x$軸が共有点を2個
　　もつとき，定数kの値を求めなさい。

(☆☆☆◎◎◎◎)

【高等学校】

【1】0以上の整数nについて，$5^n + 12n + 7$は8の倍数であることを，数学的帰納法を用いて証明しなさい。

(☆☆☆◎◎)

【2】座標空間上の4点O(0, 0, 0)，A(1, 0, 0)，B(1, −1, 1)，C(−1, 1, 0)を頂点とする四面体OABCにおいて，点Oから平面ABCに下ろした垂線をOHとする。このとき，次の問いに答えなさい。
1 △ABCの面積を求めなさい。
2 点Hの座標を求めなさい。
3 四面体OABCの体積を求めなさい。

(☆☆◎◎◎)

【3】関数$f(x) = |x|\sqrt{x+1}$について，次の問いに答えなさい。
1 関数$f(x)$は$x = 0$で微分可能であるか調べなさい。
2 関数$f(x)$の極値を求めなさい。また，そのときのxの値を求めなさい。

(☆☆☆◎◎◎◎)

【4】曲線$5x^2 + 3y^2 − 30 = 0$について，次の問いに答えなさい。
1 曲線の概形をかきなさい。
2 曲線で囲まれた部分の面積Sを，積分を用いて求めなさい。なお，計算の途中過程が分かるように書きなさい。

(☆☆☆☆◎◎◎◎)

解答・解説

【中高共通】

【１】1　(1)　①　イ　　(2)　②　ア　　2　$x \leqq \dfrac{5}{3}$，$3 \leqq x$　　3　平均値
…ウ　分散…イ　　4　120°　　5　(1)　1680〔通り〕　　(2)　1260
〔通り〕　　6　$n = 3k$，$3k + 2$のとき1，$n = 3k + 1$のとき0（kは整数）
7　$y = -\dfrac{1}{7}x + \dfrac{28}{7}$

〈解説〉1　(1)　命題「$|a| + |b| = |a + b| \Rightarrow a = b$」は偽(反例$a = 1$，$b = 0$)であり，逆の命題「$a = b \Rightarrow |a| + |b| = |a + b|$」は真なので必要条件ではあるが十分条件ではない。

(2)　命題「$a + b > 0$かつ$ab > 0 \Rightarrow a > 0$かつ$b > 0$」は真であり，逆の命題「$a > 0$かつ$b > 0 \Rightarrow a + b > 0$かつ$ab > 0$」は真なので必要十分条件である。

2　(i)　$x < 1$のとき$-2x + 4 \geqq -x + 1$より，$x \leqq 3$なので$x < 1$

(ii)　$1 \leqq x < 2$のとき$-2x + 4 \geqq x - 1$より，$x \leqq \dfrac{5}{3}$なので$1 \leqq x < \dfrac{5}{3}$

(iii)　$2 \leqq x$のとき$2x - 4 \geqq x - 1$より，$x \geqq 3$なので$3 \leqq x$

3　修正後，データ全体で同じ値だけ増減したので平均は変わらない。
2つのデータの偏差の2乗の和は，
修正前が，$(39 - 30)^2 + (41 - 30)^2 = 202$
修正後が，$(40 - 30)^2 + (40 - 30)^2 = 200$
修正後，偏差の二乗の和は減少するため，分散は減少する。

4　$\dfrac{AB}{7} = \dfrac{BC}{5} = \dfrac{CA}{3} = k$とすると，$AB = 7k$，$BC = 5k$，$CA = 3k$となる。

したがって，最大の角はCと分かるので余弦定理より，

$\cos C = \dfrac{25k^2 + 9k^2 - 49k^2}{2 \times 5k \times 3k} = -\dfrac{1}{2}$となる。つまり$C = 120°$

5　(1)　A，B，Cの順にそれぞれのグループを選ぶ方法は，
${}_9C_3$〔通り〕，${}_6C_3$〔通り〕，${}_3C_3$〔通り〕である。

よって，${}_9C_3 \times {}_6C_3 \times {}_3C_3 = \dfrac{9 \cdot 8 \cdot 7}{3 \cdot 2 \cdot 1} \cdot \dfrac{6 \cdot 5 \cdot 4}{3 \cdot 2 \cdot 1} \cdot 1 = 1680$〔通り〕

(2)　4つのグループをそれぞれ区別したときの分け方は，

(1)と同様にして，${}_9C_3 \cdot {}_6C_3 \cdot {}_4C_2 \cdot {}_2C_2$〔通り〕

同人数である2人のグループの区別をなくすとき，同じ分け方が3!〔通り〕あるため，

$$\frac{{}_9C_3 \cdot {}_6C_2 \cdot {}_4C_2 \cdot 1}{3!} = 1260 \text{〔通り〕}$$

6　kを整数とするとき，nは，$3k-2$，$3k-1$，$3k$となる。

(i)　$n=3k-2$のとき，$(2n+1)^2=(6k-3)^2=9(2k-1)^2$より，3で割った余りは0

(ii)　$n=3k-1$のとき，$(2n+1)^2=(6k-1)^2=36k^2-12k+1=3(12k^2-4k)+1$より，3で割った余りは1

(iii)　$n=3k$のとき，$(2n+1)^2=(6k+1)^2=36k^2+12k+1=3(12k^2+4k)+1$より，3で割った余りは1

以上より，$n=3k$，$3k-2$のとき1，$n=3k-1$のとき0

7　$f'(x)=4x-5$より，曲線$y=f(x)$上の点（3，5）における接線の傾きは，$f'(3)=7$

したがって，曲線$y=f(x)$上の点（3，5）における法線の傾きは$-\dfrac{1}{7}$

よって，求める法線の方程式は，$y-5=-\dfrac{1}{7}(x-3)$より，$y=-\dfrac{1}{7}x+\dfrac{28}{7}$

【2】1　メネラウスの定理より　$\dfrac{BN}{NC} \cdot \dfrac{CA}{AL} \cdot \dfrac{LM}{MB}=1$

仮定より　$\dfrac{CA}{AL}=2$，$\dfrac{LM}{MB}=1$　であるから

$\dfrac{BN}{NC} \cdot 2 \cdot 1=1$　　よって　$\dfrac{BN}{NC}=\dfrac{1}{2}$　　したがって　$BN:NC=1:2$

2　$AL:LC=1:1$より　$\triangle ABL=\dfrac{1}{2}\triangle ABC$

$BM:ML=1:1$より　$\triangle ABM=\dfrac{1}{2}\triangle ABL$

よって　$\triangle ABM=\dfrac{1}{4}\triangle ABC$

また，BN：NC＝1：2より　△ABN＝$\frac{1}{3}$△ABC

よって　△BMN＝△ABN－△ABM＝$\frac{1}{3}$△ABC－$\frac{1}{4}$△ABC

＝$\frac{1}{12}$△ABC＝$\frac{1}{12}\cdot\frac{1}{2}\cdot7\cdot8\cdot\sin45°＝\frac{7\sqrt{2}}{6}$

〈解説〉1　解答参照。

2　(別解)メネラウスの定理より，$\frac{BC}{BN}\cdot\frac{MN}{AM}\cdot\frac{AL}{LC}＝1$

$\frac{3}{1}\cdot\frac{MN}{AM}\cdot\frac{1}{1}＝1$

$\frac{MN}{AM}＝\frac{1}{3}$

AM：MN＝3：1

よって，△BMN＝$\frac{1}{4}$△ABN＝$\frac{1}{4}\times\frac{1}{3}$△ABC＝$\frac{1}{12}\times\frac{1}{2}\times7\times8\times$

$\sin45°＝\frac{7\sqrt{2}}{6}$

【3】1　α，βは$x^2+ax+b＝0$の解であるから，解と係数の関係より

$\alpha+\beta＝-a$，　$\alpha\beta＝b$…①

また，$\alpha+2$，$\beta+2$は$x^2-3bx+3a＝0$の解であるから，解と係数の関係より

$(\alpha+2)+(\beta+2)＝3b$，$(\alpha+2)(\beta+2)＝3a$

よって　$\alpha+\beta＝3b-4$，$\alpha\beta+2(\alpha+\beta)+4＝3a$

これらに①を代入すると

$-a＝3b-4$…②，$b-2a+4＝3a$…③

②，③を解くと　$a＝1$，$b＝1$

2　α，βは$x^2+x+1＝0$の解であるから

$\alpha^2+\alpha+1＝0$，$\beta^2+\beta+1＝0$

よって　$\alpha^3＝\alpha\cdot\alpha^2＝\alpha(-\alpha-1)＝-(\alpha^2+\alpha)＝1$

同様にすると　$\beta^3＝1$

したがって　$\alpha^{3n}+\beta^{3n}＝(\alpha^3)^n+(\beta^3)^n＝1+1＝2$

〈解説〉解答参照。

【中学校】

【1】 求める弧を含む円の中心O'は，与えられた弧ABを含む円の中心O
を直線*l*に関して対称に移動した点である。

よって，弧ABを直線*l*に関して対称移動した弧を作図する方法は次の
ようになる。

① 線分ABの垂直二等分線を引き，線分ABとの交点をMとする。

② 2点A，Bとは異なる点Cを，弧AB上にとり，線分ACの垂直二等分
線を引く。

③ ①で引いた直線と②で引いた直線との交点をOとし，点Oとは異
なる点O'を，①で引いた直線上にO'M＝OMとなるようにとる。

④ O'を中心とする半径O'Aの円の一部となるように弧ABをかく。

〈解説〉円の中心は弦の垂直二等分線上にあるため，適当な弦二つの垂直
二等分線が弧ABの中心Oとなる。また，線対称な図形の対称軸は対応
する点を結ぶ線分を垂直に二等分する直線であるから，直線*l*は中心O
と中心O'を結ぶ線分を垂直に二等分する。

解答通りにコンパスと定規で作図すると以下のようになる。

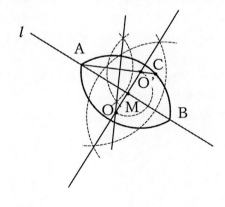

【２】1　第n項をa_nとすると　　$a_n = 3n$

求める和をSとすると

$$S = \sum_{k=1}^{n} a_k = \sum_{k=1}^{n} 3k = \frac{3}{2}n(n+1)$$

2　$(a_1 + a_2 + \cdots a_n)^2 = (a_1{}^2 + a_2{}^2 + \cdots + a_n{}^2) + 2(a_1 a_2 + a_1 a_3 + \cdots + a_{n-1} a_n)$

であるから，求める和をTとすると

$$\left(\sum_{k=1}^{n} a_k \right)^2 = \sum_{k=1}^{n} a_k{}^2 + 2T$$

よって　$T = \dfrac{1}{2}\left\{ \left(\sum_{k=1}^{n} 3k \right)^2 - \sum_{k=1}^{n} 9k^2 \right\}$

$$= \frac{9}{2}\left\{ \frac{1}{4}n^2(n+1)^2 - \frac{1}{6}n(n+1)(2n+1) \right\}$$

$$= \frac{9}{2} \cdot \frac{1}{12}n(n+1)\{3n(n+1) - 2(2n+1)\}$$

$$= \frac{3}{8}n(n+1)(3n^2 - n - 2) = \frac{3}{8}n(n+1)(n-1)(3n+2)$$

〈解説〉解答参照。

【３】1　$y = (2^x)^2 - 2a \cdot 2^x + a^2 + 2a - 8$

$= t^2 - 2at + a^2 + 2a - 8$

2　$2^x = t$　とすると　　$t > 0$

$g(t) = t^2 - 2at + a^2 + 2a - 8$　とおくと　tについての2次方程式$g(t) = 0$が，$t > 0$の範囲で異なる2つの実数解をもつようなaの値の範囲を求めればよい。

$g(t) = (t - a)^2 + 2a - 8$　であるから　$y = g(t)$のグラフは頂点が$(a, \ 2a - 8)$, 軸の方程式が$t = a$の下に凸の放物線である。

$a > 0 \cdots$①　であるからグラフの軸は$t > 0$の範囲にある。

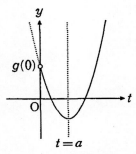

$$t = a$$

よって　$\begin{cases} 2a-8 < 0 & \cdots ② \\ g(0) = a^2 + 2a - 8 > 0 & \cdots ③ \end{cases}$

となればよい。

②より　$a < 4$ $\cdots ④$

③より　$(a+4)(a-2) > 0$　よって　$a < -4,\ 2 < a$ $\cdots ⑤$

①, ④, ⑤より　$2 < a < 4$

〈解説〉解答参照。

【4】1

$$|t^2 - 4| = \begin{cases} t^2 - 4 & (t \leq -2,\ 2 \leq t) \\ -t^2 + 4 & (-2 \leq t \leq 2) \end{cases}$$

であるから

$$\int_0^4 |t^2 - 4|\,dt = \int_0^2 (-t^2 + 4)\,dt + \int_2^4 (t^2 - 4)\,dt$$

$$= \left[-\frac{1}{3}t^3 + 4t \right]_0^2 + \left[\frac{1}{3}t^3 - 4t \right]_2^4$$

$$= \left(-\frac{8}{3} + 8 \right) - 0 + \left(\frac{64}{3} - 16 \right) - \left(\frac{8}{3} - 8 \right)$$

$$= 16$$

2　与えられた等式は

$$\int_2^x f(t)\,dt = x^3 - ax + 16$$

$x = 2$ を代入すると　　$0 = 8 - 2a + 16$　よって　$a = 12$

このとき　$\displaystyle\int_x^2 f(t)dt = x^3 - 12x + 16$　であるから

$$\int_2^x f(t)dt = -x^3 + 12x - 16$$

両辺をxで微分すると　$f(x) = -3x^2 + 12$

3　$g(x) = x^3 - 12x + 16 + k$

$g'(x) = 3x^2 - 12 = 3(x+2)(x-2)$

$g'(x) = 0$となるのは　$x = -2,\ 2$

よって，増減表は次のようになる。

x	$\cdots$	-2	$\cdots$	2	$\cdots$
$g'(x)$		$+$	0	$-$	0	$+$
$g(x)$		$\nearrow$	$32+k$	$\searrow$	k	$\nearrow$

関数$y = g(x)$のグラフとx軸が共有点を2個もつには$32+k=0$または$k=0$となればよい。

よって　$k = -32,\ 0$

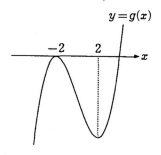

〈解説〉解答参照。

【高等学校】

【1】「$5^n + 12n + 7$は8の倍数である」を①とする。

(i)　$n = 0$のとき

$5^0 + 12 \cdot 0 + 7 = 8$

よって　①は$n = 0$のとき成り立つ。

(ii)　$n = k$ (kは0以上の整数)のとき

①が成り立つと仮定すると，Nを整数として　$5^k+12k+7=8N$ …②
とおける。

$n=k+1$のとき

$5^{k+1}+12(k+1)+7=5 \cdot 5^k+12k+19$

ここで，②より，$5^k=8N-12k-7$　であるから

$5 \cdot 5^k+12k+19=5(8N-12k-7)+12k+19$

$\qquad\qquad\qquad =40N-48k-16=8(5N-6k-2)$ …③

$5N-6k-2$は整数であるから，③は8の倍数である。

よって①は$n=k+1$のときも成り立つ。

(i)，(ii)より　0以上のすべての整数nについて$5^n+12n+7$は8の倍数である。

〈解説〉解答参照。

【2】1　$\overrightarrow{AB}=(0, -1, 1)$, $\overrightarrow{AC}=(-2, 1, 0)$　であるから

$|\overrightarrow{AB}|^2=0^2+(-1)^2+1^2=2$

$|\overrightarrow{AC}|^2=(-2)^2+1^2+0^2=5$

$\overrightarrow{AB} \cdot \overrightarrow{AC}=0-1+0=-1$

よって　$\triangle ABC=\dfrac{1}{2}\sqrt{2 \cdot 5-(-1)^2}=\dfrac{3}{2}$

2　点Hは平面ABC上にあるから　$\overrightarrow{AH}=s\overrightarrow{AB}+t\overrightarrow{AC}$ (s, tは実数)　とおける。

$\overrightarrow{OH}-\overrightarrow{OA}=s\overrightarrow{AB}+t\overrightarrow{AC}$　より

$\overrightarrow{OH}=s\overrightarrow{AB}+t\overrightarrow{AC}+\overrightarrow{OA}=(-2t+1, -s+t, s)$

OHは平面ABCに垂直であるから

$\overrightarrow{OH} \perp \overrightarrow{AB}$, $\overrightarrow{OH} \perp \overrightarrow{AC}$　よって　$\overrightarrow{OH} \cdot \overrightarrow{AB}=0$, $\overrightarrow{OH} \cdot \overrightarrow{AC}=0$

$\overrightarrow{OH} \cdot \overrightarrow{AB}=s-t+s=2s-t=0$ …①

$\overrightarrow{OH} \cdot \overrightarrow{AC}=4t-2-s+t=-s+5t-2=0$ …②

①，②を解いて　$s=\dfrac{2}{9}$，$t=\dfrac{4}{9}$

よって　$\overrightarrow{\mathrm{OH}}=\left(\dfrac{1}{9},\ \dfrac{2}{9},\ \dfrac{2}{9}\right)$

したがって，点Hの座標は　$\left(\dfrac{1}{9},\ \dfrac{2}{9},\ \dfrac{2}{9}\right)$

3　$\mathrm{OH}=|\overrightarrow{\mathrm{OH}}|=\sqrt{\left(\dfrac{1}{9}\right)^2+\left(\dfrac{2}{9}\right)^2+\left(\dfrac{2}{9}\right)^2}=\dfrac{1}{3}$

よって，四面体OABCの体積は

$\dfrac{1}{3}\cdot\triangle\mathrm{ABC}\cdot\mathrm{OH}=\dfrac{1}{3}\cdot\dfrac{3}{2}\cdot\dfrac{1}{3}=\dfrac{1}{6}$

〈解説〉解答参照。

【3】1　関数$f(x)$の定義域は　$x+1\geqq0$　より　$x\geqq-1$

よって　$f(x)=\begin{cases}x\sqrt{x+1} & (x\geqq0)\\ -x\sqrt{x+1} & (-1\leqq x<0)\end{cases}$

$x\neq0$のとき

$\displaystyle\lim_{x\to+0}\dfrac{f(x)-f(0)}{x-0}=\lim_{x\to+0}\dfrac{x\sqrt{x+1}-0}{x}=\lim_{x\to+0}\sqrt{x+1}=1$

$\displaystyle\lim_{x\to+0}\dfrac{f(x)-f(0)}{x-0}=\lim_{x\to-0}\dfrac{-x\sqrt{x+1}-0}{x}=\lim_{x\to-0}(-\sqrt{x+1})=-1$

$\displaystyle\lim_{x\to+0}\dfrac{f(x)-f(0)}{x-0}\neq\lim_{x\to-0}\dfrac{f(x)-f(0)}{x-0}$であるから$f'(0)$は存在しない。

よって，関数$f(x)$は$x=0$で微分可能ではない。

2　(i)　$x\geqq0$のとき

$f'(x)=\sqrt{x+1}+x\cdot\dfrac{1}{2\sqrt{x+1}}=\dfrac{3x+2}{2\sqrt{x+1}}$

$x\geqq0$より　$f'(x)>0$

(ii)　$-1\leqq x<0$のとき

$f'(x)=-\sqrt{x+1}-x\cdot\dfrac{1}{2\sqrt{x+1}}=-\dfrac{3x+2}{2\sqrt{x+1}}$

$f'(x)=0$となるのは$x=-\dfrac{2}{3}$

よって，増減表は次のようになる。

x	-1	$\cdots$	$-\dfrac{2}{3}$	$\cdots$	0	$\cdots$
$f'(x)$		$+$	0	$-$		$+$
$f(x)$	0	$\nearrow$	$\dfrac{2\sqrt{3}}{9}$	$\searrow$	0	$\nearrow$

したがって　$x=-\dfrac{2}{3}$のとき　極大値$\dfrac{2\sqrt{3}}{9}$

$x=0$のとき　極小値0

〈解説〉1　関数$f(x)$が$x=a$における微分係数$f'(a)=\lim\limits_{h\to0}\dfrac{f(a+h)-f(a)}{h}$が

存在するとき，$x=a$で微分可能である。　2　解答参照。

【4】1　曲線は$\dfrac{x^2}{6}+\dfrac{y^2}{10}=1$と式変形できる。

よって，曲線は楕円であり，概形は図のようになる。

図

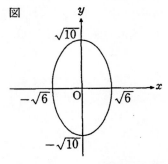

2　この楕円は，x軸およびy軸に関して対称であるから，求める面積は第1象限にある部分の面積の4倍である。

第1象限では$y>0$であるから　$y=\dfrac{\sqrt{15}}{3}\sqrt{6-x^2}$

よって　$S=4\displaystyle\int_0^{\sqrt6}\dfrac{\sqrt{15}}{3}\sqrt{6-x^2}\,dx$

$x=\sqrt6\sin t$とおくと　$dx=\sqrt6\cos t\,dt$

x	$0 \rightarrow \sqrt{6}$
t	$0 \rightarrow \dfrac{\pi}{2}$

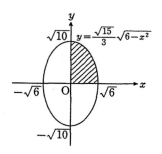

よって　$S = 4 \cdot \dfrac{\sqrt{15}}{3} \displaystyle\int_0^{\frac{\pi}{2}} \sqrt{6 - 6\sin^2 t} \cdot \sqrt{6} \cos t \, dt$

$= \dfrac{4\sqrt{15}}{3} \cdot 6 \displaystyle\int_0^{\frac{\pi}{2}} \sqrt{\cos^2 t} \cos t \, dt = 8\sqrt{15} \displaystyle\int_0^{\frac{\pi}{2}} \cos^2 t \, dt$

$= 8\sqrt{15} \displaystyle\int_0^{\frac{\pi}{2}} \dfrac{1 + \cos 2t}{2} dt = 4\sqrt{15} \left[t + \dfrac{1}{2}\sin 2t \right]_0^{\frac{\pi}{2}}$

$= 4\sqrt{15} \cdot \dfrac{\pi}{2} = 2\sqrt{15}\,\pi$

〈解説〉1　解答参照。　　2　積分を用いて楕円の面積を求めるには，楕円の中心から長軸と短軸で4分割してできる図形の面積を4倍すればよい。

2023年度 | 実施問題

【中高共通】

【1】次の問いに答えなさい。

1 $x^3+6x^2y-9xy^2-54y^3$ を因数分解しなさい。

2 放物線 $y=\dfrac{1}{2}x^2-2x+\dfrac{3}{2}$ を C とするとき，次の問いに答えなさい。

 (1) C の頂点の座標を求めなさい。

 (2) C を原点に関して対称移動した放物線の方程式を求めなさい。

3 $0°\leqq\theta\leqq180°$，$\cos\theta=\sin\theta+\dfrac{\sqrt{2}}{2}$ のとき，次の問いに答えなさい。

 (1) $\sin\theta$ の値を求めなさい。

 (2) $\tan\theta$ の値を求めなさい。

4 次の表は，生徒19人の数学と英語のテストの得点を度数分布表にまとめたものである。数学と英語の得点の箱ひげ図が，図のア～オに含まれているとき，数学と英語の得点の箱ひげ図として適切なものをそれぞれ1つずつ選び，記号で答えなさい。

表

階級(点)	度数(人)	
	数学	英語
以上～未満		
0 ～ 20	2	1
20 ～ 40	4	2
40 ～ 60	6	8
60 ～ 80	4	5
80 ～ 100	3	3
計	19	19

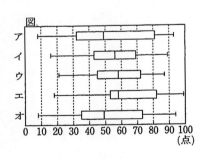

図

5　図のように，1辺の長さが10cmの立方体がある。この立方体において，各面の対角線の交点を頂点とする正八面体の体積を求めなさい。

図

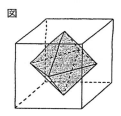

6　等式$53x+37y=3$を満たす整数x，yの組を1つ求めなさい。

7　$\left(x^2-\dfrac{2}{x}\right)^{10}$の展開式における$x^{11}$の項の係数を求めなさい。

(☆☆☆○○○○○)

【2】1個のさいころを何回か投げて，出た目の最大値を得点とするとき，次の問いに答えなさい。

　ただし，どの目が出ることも同様に確からしいものとする。

1　4回投げたときの得点が3点以上である確率を求めなさい。

2　4回投げたときの得点が3点である確率を求めなさい。

3　4回投げたときの得点が3点以上であったときに，もう1回さいころを投げて，得点が2点以上増える確率を求めなさい。

(☆☆☆○○○○○)

【3】正の奇数を小さい方から順に並べ，次のように第n群が$(2n-1)$個の奇数を含むように分ける。

　　　1｜3，5，7｜9，11，13，15，17｜19，21，・・・・・・

　このとき，次の問いに答えなさい。

1　第n群の最初の項を求めなさい。

2　321は第何群の何番目の項か求めなさい。

(☆☆☆○○○○○)

【中学校】

【1】十の位の数が等しく，一の位の数の和が10である2つの2桁の自然数の積は，次のようになる。

> ・下2桁の数は，2つの自然数の一の位の数の積になる。
> ・百の位以上の数は，もとの自然数の十の位の数と，その数に1を加えた数との積になる。

　このことが成り立つことを，中学3年生の授業で扱う場面を想定して，文字を使って証明しなさい。

　ただし，生徒は，式の展開と因数分解についての学習を終えているものとする。

(☆☆☆◎◎◎◎)

【2】aは定数とする。不等式$2a\sin x - \cos 2x + 4 \geqq 0$について，次の問いに答えなさい。

1　$\sin x = t$とするとき，不等式をtを使って表しなさい。

2　不等式が常に成り立つようなaの値の範囲を求めなさい。

(☆☆☆◎◎)

【3】次の問いに答えなさい。

1　関数$y = x^2 - 3|x-1| - x$のグラフをかきなさい。

2　kは定数とする。方程式$x^2 - x = 3|x-1| + k$の異なる実数解の個数を調べなさい。

(☆☆☆◎◎◎◎)

【4】2曲線$C_1 : y = x^3 - 2ax^2 + a^2x$，$C_2 : y = x^2 - ax$について，次の問いに答えなさい。

　ただし，aは正の定数とする。

1　C_1とC_2の交点のx座標をすべて求めなさい。

2　C_1とC_2で囲まれた2つの部分の面積が等しいとき，aの値を求めなさい。

（☆☆☆◎◎◎◎）

【高等学校】

【1】$a>0$，$b>0$，$c>0$のとき，次の不等式を証明しなさい。また，等号が成り立つのはどのようなときか答えなさい。

$(a+b)(b+c)(c+a) \geqq 8abc$

（☆☆☆◎◎◎◎）

【2】1からnまでの数字を1つずつ書いたn枚のカードがある。この中から2枚のカードを同時に取り出すとき，書いてある数字のうち小さい方をXとする。このとき，次の問いに答えなさい。

　　ただし，$n \geqq 2$とし，どのカードが取り出されることも同様に確からしいものとする。

1　$X=1$となる確率を求めなさい。

2　Xの平均を求めなさい。

3　Xの分散を求めなさい。

（☆☆☆☆◎◎◎◎）

【3】複素数平面上で，$\alpha = 1+i$，$\beta = 2+ai$，$\gamma = a+3i$を表す点を，それぞれA，B，Cとする。次の条件が成り立つとき，実数aの値を求めなさい。

1　3点A，B，Cが一直線上にある。

2　点Aが線分BCを直径とする円の周上にある。

（☆☆☆☆◎◎◎◎）

【4】aは正の定数とする。2曲線$C_1: y=2\sqrt{x}$，$C_2: y=a\log x$が共有点を1個だけもつとき，次の問いに答えなさい。

　　ただし，必要ならば$\displaystyle \lim_{x \to \infty} \frac{\log x}{x}=0$は用いてもよい。

1 aの値を求めなさい。

2 C_1とC_2およびx軸で囲まれた部分の面積Sを求めなさい。

(☆☆☆☆○○○○○)

解答・解説

【中高共通】

【1】1 $(x+3y)(x-3y)(x+6y)$　　2 (1) $\left(2, -\dfrac{1}{2}\right)$

(2) $y=-\dfrac{1}{2}x^2-2x-\dfrac{3}{2}$　　3 (1) $\dfrac{-\sqrt{2}+\sqrt{6}}{4}$　　(2) $2-\sqrt{3}$

4 数学…オ　　英語…イ　　5 $\dfrac{500}{3}$〔cm³〕　　6 $x=21$, $y=-30$

7 -960

〈解説〉1 $x^3+6x^2y-9xy^2-54y^3=x^2(x+6y)-9y^2(x+6y)=(x+6y)(x^2-9y^2)$

$=(x+6y)(x-3y)(x+3y)$

2 (1) $y=\dfrac{1}{2}(x-2)^2-\dfrac{1}{2}$より，頂点の座標は，$\left(2, -\dfrac{1}{2}\right)$

(2) 原点に関して対称なとき，$(-y)=\dfrac{1}{2}(-x)^2-2(-x)+\dfrac{3}{2}$より，

$y=-\dfrac{1}{2}x^2-2x-\dfrac{3}{2}$

3 (1) $\sin^2\theta+\cos^2\theta=1$に$\cos\theta=\sin\theta+\dfrac{\sqrt{2}}{2}$を代入して，

$\sin^2\theta+\left(\sin\theta+\dfrac{\sqrt{2}}{2}\right)^2=1$

整理すると，$4\sin^2\theta+2\sqrt{2}\sin\theta-1=0$　よって，$\sin\theta=\dfrac{-\sqrt{2}+\sqrt{6}}{4}$

ここで，$0°≦\theta≦180°$なので，$\sin\theta>0$より，$\sin\theta=\dfrac{-\sqrt{2}+\sqrt{6}}{4}$

(2) $\cos\theta=\dfrac{-\sqrt{2}+\sqrt{6}}{4}+\dfrac{\sqrt{2}}{2}=\dfrac{\sqrt{2}+\sqrt{6}}{4}$より，

$$\tan \theta = \frac{\sin \theta}{\cos \theta} = \frac{\dfrac{-\sqrt{2}+\sqrt{6}}{4}}{\dfrac{\sqrt{2}+\sqrt{6}}{4}} = \frac{-\sqrt{2}+\sqrt{6}}{\sqrt{2}+\sqrt{6}} = \frac{8-4\sqrt{3}}{4} = 2-\sqrt{3}$$

4　度数分布表の値から図のどの箱ひげ図がそれぞれの教科のものかを判断する。

数学の最小値は0点以上20点未満，第1四分位数は20点以上40点未満，中央値は40点以上60点未満，第3四分位数は60点以上80点未満，最大値は80点以上100点未満より，**オ**

英語の最小値は0点以上20点未満，第1四分位数は40点以上60点未満，中央値は40点以上60点未満，第3四分位数は60点以上80点未満，最大値は80点以上100点未満より，**イ**

5　5　正八面体の体積は底面が$5\sqrt{2}$ cmの正方形で高さが5cmの正四角錐の体積2つ分なので，

$$2\times 5\sqrt{2} \times 5\sqrt{2} \times 5\times \frac{1}{3} = \frac{500}{3}〔\text{cm}^3〕$$

6　ユークリッド互除法より，

$53 = 37 \cdot 1 + 16$

$37 = 16 \cdot 2 + 5$

$16 = 5 \cdot 3 + 1$

$1 = 16 - 5 \cdot 3$

よって，$1 = 16 - (37 - 16 \cdot 2) \cdot 3$

$= 16 \cdot 7 + 37 \cdot (-3)$

$= (53 - 37 \cdot 1) \cdot 7 + 37 \cdot (-3)$

$= 53 \cdot 7 + 37 \cdot (-10)$

よって，整式$53x + 37y = 1$を満たす整数の組の一つは，

$53 \cdot 7 + 37 \cdot (-10) = 1$より，$(x, y) = (7, -10)$

上式の両辺を3倍すると，$53 \cdot 21 + 37 \cdot (-30) = 3$

したがって，$53x + 37y = 3$を満たす整数の組の一つは，

$(x, y) = (21, -30)$

7　式の展開式の一般項(第n項)は，

$$_{10}C_n(x^2)^{10-n}\left(-\frac{2}{x}\right)^n=_{10}C_n\,x^{20-2n}\times(-2)^n\times x^{-n}=_{10}C_n(-2)^n\times x^{20-3n}$$

x^{11} の項を求めるので，$20-3n=11$ より，$n=3$

したがって，$_{10}C_3(-2)^3=120\times(-8)=-960$

【2】1　4回とも2以下の目が出る事象の余事象の確率であるから

$$1-\left(\frac{2}{6}\right)^4=1-\frac{1}{81}=\frac{80}{81}$$

2　4回とも1〜3の目が出る確率は　$\left(\frac{3}{6}\right)^4=\frac{81}{6^4}$

4回とも1〜2の目が出る確率は　$\left(\frac{2}{6}\right)^4=\frac{16}{6^4}$

よって，求める確率は　$\dfrac{81}{6^4}-\dfrac{16}{6^4}=\dfrac{65}{6^4}=\dfrac{65}{1296}$

3　4回投げたときの得点が3点以上である事象をAとし，5回目を投げたときに得点が2点以上増える事象をBとすると，求める確率は，条件付き確率$P_A(B)$である。

(i)　4回投げたときの得点が3点で，5回目に5または6の目が出るとき

$$\left\{\left(\frac{3}{6}\right)^4-\left(\frac{2}{6}\right)^4\right\}\cdot\frac{2}{6}=\frac{65}{6^4}\cdot\frac{2}{6}=\frac{130}{6^5}$$

(ii)　4回投げたときの得点が4点で，5回目に6の目が出るとき

$$\left\{\left(\frac{4}{6}\right)^4-\left(\frac{3}{6}\right)^4\right\}\cdot\frac{1}{6}=\frac{175}{6^4}\cdot\frac{1}{6}=\frac{175}{6^5}$$

(i)，(ii)は互いに排反であるから，事象Aと事象Bがともに起こる確率$P(A\cap B)$は

$$P(A\cap B)=\frac{130}{6^5}+\frac{175}{6^5}=\frac{305}{6^5}$$

よって，求める確率は

$$P_A(B)=\frac{P(A\cap B)}{P(A)}=\frac{305}{6^5}\div\frac{80}{81}=\frac{61}{1536}$$

〈解説〉解答参照。

【３】１　$n \geqq 2$のとき，第1群から第$(n-1)$群までの項の総数は

$$1+3+5+\cdots+2(n-1)-1 = \frac{1}{2}(n-1)\{1+2(n-1)-1\}=(n-1)^2$$
$$=n^2-2n+1$$

よって，第n群の最初の項はもとの数列の第(n^2-2n+2)項である。

これは$n=1$のときも成り立つ。

もとの数列は正の奇数の列であるから，一般項をa_mとすると

$a_m=2m-1$

したがって，第n群の最初の項は

$a_{n^2-2n+2}=2(n^2-2n+2)-1=2n^2-4n+3$

２　$2n-1=321$を解くと　$m=161$

よって，321はもとの数列の第161項である。

また，321が第p群のq番目の項であるとすると　$(p-1)^2<161\leqq p^2$

pは自然数であるから　$p=13$

よって　$q=161-(13-1)^2=161-144=17$

したがって，321は第13群の17番目の項である。

〈解説〉解答参照。

【中学校】

【１】a，bは9以下の自然数とする。

十の位の数をa，一方の自然数の一の位の数をbとすると2つの自然数は，$10a+b$，$10a+(10-b)$と表される。

この2つの自然数の積は

$$(10a+b)\{10a+(10-b)\} = 100a^2+100a-10ab+10ab+10b-b^2$$
$$=100a^2+100a+10b-b^2$$
$$=100a(a+1)+b(10-b)$$

ここで，$b(10-b)$は，2つの自然数の一の位の数の積であり，$a(a+1)$は，もとの自然数の十の位の数と，その数に1を加えた数との積である。

よって，十の位の数が等しく，一の位の数の和が10である2つの2桁の自然数の積は，下2桁の数が，2つの自然数の一の位の数の積になり，百の位以上の数は，もとの自然数の十の位の数と，その数に1を加え

た数との積になる。

〈解説〉解答参照。

【2】1 $2a\sin x - \cos 2x + 4 = 2a\sin x - (1 - 2\sin^2 x) + 4 = 2\sin^2 x + 2a\sin x + 3$
$$= 2t^2 + 2at + 3$$

よって $2t^2 + 2at + 3 \geqq 0$

2    $\sin x = t$ であるから $-1 \leqq \sin x \leqq 1$ より $-1 \leqq t \leqq 1$

よって $f(t) = 2t^2 + 2at + 3$ とおくと，$-1 \leqq t \leqq 1$ における $f(t)$ の最小値が0以上となる a の値の範囲を求めればよい。

$f(t) = 2\left(t + \dfrac{a}{2}\right)^2 - \dfrac{a^2}{2} + 3$ より

(i) $-\dfrac{a}{2} < -1$ すなわち $a > 2$ のとき

最小値は $f(-1) = -2a + 5$

$-2a + 5 \geqq 0$ とすると $a \leqq \dfrac{5}{2}$

$a > 2$ より $2 < a \leqq \dfrac{5}{2}$

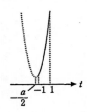

(ii) $-1 \leqq -\dfrac{a}{2} \leqq 1$ すなわち $-2 \leqq a \leqq 2$ のとき

最小値は $f\left(-\dfrac{a}{2}\right) = -\dfrac{a^2}{2} + 3$

$-\dfrac{a^2}{2} + 3 \geqq 0$ とすると $-\sqrt{6} \leqq a \leqq \sqrt{6}$

$-2 \leqq a \leqq 2$ より $-2 \leqq a \leqq 2$

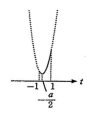

(iii) $1 < -\dfrac{a}{2}$ すなわち $a < -2$ のとき

最小値は $f(1) = -2a + 5$

$2a + 5 \geqq 0$ とすると $a \geqq -\dfrac{5}{2}$

$a < -2$ より $-\dfrac{5}{2} \leqq a < -2$

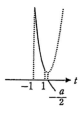

(i)～(iii)より $-\dfrac{5}{2} \leqq a \leqq \dfrac{5}{2}$

〈解説〉解答参照。

【3】1 (i) $x - 1 \geqq 0$ すなわち $x \geqq 1$ のとき

$y = x^2 - 3(x-1) - x = x^2 - 4x + 3$

$= (x-2)^2 - 1$

(ii) $x - 1 < 0$ すなわち $x < 1$ のとき

$y = x^2 + 3(x-1) - x = x^2 + 2x - 3$

$= (x+1)^2 - 4$

(i), (ii)より グラフは図の実線部分のようになる。

図
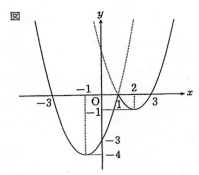

2 方程式を変形して $x^2-3|x-1|-x=k$

よって $y=x^2-3|x-1|-x$のグラフと直線$y=k$の共有点の個数を調べればよい。

したがって

$k<-4$のとき 0〔個〕

$k=-4$のとき 1〔個〕

$-4<k<-1$, $0<k$のとき 2〔個〕

$k=-1$, 0のとき 3〔個〕

$-1<k<0$のとき 4〔個〕

〈解説〉解答参照。

【4】1 $x^3-2ax^2+a^2x=x^2-ax$とすると

$x^3-(2a+1)x^2+a(a+1)x=0$

$x\{x^2-(2a+1)x+a(a+1)\}=0$

$x(x-a)\{x-(a+1)\}=0$

$a>0$であるから $0<a<a+1$

よって C_1とC_2は3つの異なる交点をもち,

そのx座標は $x=0$, a, $a+1$

2 $f(x)=x^3-2ax^2+a^2x$, $g(x)=x^2-ax$とすると

$f(x)-g(x)=x^3-(2a+1)x^2+a(a+1)x$

$\qquad\qquad =x(x-a)\{x-(a+1)\}$

したがって

$0 \leqq x \leqq a$ のとき　$g(x) \leqq f(x)$

$a \leqq x \leqq a+1$ のとき　$f(x) \leqq g(x)$

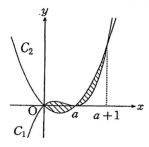

C_1 と C_2 で囲まれた2つの部分の面積が等しくなるから

$$\int_0^a \{f(x)-g(x)\}dx = \int_a^{a+1} \{g(x)-f(x)\}dx$$

$$\int_0^a \{f(x)-g(x)\}dx + \int_a^{a+1} \{f(x)-g(x)\}dx = 0$$

よって　$\displaystyle\int_0^{a+1} \{f(x)-g(x)\}dx = 0$

ここで　$\displaystyle\int_a^{a+1} \{f(x)-g(x)\}dx$

$$= \int_0^{a+1} \{x^3-(2a+1)x^2+a(a+1)x\}dx$$

$$= \left[\frac{x^4}{4} - \frac{1}{3}(2a+1)x^3 + \frac{1}{2}a(a+1)x^2\right]_0^{a+1}$$

$$= \frac{1}{4}(a+1)^4 - \frac{1}{3}(2a+1)(a+1)^3 + \frac{1}{2}a(a+1)^3$$

$$= \frac{1}{12}(a+1)^3 \{3(a+1)-4(2a+1)+6a\}$$

$$= \frac{1}{12}(a+1)^3(a-1)$$

したがって　$\dfrac{1}{12}(a+1)^3(a-1)=0$

$a>0$ であるから　$a=1$

〈解説〉解答参照。

【高等学校】

【1】 $a>0$，$b>0$，$c>0$であるから相加平均と相乗平均の大小関係より

$a+b\geqq2\sqrt{ab}$，$b+c\geqq2\sqrt{bc}$，$c+a\geqq2\sqrt{ca}$

これらの辺々は正であるから，辺々掛け合わせて

$(a+b)(b+c)(c+a)\geqq8\sqrt{a^2b^2c^2}=8abc$

よって　$(a+b)(b+c)(c+a)\geqq8abc$

また，等号は，$a=b$かつ$b=c$かつ$c=a$のとき

すなわち　$a=b=c$のとき成り立つ。

〈解説〉解答参照。

【2】1　すべての取り出し方は　${}_nC_2$通り。

$X=1$となる取り出し方は　$1\times(n-1)$通り。

よって，求める確率は　$P(X=1)=\dfrac{1\times(n-1)}{{}_nC_2}=\dfrac{2}{n}$

2　$X=k\ (k=1,\ 2,\ 3,\ \cdots,\ n-1)$となる確率は

$P(X=k)=\dfrac{1\times(n-k)}{{}_nC_2}=\dfrac{2(n-k)}{n(n-1)}$

よって，求める平均は

$E(X)=\displaystyle\sum_{k=1}^{n-1}\left\{k\times\dfrac{2(n-k)}{n(n-1)}\right\}=\dfrac{2}{n(n-1)}\sum_{k=1}^{n-1}(nk-k^2)$

$\qquad=\dfrac{2}{n(n-1)}\left\{\dfrac{n}{2}n(n-1)-\dfrac{1}{6}n(n-1)(2n-1)\right\}=n-\dfrac{2n-1}{3}$

$\qquad=\dfrac{n+1}{3}$

3　$V(X)=E(X^2)-\{E(X)\}^2$　であるから，求める分散は

$V(X)=\displaystyle\sum_{k=1}^{n-1}\left\{k^2\times\dfrac{2(n-k)}{n(n-1)}\right\}-\left(\dfrac{n+1}{3}\right)^2=\dfrac{2}{n(n-1)}\sum_{k=1}^{n-1}(nk^2-k^3)-\left(\dfrac{n+1}{3}\right)^2$

$\qquad=\dfrac{2}{n(n-1)}\left\{\dfrac{n}{6}n(n-1)(2n-1)-\dfrac{1}{4}n^2(n-1)^2\right\}-\left(\dfrac{n+1}{3}\right)^2$

$\qquad=\dfrac{n(2n-1)}{3}-\dfrac{n(n-1)}{2}-\left(\dfrac{n+1}{3}\right)^2=\dfrac{n^2-n-2}{18}$

$\qquad=\dfrac{(n+1)(n-2)}{18}$

〈解説〉解答参照。

【３】１　$\dfrac{\gamma-\alpha}{\beta-\alpha}=\dfrac{(a+3i)-(1+i)}{(2+ai)-(1+i)}=\dfrac{(a-1)+2i}{1+(a-1)i}$

$=\dfrac{\{(a-1)+2i\}\{1-(a-1)i\}}{\{1+(a-1)i\}\{1-(a-1)i\}}$

$=\dfrac{3(a-1)-(a^2-2a-1)i}{1+(a-1)^2}$

3点A，B，Cが一直線上にあるには，$\dfrac{\gamma-\alpha}{\beta-\alpha}$が実数となればよいから

$a^2-2a-1=0$

よって　$a=1\pm\sqrt{2}$

２　点Aが線分BCを直径とする円の周上にあるとき

$\angle BAC=90°$となる。

よって，点Aが線分BCを直径とする円の周上にあるには，

$\dfrac{\gamma-\alpha}{\beta-\alpha}$が純虚数となればよいから

$3(a-1)=0$　かつ　$a^2-2a-1\neq0$

よって　$a=1$

〈解説〉解答参照。

【４】１　C_1とC_2が共有点を1個だけもつのは，方程式$2\sqrt{x}=a\log x$が$x>0$の範囲にただ1つの実数解をもつときである。

$f(x)=2\sqrt{x}-a\log x$とおくと

$f'(x)=\dfrac{1}{\sqrt{x}}-\dfrac{a}{x}=\dfrac{\sqrt{x}-a}{x}$

$f'(x)=0$となるのは　$x=a^2$

よって，増減表は次のようになる。

x	0	$\cdots$	a^2	$\cdots$
$f'(x)$		$-$	0	$+$
$f(x)$		$\searrow$	極小	$\nearrow$

$\lim\limits_{x \to +0} f(x) = \infty$, $\lim\limits_{x \to +0} f(x) = \lim\limits_{x \to \infty} \sqrt{x}\left(2 - 2a \cdot \dfrac{\log\sqrt{x}}{\sqrt{x}}\right) = \infty$であるから,

$f(x) = 0$がただ1つの実数解をもつには,$f(a^2) = 0$となればよい。

$f(a^2) = 2a - a\log a^2 = 2a(1 - \log a) = 0$

$a > 0$であるから $\log a = 1$

よって $a = e$

2 C_1とC_2の共有点の座標は$(e^2,\ 2e)$であるから

C_1とC_2およびx軸で囲まれた部分は図の斜線部分となる。

図

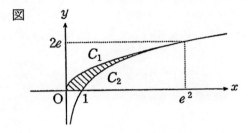

よって

$$S = \int_0^{e^2} 2\sqrt{x}\ dx - \int_1^{e^2} e\log x\,dx = \left[\frac{4}{3}x^{\frac{3}{2}}\right]_1^{e^2} - e\Big[x\log x - x\Big]_1^{e^2}$$

$$= \frac{4}{3}e^3 - e(2e^2 - e^2 + 1) = \frac{4}{3}e^3 - e^3 - e$$

$$= \frac{1}{3}e^3 - e$$

〈解説〉解答参照。

2022年度　実施問題

【中高共通】

【1】次の問いに答えなさい。(結果のみ書きなさい。)

1　$\dfrac{1}{35}$を小数で表したとき，小数第2022位の数字を求めなさい。

2　$x=\dfrac{2}{\sqrt{5}-\sqrt{3}}$, $y=\dfrac{2}{\sqrt{5}+\sqrt{3}}$ のとき，x^2+y^2の値を求めなさい。

3　$a\neq0$とする。2次方程式$ax^2-2x-5a+1=0$の1つの実数解が-2と0の間にあり，他の実数解が1と3の間にあるとき，定数aの値の範囲を求めなさい。

4　男子15人，女子10人の合わせて25人のクラスの生徒に小テストを実施したところ，得点の平均値と分散は表のようになった。x, yにあてはまる数をそれぞれ求めなさい。

　　なお，表中のすべての数値は四捨五入された値ではないものとする。

表

	男子	女子	クラス全体
平均値(点)	10	x	12
分散	5.8	6.8	y

5　図のように1辺の長さがaの正四面体OABCがある。辺BCを2：3に内分する点をPとするとき，△OAPの面積をaを用いて表しなさい。

図

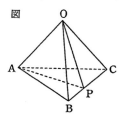

6　△ABCにおいて，辺ABを2：3に内分する点をP，辺ACを3：1に外分する点をQ，直線PQと直線BCの交点をRとする。このとき，次の問いに答えなさい。

(1)　BR：RCを求めなさい。

(2)　△APR：△ABCを求めなさい。

7　関数$f(x) = x^3 + x^2 - 3x - \dfrac{1}{3}$の極大値と極小値をそれぞれ求めなさい。また，そのときのxの値を求めなさい。

（☆☆☆◎◎◎）

【2】赤玉3個，白玉3個，青玉2個の合計8個の玉が入っている袋の中から，2個の玉を同時に取り出し，色を確認したら2個とも袋の中に戻す試行について，次の問いに答えなさい。

ただし，どの玉が取り出されることも同様に確からしいものとする。

1　同じ色の玉を取り出す確率を求めなさい。

2　この試行を5回繰り返したとき，同じ色の玉をn回取り出す確率をp_nとする。p_nが最大となるnの値を求めなさい。

（☆☆☆◎◎◎）

【3】mを定数とする。2つの放物線$y = x^2 - mx + 1$と$y = -x^2$が異なる2点P，Qで交わるとき，次の問いに答えなさい。

1　mのとりうる値の範囲を求めなさい。

2　線分PQの中点をMとするとき，中点Mの軌跡を求めなさい。

（☆☆☆◎◎◎）

【中学校】

【1】図のように∠C＝90°の直角二等辺三角形ABCがある。∠Aの二等分線と辺BCとの交点をDとするとき，AC＋CD＝ABであることを証明しなさい。

図

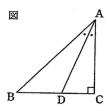

(☆☆☆◎◎◎)

【2】△ABCにおいて，$\angle A = \dfrac{2}{3}\pi$，外接円の半径が2のとき，AB＋BC＋CAの最大値を求めなさい。

(☆☆☆◎◎◎)

【3】実数x，yが，$x \geqq 1$，$y \geqq 1$，$(\log_3 x)^2 + (\log_3 y)^2 = 4$を満たすとき，次の問いに答えなさい。

1　$\log_3 x = X$，$\log_3 y = Y$とするとき，方程式$X^2 + Y^2 = 4$の表す図形をXY平面にかきなさい。

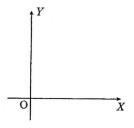

2　$\log_3 x^2 y$の最大値と最小値をそれぞれ求めなさい。

(☆☆☆◎◎◎)

【4】$a_1=1$, $a_2=3$, $2a_{n+2}=3a_{n+1}+2a_n$で定められる数列$\{a_n\}$について, 次の問いに答えなさい。

1 a_3, a_4, a_5の値をそれぞれ求めなさい。

2 $a_{n+2}-\alpha a_{n+1}=\beta(a_{n+1}-\alpha a_n)$が成り立つような定数$\alpha$, βの組をすべて求めなさい。

3 数列$\{a_n\}$の一般項を求めなさい。

(☆☆☆◎◎◎)

【高等学校】

【1】点$A(x_1, y_1)$と直線$l : ax+by+c=0$の距離dは, 次の式で表されることを, ベクトルを利用して証明しなさい。

$$d=\frac{|ax_1+by_1+c|}{\sqrt{a^2+b^2}}$$

(☆☆☆◎◎◎)

【2】複素数$z=\dfrac{1+i}{\sqrt{3}-i}$について, 次の問いに答えなさい。

1 z^3の値を求めなさい。

2 z^nが負の実数となるような自然数nをすべて求めなさい。

(☆☆☆◎◎◎)

【3】無限等比級数$\dfrac{1}{x-2}+\dfrac{x-1}{x(x-2)}+\dfrac{(x-1)^2}{x^2(x-2)}+\cdots$について, 次の問いに答えなさい。ただし, $x\neq0$, 2とする。

1 無限等比級数が収束するような実数xの値の範囲を求めなさい。

2 無限等比級数が収束するとき, 無限等比級数の和を求めなさい。また, その和を$f(x)$とするとき, 関数$y=f(x)$のグラフをかきなさい。

(☆☆☆◎◎◎)

【4】関数$f(x)$が次の等式を満たすとき, 以下の問いに答えなさい。

$$\int_0^{2x} f(t)dt=xe^{2x}$$

1　関数$f(x)$を求めなさい。

2　曲線$y＝f(x)$とx軸およびy軸で囲まれた部分の面積Sを求めなさい。

(☆☆☆◎◎◎)

解答・解説

【中高共通】

【１】１　１　　２　16　　３　$\dfrac{5}{4}<a<5$　　４　$x＝15,\ y＝12.2$

５　$\dfrac{\sqrt{51}}{20}a^2$　　６　(1)　9：2　　(2)　18：55

７　極大値…$\dfrac{20+20\sqrt{10}}{27}$　　$\left(x＝\dfrac{-1-\sqrt{10}}{3}\right)$

　　極小値…$\dfrac{20-20\sqrt{10}}{27}$　　$\left(x＝\dfrac{-1+\sqrt{10}}{3}\right)$

〈解説〉１　$\dfrac{1}{35}＝0.0\dot{2}8571\dot{4}$　より，小数第2位から「285714」を繰り返す。

　$2022＝1+6×336+5$　であるから，

　小数第2022位の数字は「285714」を336回繰り返して，

　「285714」の左から5番目の数字となる。

　よって，小数第2022位の数字は1

　２　$x＝\dfrac{2(\sqrt{5}+\sqrt{3})}{(\sqrt{5}-\sqrt{3})(\sqrt{5}+\sqrt{3})}＝\sqrt{5}+\sqrt{3}$

　$y＝\dfrac{2(\sqrt{5}-\sqrt{3})}{(\sqrt{5}+\sqrt{3})(\sqrt{5}-\sqrt{3})}＝\sqrt{5}-\sqrt{3}$　より

　$x^2+y^2＝(\sqrt{5}+\sqrt{3})^2+(\sqrt{5}-\sqrt{3})^2＝16$

　３　$f(x)＝ax^2-2x-5a+1$　とおくと，$f(x)$の1つの実数解が-2と0の間

にあり，他の実数解が1と3の間にあるので，

　$f(-2)\cdot f(0)<0$　かつ　$f(1)\cdot f(3)<0$　となればよい。

　$f(-2)\cdot f(0)＝(-a+5)(-5a+1)<0$　より，$(a-5)(5a-1)<0$

44

$\dfrac{1}{5}<a<5$ …①

$f(1)\cdot f(3)=(-4a-1)(4a-5)<0$ より，$(4a+1)(4a-5)>0$

$a<-\dfrac{1}{4}$, $\dfrac{5}{4}<a$ …②

①，②より $\dfrac{5}{4}<a<5$

4 男子の得点の総和をaとすると，$\dfrac{a}{15}=10$より，$a=150$

女子の得点の総和をbとすると，$\dfrac{b}{10}=x$より，$b=10x$

$\dfrac{a+b}{25}=12$であるから，$\dfrac{150+10x}{25}=12$ よって，$x=15$〔点〕

次に，(得点の分散)＝(得点の2乗の平均)－(得点の平均の2乗) より，

男子の得点の2乗の総和をcとすると，

$\dfrac{c}{15}-10^2=5.8$ より $c=1587$

女子の得点の2乗の総和をdとすると，

$\dfrac{d}{10}-15^2=6.8$ より $d=2318$

よって，クラス全体の分散は，

$y=\dfrac{c+d}{25}-12^2=\dfrac{3905}{25}-144=12.2$

5 △ABPにおいて，AB＝a, BP＝$\dfrac{2}{5}a$, ∠ABP＝60°であるから
余弦定理より，

$\mathrm{AP}^2=a^2+\left(\dfrac{2}{5}a\right)^2-2\cdot a\cdot\dfrac{2}{5}a\cdot\cos60°=\dfrac{19}{25}a^2$

正四面体は4つの合同な正三角形から構成されるので，

△ABP≡△OBPとなり，△OAPはAP＝OPの二等辺三角形である。

点Pから辺OAに下ろした垂線をPQとすると，

OQ＝$\dfrac{1}{2}$OA＝$\dfrac{1}{2}a$であるから，△APQにおいて三平方の定理より，

$\mathrm{PQ}^2=\mathrm{AP}^2-\mathrm{AQ}^2=\dfrac{19}{25}a^2-\dfrac{1}{4}a^2=\dfrac{51}{100}a^2$

PQ>0, a>0より　　PQ=$\dfrac{\sqrt{51}}{10}a$

よって，△OAP=$\dfrac{1}{2}\times a\times\dfrac{\sqrt{51}}{10}a=\dfrac{\sqrt{51}}{20}a^2$

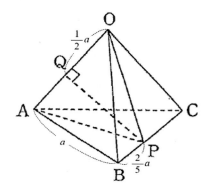

6　(1)　メネラウスの定理より，$\dfrac{BR}{RC}\cdot\dfrac{CQ}{QA}\cdot\dfrac{AP}{PB}=1$

$\dfrac{BR}{RC}\cdot\dfrac{1}{3}\cdot\dfrac{2}{3}=1$　よって　$\dfrac{BR}{RC}=\dfrac{9}{2}$

ゆえに　BR：RC=9：2

(2)　△APR=$\dfrac{2}{5}$△ABR=$\dfrac{2}{5}\cdot\dfrac{9}{11}$△ABC=$\dfrac{18}{55}$△ABC

よって，△APR：△ABC=18：55

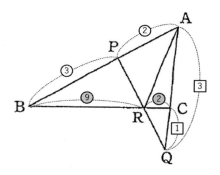

46

7　$f(x)=x^3+x^2-3x-\dfrac{1}{3}$,　$f'(x)=3x^2+2x-3$　より,

$f'(x)=0$　を解くと　$x=\dfrac{-1\pm\sqrt{10}}{3}$

x	$\cdots$	$\dfrac{-1-\sqrt{10}}{3}$	$\cdots$	$\dfrac{-1+\sqrt{10}}{3}$	$\cdots$
$f'(x)$	+	0	-	0	+
$f(x)$	↗	極大	↘	極小	↗

$f(x)=(3x^2+2x-3)\left(\dfrac{1}{3}x+\dfrac{1}{9}\right)-\dfrac{20}{9}x$とできるから,

$x=\dfrac{-1\pm\sqrt{10}}{3}$　のとき　$3x^2+2x-3=0$であることを利用して,

$f\left(\dfrac{-1\pm\sqrt{10}}{3}\right)=-\dfrac{20}{9}\cdot\dfrac{-1\pm\sqrt{10}}{3}=\dfrac{20\mp20\sqrt{10}}{27}$　(複号同順)

よって,　$x=\dfrac{-1-\sqrt{10}}{3}$のとき　極大値　$\dfrac{20+20\sqrt{10}}{27}$

$\qquad\qquad x=\dfrac{-1+\sqrt{10}}{3}$のとき　極小値　$\dfrac{20-20\sqrt{10}}{27}$

【2】1　赤玉2個, 白玉2個, 青玉2個となる場合があるから求める確率は

$\dfrac{{}_3C_2+{}_3C_2+{}_2C_2}{{}_8C_2}=\dfrac{7}{28}=\dfrac{1}{4}$

2　同じ色の玉をn回取り出す確率p_nは

$p_n={}_5C_n\left(\dfrac{1}{4}\right)^n\left(\dfrac{3}{4}\right)^{5-n}=\dfrac{5!}{n!(5-n)!}\cdot\dfrac{3^{5-n}}{4^5}$

$n=0$, 1, 2, 3, 4において, p_{n+1}とp_nの比をとると

$\dfrac{p_{n+1}}{p_n}=\dfrac{5!}{(n+1)!(4-n)!}\cdot\dfrac{3^{4-n}}{4^5}\times\dfrac{n!(5-n)!}{5!}\cdot\dfrac{4^5}{3^{5-n}}$

$\qquad=\dfrac{5-n}{3(n+1)}$

(i)　$\dfrac{p_{n+1}}{p_n}\geqq1$のとき

$\dfrac{5-n}{3(n+1)}\geqq1$より　$5-n\geqq3n+3$　よって　$n\leqq\dfrac{1}{2}$

したがって　$n=0$ のとき　$p_n<p_{n+1}$

(ii)　$\dfrac{p_{n+1}}{p_n}<1$ のとき

$\dfrac{5-n}{3(n+1)}<1$ より　$5-n<3n+3$　よって　$n>\dfrac{1}{2}$

したがって　$n=1,\ 2,\ 3,\ 4$ のとき　$p_n>p_{n+1}$

(i), (ii)より　$p_0<p_1,\ p_1>p_2>p_3>p_4>p_5$

よって　p_n が最大となる n の値は　$n=1$

〈解説〉1　解答参照。

2　反復試行の場合の確率の公式を利用する。

【別解】p_0 ～ p_5 を具体的に求めると次のようになる。

$p_n={}_5C_n\left(\dfrac{1}{4}\right)^n\left(\dfrac{3}{4}\right)^{5-n}$ より

$p_0=\left(\dfrac{3}{4}\right)^5=\dfrac{243}{1024}$,　$p_1={}_5C_1\left(\dfrac{1}{4}\right)^1\left(\dfrac{3}{4}\right)^4=5\cdot\dfrac{1}{4}\cdot\dfrac{81}{256}=\dfrac{405}{1024}$,

$p_2={}_5C_2\left(\dfrac{1}{4}\right)^2\left(\dfrac{3}{4}\right)^3=\dfrac{5\times4}{2\times1}\cdot\dfrac{1}{16}\cdot\dfrac{27}{64}=\dfrac{270}{1024}$,

$p_3={}_5C_3\left(\dfrac{1}{4}\right)^3\left(\dfrac{3}{4}\right)^2=\dfrac{5\times4}{2\times1}\cdot\dfrac{1}{64}\cdot\dfrac{9}{16}=\dfrac{90}{1024}$,

$p_4={}_5C_4\left(\dfrac{1}{4}\right)^4\left(\dfrac{3}{4}\right)^1=5\cdot\dfrac{1}{256}\cdot\dfrac{3}{4}=\dfrac{15}{1024}$,　$p_5=\left(\dfrac{1}{4}\right)^5=\dfrac{1}{1024}$

したがって，$p_0<p_1,\ p_1>p_2>p_3>p_4>p_5$　より

p_n が最大となる n の値は　$n=1$

【3】1　$x^2-mx+1=-x^2$ より　$2x^2-mx+1=0$　…①

①の判別式を D とすると $D>0$ であるから

$D=m^2-8>0$

$(m+2\sqrt{2})(m-2\sqrt{2})>0$ より　$m<-2\sqrt{2},\ 2\sqrt{2}<m$

2　点P，Qの座標をそれぞれ $(\alpha,\ -\alpha^2)$, $(\beta,\ -\beta^2)$ とする。

$\alpha,\ \beta$ は①の異なる2つの実数解であるから

解と係数の関係より　$\alpha+\beta=\dfrac{m}{2}$,　$\alpha\beta=\dfrac{1}{2}$

中点Mの座標を$(x,\ y)$とすると

$x=\dfrac{\alpha+\beta}{2}=\dfrac{m}{4}$　よって　$m=4x$

$y=\dfrac{-\alpha^2-\beta^2}{2}=-\dfrac{1}{2}\{(\alpha+\beta)^2-2\alpha\beta\}=-\dfrac{1}{8}(m^2-4)$

ゆえに　$y=-\dfrac{1}{8}\{(4x)^2-4\}=-2x^2+\dfrac{1}{2}$

また，$m<-2\sqrt{2}$，$2\sqrt{2}<m$と$m=4x$から

$x<-\dfrac{\sqrt{2}}{2}$，$\dfrac{\sqrt{2}}{2}<x$

したがって，中点Mの軌跡は

放物線　$y=-2x^2+\dfrac{1}{2}$の$x<-\dfrac{\sqrt{2}}{2}$，$\dfrac{\sqrt{2}}{2}<x$の部分

〈解説〉解答参照。

【中学校】

【1】 点Dから辺ABに下ろした垂線をDEとする。

△DEAと△DCAについて，∠DEA＝∠DCA＝90°，DA＝DA，

∠DAE＝∠DACであるから　△DEA≡△DCA

よって　DE＝DC，AE＝AC…①

また，△BDEは直角二等辺三角形であるから　DE＝BE…②

①，②より　AC＋CD＝AE＋BE＝AB

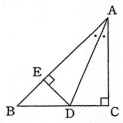

〈解説〉△ABCは直角二等辺三角形なので，∠EBD＝45°

　　また，∠EDB＝180°－90°－45°＝45°

　　よって，△BDEはDE＝BEの直角二等辺三角形である。

【別解】CB＝CA＝xとすると，△ABCは直角二等辺三角形より，
AB＝$\sqrt{2}\,x$

角の二等分線と線分の比の性質より，

BD：DC＝$\sqrt{2}$：1　なので　CD＝$\dfrac{1}{\sqrt{2}+1}x$

よって，AC＋CD＝$x+\dfrac{1}{\sqrt{2}+1}x=x+\dfrac{\sqrt{2}-1}{(\sqrt{2}+1)(\sqrt{2}-1)}x=\sqrt{2}\,x=$AB

【２】A＋B＋C＝π，A＝$\dfrac{2}{3}\pi$より　C＝$\pi-(A+B)=\dfrac{\pi}{3}-$B

正弦定理より

$\dfrac{BC}{\sin A}=\dfrac{CA}{\sin B}=\dfrac{AB}{\sin C}==4$であるから

BC＝$4\sin A$，CA＝$4\sin B$，AB＝$4\sin C$

よって　AB＋BC＋CA $=4(\sin A+\sin B+\sin C)$

$\qquad\qquad\qquad\qquad =4\left\{\sin\dfrac{2}{3}\pi+\sin B+\sin\left(\dfrac{\pi}{3}-B\right)\right\}$

$\qquad\qquad\qquad\qquad =4\left\{\dfrac{\sqrt{3}}{2}+2\sin\dfrac{\pi}{6}\cos\left(B-\dfrac{\pi}{6}\right)\right\}$

$\qquad\qquad\qquad\qquad =2\sqrt{3}+4\cos\left(B-\dfrac{\pi}{6}\right)$

ここで，$0<B<\dfrac{\pi}{3}$であるから

$\cos\left(B-\dfrac{\pi}{6}\right)$は$B=\dfrac{\pi}{6}$のとき最大値1をとる。

よって　AB＋BC＋CAの最大値は　$2\sqrt{3}+4\cdot1=2\sqrt{3}+4$

〈解説〉和と積の公式より，

$\sin B+\sin\left(\dfrac{\pi}{3}-B\right)=2\sin\dfrac{B+\left(\dfrac{\pi}{3}-B\right)}{2}\cos\dfrac{B-\left(\dfrac{\pi}{3}-B\right)}{2}=2\sin\dfrac{\pi}{6}\cos\left(B-\dfrac{\pi}{6}\right)$

となる。

【3】 1 $x \geqq 1$, $y \geqq 1$より $X \geqq 0$, $Y \geqq 0$であるから原点Oを中心とする半径2の円の$X \geqq 0$, $Y \geqq 0$の部分を表す。よって $X^2+Y^2=4$の表す図形は図のようになる。

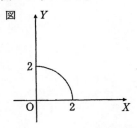

図

2 $\log_3 x^2 y = 2\log_3 x + \log_3 y = 2X+Y=k$とおくと$X \geqq 0$, $Y \geqq 0$であるから$k \geqq 0$

$Y=-2X+k$より

直線$Y=-2X+k$が，円$X^2+Y^2=4$の$X \geqq 0$，$Y \geqq 0$の部分と共有点を持つときのY切片kの最大値と最小値を求めればよい。

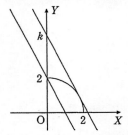

$X=0$，$Y=2$のときkは最小値をとるから $k=2$

また，直線$Y=-2X+k$と円が，第1象限で接するときkは最大値をとる。

$\dfrac{|-k|}{\sqrt{4+1}}=2$より $|-k|=2\sqrt{5}$ $k \geqq 0$であるから $k=2\sqrt{5}$

よって $\log_3 x^2 y$の最大値は$2\sqrt{5}$，最小値は2

〈解説〉 1 $\log_3 x = X$において，$x=1$のとき，$X=\log_3 1=0$

よって，$x \geqq 1$のとき$X \geqq 0$

2 【別解】$\log_3 x^2 y = 2X+Y=k$が最大値をとるとき，

直線$Y=-2X+k$と円$X^2+Y^2=4$が第1象限で接する，

つまり，$X^2+(-2X+k)^2=4$　が重解を持てばよいので

$5X^2-4kX+k^2-4=0$　の判別式をDとすると，

$\dfrac{D}{4}=4k^2-5(k^2-4)=0$

$-k^2+20=0$

$k\geqq0$より，$k=2\sqrt{5}$　が最大値となる。

$\log_3 x^2 y=2X+Y=k$が最小値をとるとき，

直線$Y=-2X+k$が点$(0,\ 2)$を通ればよいので，$2=0+k$

$k=2$　が最小値となる。

【４】１　$2a_3=3a_2+2a_1$より　$2a_3=9+2$　よって　$a_3=\dfrac{11}{2}$

$2a_4=3a_3+2a_2$より　$2a_4=\dfrac{33}{2}+6$　よって　$a_4=\dfrac{45}{4}$

$2a_5=3a_4+2a_3$より　$2a_5=\dfrac{135}{4}+11$　よって　$a_5=\dfrac{179}{8}$

２　$a_{n+2}-\alpha a_{n+1}=\beta(a_{n+1}-\alpha a_n)$より

$a_{n+2}-(\alpha+\beta)a_{n+1}+\alpha\beta a_n=0$

また，与えられた漸化式は

$a_{n+2}-\dfrac{3}{2}a_{n+1}-a_n=0$となるから$\alpha$，$\beta$は，$\alpha+\beta=\dfrac{3}{2}$，$\alpha\beta=-1$を満たす。

よって　α，βは2次方程式　$x^2-\dfrac{3}{2}x-1=0$の2つの解である。

$2x^2-3x-2=0$より　$(2x+1)(x-2)=0$　よって　$x=-\dfrac{1}{2},\ 2$

したがって　$\alpha=-\dfrac{1}{2}$，$\beta=2$　または　$\alpha=2$，$\beta=-\dfrac{1}{2}$

３　与えられた漸化式を

$a_{n+2}+\dfrac{1}{2}a_{n+1}=2\left(a_{n+1}+\dfrac{1}{2}a_n\right)$と変形する。

$a_2+\dfrac{1}{2}a_1=3+\dfrac{1}{2}=\dfrac{7}{2}$より

数列$\left\{a_{n+1}+\dfrac{1}{2}a_n\right\}$は初項$\dfrac{7}{2}$，公比2の等比数列であるから

$$a_{n+1}+\frac{1}{2}a_n=\frac{7}{2}\cdot 2^{n-1} \quad \cdots ①$$

また，$a_{n+2}-2a_{n+1}=-\frac{1}{2}(a_{n+1}-2a_n)$と変形すると

$a_2-2a_1=3-2=1$より

数列$\{a_{n+1}-2a_n\}$は初項1，公比$-\frac{1}{2}$の等比数列であるから

$$a_{n+1}-2a_n=\left(-\frac{1}{2}\right)^{n-1} \quad \cdots ②$$

①$-$②より $\quad \frac{5}{2}a_n=\frac{7}{2}\cdot 2^{n-1}-\left(-\frac{1}{2}\right)^{n-1}$

よって $\quad a_n=\frac{7}{5}\cdot 2^{n-1}-\frac{2}{5}\cdot\left(-\frac{1}{2}\right)^{n-1}$

〈解説〉1　解答参照。　　2　与えられた漸化式の特性方程式を考える。

3　解答参照。

【高等学校】

【1】点Aから直線lに下ろした垂線をAHとする。

lの法線ベクトルの1つを$\vec{n}=(a, b)$とすると$\overrightarrow{AH}/\!/\vec{n}$より，実数$k$を用いて$\overrightarrow{AH}=k\vec{n}=(ka, kb)$とできる。

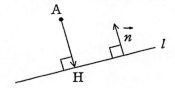

$\overrightarrow{OH}=\overrightarrow{OA}+\overrightarrow{AH}=(x_1+ka, y_1+kb)$より$l$の方程式に代入すると

$a(x_1+ka)+b(y_1+kb)+c=0$

よって $\quad k=\dfrac{-(ax_1+by_1+c)}{a^2+b^2}$

$|\vec{n}|=\sqrt{a^2+b^2}$より $\quad d=|\overrightarrow{AH}|=|k||\vec{n}|=\dfrac{|ax_1+by_1+c|}{\sqrt{a^2+b^2}}$

〈解説〉解答参照。

【２】１　$1+i=\sqrt{2}\left(\cos\dfrac{\pi}{4}+i\sin\dfrac{\pi}{4}\right)$

$\sqrt{3}-i=2\left\{\cos\left(-\dfrac{\pi}{6}\right)+i\sin\left(-\dfrac{\pi}{6}\right)\right\}$　より

$z=\dfrac{\sqrt{2}\left(\cos\dfrac{\pi}{4}+i\sin\dfrac{\pi}{4}\right)}{2\left\{\cos\left(-\dfrac{\pi}{6}\right)+i\sin\left(-\dfrac{\pi}{6}\right)\right\}}=\dfrac{\sqrt{2}}{2}\left(\cos\dfrac{5}{12}\pi+i\sin\dfrac{5}{12}\pi\right)$

よって　$z^3=\dfrac{\sqrt{2}}{4}\left(\cos\dfrac{5}{4}\pi+i\sin\dfrac{5}{4}\pi\right)=-\dfrac{1}{4}-\dfrac{i}{4}$

２　$z^n=\left(\dfrac{\sqrt{2}}{2}\right)^n\left(\cos\dfrac{5n}{12}\pi+i\sin\dfrac{5n}{12}\pi\right)$　より

z^nが負の実数となるには

$\cos\dfrac{5n}{12}\pi<0$　…①　かつ　$\sin\dfrac{5n}{12}\pi=0$　…②　となればよい。

②より　$\dfrac{5n}{12}\pi=k\pi$　（kは整数）　であるから　$n=\dfrac{12}{5}k$

nは自然数であるから　$k=5,\ 10,\ 15,\ \cdots$であり

$n=12,\ 24,\ 36,\ 48,\ 60,\ \cdots$となる。

このとき，①を満たすnは　$n=12,\ 36,\ 60,\ \cdots$であるから求める自然数nは，mを自然数として$n=24m-12$（$m=1,\ 2,\ 3,\ \cdots$）となる。

〈解説〉ド・モアブルの定理を利用する。

【３】１　与えられた無限等比級数は初項$\dfrac{1}{x-2}$，公比$\dfrac{x-1}{x}$で初項は0にならないから収束するには$\left|\dfrac{x-1}{x}\right|<1$となればよい。

$|x-1|<|x|$より　$|x-1|^2<|x|^2$　　$x^2-2x+1<x^2$　　$-2x+1<0$

よって　$x>\dfrac{1}{2}$

$x\neq0,\ 2$より　$\dfrac{1}{2}<x<2,\ 2<x$

２　$\dfrac{1}{2}<x<2,\ 2<x$のとき，無限等比級数の和$f(x)$は

$$f(x) = \frac{\dfrac{1}{x-2}}{1-\dfrac{x-1}{x}} = \frac{x}{x-2} = \frac{2}{x-2}+1$$

よって　$y=f(x)$のグラフは図の実線部分のようになる。

図

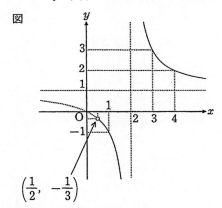

$\left(\dfrac{1}{2},\ -\dfrac{1}{3}\right)$

〈解説〉1　解答参照。

2　$f(x)$は分数関数になることに注意。

$f(x)=\dfrac{2}{x-2}+1$のグラフにおいて漸近線は2つの直線$x=2$, $y=1$となる。

また，定義域は$x \neq 2$，値域は$y \neq 1$となる。

【4】1　$2x=u$とおくと　$x=\dfrac{1}{2}u$　よって　$\displaystyle\int_0^u f(t)dt=\dfrac{1}{2}ue^u$

両辺をuで微分すると　$f(u)=\dfrac{1}{2}e^u+\dfrac{1}{2}ue^u=\dfrac{1}{2}(1+u)e^u$

uをxに置き換えて　$f(x)=\dfrac{1}{2}(1+x)e^x$

2　$f(x)=0$を解くと　$x=-1$

$f'(x)=\dfrac{1}{2}(2+x)e^x$より　$f'(x)=0$を解くと　$x=-2$

よって　増減表は次のようになる。

x	$\cdots$	-2	$\cdots$
$f'(x)$	$-$	0	$+$
$f(x)$	$\searrow$	$-\dfrac{1}{2e^2}$	$\nearrow$

$\displaystyle\lim_{x\to-\infty}f(x)=0$, $\displaystyle\lim_{x\to\infty}f(x)=\infty$ であるから $y=f(x)$ のグラフは図のようになり

曲線 $y=f(x)$ と x 軸および y 軸で囲まれた部分は図の斜線部分となる。

図

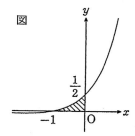

よって　$\displaystyle S=\int_{-1}^{0}\frac{1}{2}(1+x)e^{x}dx=\frac{1}{2}\left\{\left[(1+x)e^{x}\right]_{-1}^{0}-\int_{-1}^{0}e^{x}dx\right\}$

$\displaystyle\qquad\qquad=\frac{1}{2}\left\{1-\left[e^{x}\right]_{-1}^{0}\right\}=\frac{1}{2}\{1-(1-e^{-1})\}$

$\displaystyle\qquad\qquad=\frac{1}{2e}$

〈解説〉1　解答参照。　　2　部分積分法の公式を利用する。

2021 年度 | 実施問題

【中高共通】

【1】次の問いに答えなさい。(結果のみ書きなさい。)

1　15で割ると4余り，21で割ると7余る自然数のうち，4桁で最大のものを求めなさい。

2　a，bは実数とする。次の命題の真偽を調べ，真である場合には○を，偽である場合には反例を書きなさい。

 (1)　$|a+b|=|a-b|$ならば，$a^2+b^2=0$である。

 (2)　$a≧0$，$b≧0$，$a^2+b^2≦1$ならば，$\sqrt{a}+\sqrt{b}≦1$である。

3　xの2次不等式$x^2-(a+2)x+2a<0$を満たす整数xが1個だけ存在するような定数aの値の範囲を求めなさい。

4　10本のくじの中に，10000円の当たりくじが1本，1000円の当たりくじが3本あり，残りははずれくじである。このくじを同時に2本引くとき，当たる金額の合計をXとする。このとき，Xの平均を求めなさい。

  ただし，どのくじが取り出されることも同様に確からしいものとする。

5　図のように，1辺の長さが3の立方体ABCD－EFGHがある。次の問いに答えなさい。

 (1)　線分DFを2：1に内分する点をPとするとき，△DEPの面積を求めなさい。

 (2)　線分DF上に，AQ＋QHの長さが最小になるように点Qをとる。このとき，DQの長さを求めなさい。

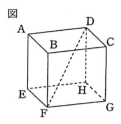

図

6　AB＝ACの△ABCにおいて，∠BAC＝2θ，△ABCの外接円の半径が1であるとき，次の問いに答えなさい。

(1)　△ABCの面積Sを$\sin\theta$と$\cos\theta$を用いて表しなさい。

(2)　△ABCの内接円の半径をrとする。rを$\sin\theta$を用いて表しなさい。

7　円$(x-3)^2+(y-1)^2=10$上に点Pを，直線$x-3y+15=0$上に点Qを，線分PQの長さが最小になるようにそれぞれとる。このとき，次の問いに答えなさい。

(1)　点Pの座標を求めなさい。

(2)　線分PQの長さを求めなさい。

(☆☆☆◎◎◎)

【2】座標平面上を動く点Pが原点の位置にある。赤玉2個と白玉2個と青玉1個の合計5個の玉が入っている袋から玉を1個取り出し，次の規則で点Pを移動させる。

規則Ⅰ　赤玉を取り出したら，x軸の正の向きに1だけ移動させる。
規則Ⅱ　白玉を取り出したら，y軸の正の向きに1だけ移動させる。
規則Ⅲ　青玉を取り出したら，x軸の正の向きに1，y軸の正の向きに1だけ移動させる。

袋から玉を3回取り出すとき，次の問いに答えなさい。

ただし，どの玉が取り出されることも同様に確からしいものとする。

1 取り出した玉を袋の中に戻してから次の玉を取り出す。点Pのx座標が2である確率を求めなさい。

2 取り出した玉を袋の中に戻さずに次の玉を取り出す。点Pのx座標が2であるとき，点Pのy座標が2である条件付き確率を求めなさい。

(☆☆☆◎◎)

【中学校】

【1】図のように，鋭角三角形である△ABCの外側に，辺ABを1辺とする正三角形ABDと，辺ACを1辺とする正三角形ACEがある。線分BEと線分CDとの交点をFとするとき，∠BAF＝∠BDFであることを証明しなさい。

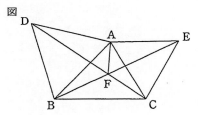

(☆☆☆◎◎)

【2】次の条件によって定められる数列$\{a_n\}$がある。

$$a_1=3,\ 4na_{n+1}=(n+1)a_n \quad (n=1,\ 2,\ 3,\ \cdots\cdots)$$

このとき，次の問いに答えなさい。

1 $a_2,\ a_3$をそれぞれ求めなさい。

2 数列$\{a_n\}$の一般項を求めなさい。

(☆☆☆◎◎)

【3】$0<a<b$のとき，

$$\sqrt{a+b},\ \sqrt{a}+\sqrt{b},\ \sqrt{b-a},\ \sqrt{b}-\sqrt{a}$$

の大小を調べ，不等号を用いて表しなさい。

(☆☆☆◎◎◎)

【４】2つの放物線$C_1：y＝x^2＋3x＋5$，$C_2：y＝x^2－5x＋5$について，次の問いに答えなさい。

1　C_1のグラフをどのように平行移動すると，C_2のグラフになるか，答えなさい。

2　C_1とC_2の両方に接する直線lの方程式を求めなさい。

(☆☆☆◎◎◎)

【５】図のように，点Oを中心とし，線分ABを直径とする円Oがある。円の周上に2点A，Bと異なる点Cをとり，∠ACBの二等分線と，円Oとの交点のうち点CでないほうをD，線分ABとの交点をEとする。AC＝4，BC＝2であるとき，下の問いに答えなさい。

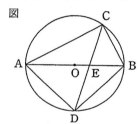

1　線分CDの長さを求めなさい。

2　△ACEと△ADEの面積比を求めなさい。

3　△BCDを，直線BDを軸として1回転させてできる立体の体積を求めなさい。

(☆☆☆◎◎◎)

【高等学校】

【1】 図は，半径1の円Oの周上に∠AOB＝x $\left(0<x<\dfrac{\pi}{2}\right)$となる2点A，Bを
とったものである。点Aにおける円Oの接線と直線OBとの交点をCと
する。

　　図を用いて $\displaystyle\lim_{x\to+0}\dfrac{\sin x}{x}=1$を証明しなさい。

図

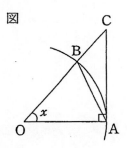

(☆☆☆◎◎◎)

【2】 次の条件によって定められる数列{a_n}がある。

　　$a_1=3$, $4na_{n+1}=(n+1)a_n$ $(n=1,\ 2,\ 3,\ \cdots\cdots)$

　　このとき，次の問いに答えなさい。

1　数列{a_n}の一般項を求めなさい。

2　数列{a_n}の初項から第n項までの和S_nを求めなさい。

(☆☆☆◎◎◎)

【3】 四面体OABCにおいて，辺OAの中点をD，辺OBを1：2に内分する
点をE，辺ACを3：2に内分する点をFとする。3点D，E，Fを通る平面
と辺BCの交点をPとするとき，BP：PCを求めなさい。

(☆☆☆◎◎◎)

【4】 複素数zについて，$\dfrac{z}{z-i}$が純虚数であるとき，次の問いに答えなさ
い。

1　複素数平面上の点zはどのような図形上にあるか答えなさい。

2　$|z| \neq 0$，$arg\, z = \dfrac{\pi}{4}$のとき，$1+z+z^2+z^3$の値を求めなさい。

(☆☆☆◎◎◎)

【5】関数$f_n(x) = \dfrac{\log x^n}{x^n}$ $(x>0$，nは自然数$)$について，次の問いに答えなさい。

1　関数$f_n(x)$の極値を求めなさい。

2　関数$f_1(x)$，$f_3(x)$の不定積分をそれぞれ求めなさい。

3　2つの曲線$y=f_1(x)$，$y=f_3(x)$で囲まれた部分の面積Sを求めなさい。

(☆☆☆◎◎◎◎)

解答・解説

【中高共通】

【1】1　9919　　2　(1)　(反例)　$a=1$，$b=0$　　(2)　(反例)　$a=\dfrac{1}{2}$，$b=\dfrac{1}{2}$　　3　$0 \leqq a < 1$，$3 < a \leqq 4$　　4　2600〔円〕　　5　(1)　$3\sqrt{2}$　　(2)　$\sqrt{3}$　　6　(1)　$S=4\sin\theta\cos^3\theta$　　(2)　$r=2\sin\theta(1-\sin\theta)$　　7　(1)　P$(2, 4)$　　(2)　$\dfrac{\sqrt{10}}{2}$

〈解説〉1　求める自然数をnとすると，nは，x，yを整数として

$n=15x+4$　　　$n=21y+7$　　と表される。

よって　$15x+4=21y+7$　すなわち　$5x-7y=1$

これを解くと　$x=7k+3$，$y=5k+2$　$(k$は整数$)$

したがって　$n=15(7k+3)+4=105k+49$

nが4桁で最大の自然数となるのは，$k=94$のときで

$n=105 \cdot 94+49=9919$

2　(1)　$a=1$，$b=0$のとき

$|a+b|=|a-b|=1$であるが，$a^2+b^2\neq0$

(2) $a=\dfrac{1}{2}$，$b=\dfrac{1}{2}$のとき

$a\geqq0$，$b\geqq0$，$a^2+b^2\leqq1$であるが，$\sqrt{a}+\sqrt{b}=\sqrt{2}>1$

3 $(x-a)(x-2)<0$ であるから，不等式の解は

(i) $a=2$のとき　解なし

(ii) $a<2$のとき　$a<x<2$

このとき 　$0\leqq a<1$

(iii) $2<a$のとき　$2<x<a$

このとき 　$3<a\leqq4$

よって，求める範囲は　$0\leqq a<1$，$3<a\leqq4$

4 Xの確率分布は次の表のようになる。

X	0	1000	2000	10000	11000	計
P	$\dfrac{1}{3}$	$\dfrac{2}{5}$	$\dfrac{1}{15}$	$\dfrac{2}{15}$	$\dfrac{1}{15}$	1

したがって，Xの平均は

$$E(X)=0\cdot\dfrac{1}{3}+1000\cdot\dfrac{2}{5}+2000\cdot\dfrac{1}{15}+10000\cdot\dfrac{2}{15}+11000\cdot\dfrac{1}{15}$$

$$=2600〔円〕$$

5 (1) $\triangle\mathrm{DEP}=\dfrac{2}{3}\triangle\mathrm{DEF}$

$$=\dfrac{2}{3}\cdot\dfrac{1}{2}\cdot3\cdot3\sqrt{2}$$

$$=3\sqrt{2}$$

(2)

展開図

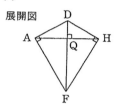

長さが最小になるのは，展開図において，A，Q，Hが一直線上にある

ときである。

△DQA∽△DAFであるから　　DQ：DA＝DA：DF

$$DQ = \frac{3 \cdot 3}{3\sqrt{3}} = \sqrt{3}$$

6　(1)

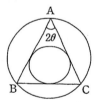

$\angle ACB = \dfrac{1}{2}(180° - 2\theta) = 90° - \theta$ であるから

△ABCにおいて正弦定理より

$$\frac{AB}{\sin(90° - \theta)} = 2 \cdot 1 \qquad AB = 2\cos\theta$$

$$S = \frac{1}{2} \cdot 2\cos\theta \cdot 2\cos\theta \cdot \sin 2\theta$$

$=4\sin\theta\cos^3\theta$

(2) $\dfrac{BC}{\sin2\theta}=2\cdot1$ $BC=4\sin\theta\cos\theta$

$S=\dfrac{1}{2}r(AB+BC+CA)$であるから

$4\sin\theta\cos^3\theta=\dfrac{1}{2}r(2\cos\theta+4\sin\theta\cos\theta+2\cos\theta)$

$r=\dfrac{4\sin\theta\cos^3\theta}{2\cos\theta(1+\sin\theta)}=\dfrac{2\sin\theta(1-\sin^2\theta)}{1+\sin\theta}=2\sin\theta(1-\sin\theta)$

7　(1)

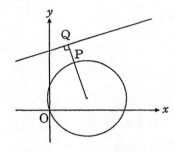

直線PQは傾きが-3で点(3, 1)を通る直線であるから

$y-1=-3(x-3)$ $y=-3x+10$

円の方程式に代入して

$(x-3)^2+\{(-3x+10)-1\}^2=10$

これを解いて　$x=2, 4$

線分PQの長さが最小になるのは$x=2$のときである。

このとき，$y=4$　　よって，求める座標は(2, 4)

(2)　求める長さは，P(2, 4)と直線$x-3y+15=0$の距離であるから

$\dfrac{|2-3\cdot4+15|}{\sqrt{1^2+(-3)^2}}=\dfrac{5}{\sqrt{10}}=\dfrac{\sqrt{10}}{2}$

【２】1　3回のうち，赤玉または青玉を2回，白玉を1回取り出すときであるから，求める確率は

$${}_3C_2\left(\frac{3}{5}\right)^2\left(\frac{2}{5}\right)=\frac{54}{125}$$

2　点Pのx座標が2であるという事象は，P(2，1)とP(2，2)だけである。

P(2，1)となる確率は

赤玉を2回，白玉を1回取り出すときであるから

$$\frac{{}_2C_1\times3!}{{}_5P_3}=\frac{1}{5}$$

P(2，2)となる確率は

赤玉を1回，白玉を1回，青玉を1回取り出すときであるから

$$\frac{{}_2C_1\times{}_2C_1\times3!}{{}_5P_3}=\frac{2}{5}$$

よって，求める条件付き確率は　$\dfrac{\dfrac{2}{5}}{\dfrac{1}{5}+\dfrac{2}{5}}=\dfrac{2}{3}$

〈解説〉1　取り出した玉を元に戻すから，独立試行の確率である。

　　2　点Pのx座標が2となるのは，Pの座標がP(2，1)とP(2，2)であり，P(2，1)となるのは，赤玉を2回，白玉を1回，P(2，2)となるのは，赤玉を1回，白玉を1回，青玉を1回取り出す確率である。条件付き確率は

$$\frac{\text{P(2，2)となる確率}}{\text{点Pのx座標が2である確率}}\text{で求める。}$$

【中学校】

【１】△ABEと△ADCにおいて

　仮定から　AB＝AD　…①　　　AE＝AC　…②

　また　∠BAE＝∠BAC＋60°＝∠DAC　…③

　①，②，③より，2組の辺とその間の角がそれぞれ等しいから

　△ABE≡△ADC

　よって　∠ABE＝∠ADC　すなわち　∠ABF＝∠ADF

ゆえに　円周角の定理の逆により，4点A，D，B，Fは1つの円周上に
ある。

したがって $\overset{\frown}{\mathrm{BF}}$ に対する円周角は等しいので　∠BAF＝∠BDF

〈解説〉　△ABE≡△ADCより，∠ABF＝∠ADFから，4点A，D，B，Fが
同一円周上にあることを示すとよい。

【2】1　$n\neq0$　だから　$4na_{n+1}=(n+1)a_n$　を変形すると

$a_{n+1}=\dfrac{n+1}{4n}a_n$

$a_2=\dfrac{1+1}{4\cdot1}\cdot a_1=\dfrac{2}{4}\cdot3=\dfrac{3}{2}$

$a_3=\dfrac{2+1}{4\cdot2}\cdot a_2=\dfrac{3}{8}\cdot\dfrac{3}{2}=\dfrac{9}{16}$

2　$n\neq0$，$n+1\neq0$　だから　$4na_{n+1}=(n+1)a_n$　を変形すると

$\dfrac{a_{n+1}}{n+1}=\dfrac{1}{4}\cdot\dfrac{a_n}{n}$

$b_n=\dfrac{a_n}{n}$　とおくと　$b_{n+1}=\dfrac{1}{4}b_n$

数列$\{b_n\}$は初項$b_1=\dfrac{a_1}{1}=3$，公比$\dfrac{1}{4}$の等比数列であるから

$b_n=3\cdot\left(\dfrac{1}{4}\right)^{n-1}$　よって　$a_n=nb_n=\dfrac{3n}{4^{n-1}}$

〈解説〉1　解答参照。　2　$\dfrac{a_{n+1}}{n+1}=\dfrac{1}{4}\cdot\dfrac{a_n}{n}$と変形すれば，数列$\left\{\dfrac{a_n}{n}\right\}$は，
初項$\dfrac{a_1}{1}=3$，公比$\dfrac{1}{4}$の等比数列である。

【3】$(\sqrt{a}+\sqrt{b})^2-(\sqrt{a+b})^2=(a+b+2\sqrt{ab})-(a+b)$
$$=2\sqrt{ab}$$
$$>0$$

よって　$(\sqrt{a}+\sqrt{b})^2>(\sqrt{a+b})^2$

$\sqrt{a}+\sqrt{b}>0$，$\sqrt{a+b}>0$　であるから　$\sqrt{a}+\sqrt{b}>\sqrt{a+b}$

$0<a<b$　より　$\sqrt{a+b}>\sqrt{b-a}$

$(\sqrt{b-a})^2-(\sqrt{b}-\sqrt{a})^2=(b-a)-(a+b-2\sqrt{ab})$

$$=2\sqrt{ab}-2a$$

$$=2\sqrt{a}(\sqrt{b}-\sqrt{a})$$

$$>0$$

よって　$(\sqrt{b-a})^2>(\sqrt{b}-\sqrt{a})^2$

$\sqrt{b-a}>0,$　$\sqrt{b}-\sqrt{a}>0$　であるから　$\sqrt{b-a}>\sqrt{b}-\sqrt{a}$

以上より

$$\sqrt{b}-\sqrt{a}<\sqrt{b-a}<\sqrt{a+b}<\sqrt{a}+\sqrt{b}$$

〈解説〉$(\sqrt{a}+\sqrt{b})^2$と$(\sqrt{a+b})^2$の大小関係，$(\sqrt{b-a})^2$と$(\sqrt{b}-\sqrt{a})^2$の大小関係に着目する。

【４】1　C_1は$y=\left(x+\dfrac{3}{2}\right)^2+\dfrac{11}{4}$と変形できるから

グラフの頂点は点$\left(-\dfrac{3}{2},\ \dfrac{11}{4}\right)$である。

C_2は$y=\left(x-\dfrac{5}{2}\right)^2-\dfrac{5}{4}$と変形できるから

グラフの頂点は点$\left(\dfrac{5}{2},\ -\dfrac{5}{4}\right)$である。

したがって，C_1をx軸方向に4，y軸方向に-4だけ平行移動すれば，C_2のグラフになる。

2　C_1について　$y'=2x+3$

C_1上の点$(t,\ t^2+3t+5)$における接線の方程式は

$y-(t^2+3t+5)=(2t+3)(x-t)$

すなわち　$y=(2t+3)x-t^2+5$

この直線がC_2と接するための条件は

$x^2-5x+5=(2t+3)x-t^2+5$

すなわち　$x^2-2(t+4)x+t^2=0$　…①　が重解をもつことである。

①の判別式をDとすると，$D=0$より

$$\frac{D}{4}=(t+4)^2-t^2=8t+16=0 \qquad t=-2$$

よって，直線lの方程式は　$y=-x+1$

〈解説〉1　放物線C_1，C_2の頂点の座標を求めるとよい。

　2　放物線C_1上の点$(t,\ t^2+3t+5)$における接線の方程式を求める。次にこの直線と放物線C_2が接するようにtの値を求める。接する条件は2次方程式の重解条件を用いるとよい。

【5】1　点Bから線分CDに下ろした垂線と線分CDとの交点をHとする。

∠BCH＝45°であるから△BCHは∠BHC＝90°の直角二等辺三角形である。

よって　BH＝CH＝$\sqrt{2}$

△ABCにおいて，三平方の定理より

AB＝$\sqrt{4^2+2^2}=2\sqrt{5}$

∠BAD＝∠BCD＝45°であるから△ABDは∠ADB＝90°の直角二等辺三角形である。

よって　BD＝$\sqrt{10}$

△BDHにおいて，三平方の定理より

DH＝$\sqrt{(\sqrt{10})^2-(\sqrt{2})^2}=2\sqrt{2}$

よって　CD＝CH＋DH＝$3\sqrt{2}$

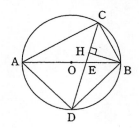

2　直線CEは∠ACBの二等分線であるから

AE：BE＝AC：BC＝4：2＝2：1

よって　BE＝$\dfrac{2\sqrt{5}}{3}$

△BEHにおいて，三平方の定理より

EH＝$\sqrt{\left(\dfrac{2\sqrt{5}}{3}\right)^2-(\sqrt{2})^2}=\dfrac{\sqrt{2}}{3}$

CE＝$\sqrt{2}+\dfrac{\sqrt{2}}{3}=\dfrac{4\sqrt{2}}{3}$

DE＝$3\sqrt{2}-\dfrac{4\sqrt{2}}{3}=\dfrac{5\sqrt{2}}{3}$

よって　△ACE：△ADE＝CE：DE＝$\dfrac{4\sqrt{2}}{3}:\dfrac{5\sqrt{2}}{3}=4:5$

3　点Cから直線BDに下ろした垂線と直線BDの交点をTとすると，

△CDT∽△BACであるから

CT：CD＝BC：BA

CT＝$\dfrac{3\sqrt{2}\cdot 2}{2\sqrt{5}}=\dfrac{3\sqrt{10}}{5}$

求める立体の体積は

$\dfrac{1}{3}\pi\cdot CT^2\cdot DT-\dfrac{1}{3}\pi\cdot CT^2\cdot BT$

$=\dfrac{1}{3}\pi\cdot CT^2\cdot(DT-BT)$

$=\dfrac{1}{3}\pi\cdot CT^2\cdot BD$

$=\dfrac{1}{3}\pi\cdot\left(\dfrac{3\sqrt{10}}{5}\right)^2\cdot\sqrt{10}$

$=\dfrac{6\sqrt{10}}{5}\pi$

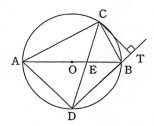

〈解説〉1 点Bから線分CDに下ろした垂線と線分CDとの交点をHとすると，△BCHは直角二等辺三角形である。そして，△ABC，△BDHに三平方の定理を用いる。 2 面積比は△ACE：△ADE＝CE：DEに着目して，CE，DEの長さを求めるとよい。 3 点Cから直線BDに下ろした垂線と直線BDとの交点をTとし，求める立体の体積は$\frac{1}{3}\pi\cdot CT^2\cdot DT-\frac{1}{3}\pi\cdot CT^2\cdot BT$で求める。

【高等学校】

【1】面積について △OAB＜扇形OAB＜△OAC

$\frac{1}{2}\cdot 1\cdot \sin x<\frac{1}{2}\cdot 1^2\cdot x<\frac{1}{2}\cdot 1\cdot \tan x$ よって $\sin x<x<\tan x$

$\sin x>0$であるから，各辺を$\sin x$で割ると

$1<\frac{x}{\sin x}<\frac{1}{\cos x}$ ゆえに $1>\frac{\sin x}{x}>\cos x$

$\lim_{x\to +0}\cos x=1$ であるから，はさみうちの原理より $\lim_{x\to +0}\frac{\sin x}{x}=1$

〈解説〉解答参照。

【2】1 $n\neq 0$, $n+1\neq 0$ だから $4na_{n+1}=(n+1)a_n$ を変形すると

$\frac{a_{n+1}}{n+1}=\frac{1}{4}\cdot \frac{a_n}{n}$

$b_n=\frac{a_n}{n}$ とおくと $b_{n+1}=\frac{1}{4}b_n$

数列$\{b_n\}$は初項$b_1=\frac{a_1}{1}=3$，公比$\frac{1}{4}$の等比数列であるから

$$b_n = 3 \cdot \left(\frac{1}{4}\right)^{n-1} \quad \text{よって} \quad a_n = nb_n = \frac{3n}{4^{n-1}}$$

2 $\quad S_n = 3 + \dfrac{6}{4} + \dfrac{9}{4^2} + \dfrac{12}{4^3} + \cdots + \dfrac{3n}{4^{n-1}} \quad \cdots ①$

$$\frac{1}{4}S_n = \frac{3}{4} + \frac{6}{4^2} + \frac{9}{4^3} + \cdots + \frac{3(n-1)}{4^{n-1}} + \frac{3n}{4^n} \quad \cdots ②$$

①－②より

$$\frac{3}{4}S_n = 3 + \frac{3}{4} + \frac{3}{4^2} + \frac{3}{4^3} + \cdots + \frac{3}{4^{n-1}} - \frac{3n}{4^n}$$

$$= \frac{3\left\{1 - \left(\frac{1}{4}\right)^n\right\}}{1 - \frac{1}{4}} - \frac{3n}{4^n}$$

$$= 4\left(1 - \frac{1}{4^n}\right) - \frac{3n}{4^n}$$

$$= 4 - \frac{3n+4}{4^n}$$

よって $\quad S_n = \dfrac{4}{3}\left(4 - \dfrac{3n+4}{4^n}\right)$

〈解説〉1 $\quad \dfrac{a_{n+1}}{n+1} = \dfrac{1}{4} \cdot \dfrac{a_n}{n}$ と変形すれば，数列$\left\{\dfrac{a_n}{n}\right\}$は，初項$\dfrac{a_1}{1} = 3$，公比$\dfrac{1}{4}$の等比数列である。 2 $\quad S_n - \dfrac{1}{4}S_n$の計算をすると等比数列の和の形になっている。

【3】点Pは平面DEF上にあるから

$$\overrightarrow{OP} = s\overrightarrow{OD} + t\overrightarrow{OE} + u\overrightarrow{OF} \qquad s+t+u = 1 \quad \cdots ①$$

となる実数s, t, uがある。

$$\overrightarrow{OD} = \frac{1}{2}\overrightarrow{OA}, \quad \overrightarrow{OE} = \frac{1}{3}\overrightarrow{OB}, \quad \overrightarrow{OF} = \frac{2}{5}\overrightarrow{OA} + \frac{3}{5}\overrightarrow{OC} \quad であるから$$

$$\overrightarrow{OP} = \frac{1}{2}s\overrightarrow{OA} + \frac{1}{3}t\overrightarrow{OB} + \frac{2}{5}u\overrightarrow{OA} + \frac{3}{5}u\overrightarrow{OC}$$

$$=\left(\frac{1}{2}s+\frac{2}{5}u\right)\overrightarrow{\mathrm{OA}}+\frac{1}{3}t\overrightarrow{\mathrm{OB}}+\frac{3}{5}u\overrightarrow{\mathrm{OC}}$$

点Pは辺BC上にあるから

$$\frac{1}{2}s+\frac{2}{5}u=0 \quad\cdots②$$

$$\frac{1}{3}t+\frac{3}{5}u=1 \quad\cdots③$$

①，②，③を解いて

$$s=-1,\ t=\frac{3}{4},\ u=\frac{5}{4}$$

よって $$\overrightarrow{\mathrm{OP}}=\frac{1}{4}\overrightarrow{\mathrm{OB}}+\frac{3}{4}\overrightarrow{\mathrm{OC}}=\frac{\overrightarrow{\mathrm{OB}}+3\overrightarrow{\mathrm{OC}}}{3+1}$$

ゆえに BP：PC＝3：1

〈解説〉解答参照。

【4】1 $z\neq i$ $\dfrac{z}{z-i}$ が純虚数であるから

$$\frac{z}{z-i}+\overline{\left(\frac{z}{z-i}\right)}=0 \qquad \frac{z}{z-i}+\frac{\overline{z}}{\overline{z}+i}=0$$

$$z(\overline{z}+i)+\overline{z}(z-i)=0 \qquad z\overline{z}+\frac{i}{2}z-\frac{i}{2}\overline{z}=0$$

$$\left(z-\frac{i}{2}\right)\left(\overline{z}+\frac{i}{2}\right)+\frac{i^2}{4}=0 \qquad \left(z-\frac{i}{2}\right)\overline{\left(z-\frac{i}{2}\right)}=\frac{1}{4}$$

$$\left|z-\frac{i}{2}\right|^2=\frac{1}{4} \qquad \left|z-\frac{i}{2}\right|=\frac{1}{2}$$

よって，中心 $\dfrac{i}{2}$，半径 $\dfrac{1}{2}$ の円 ただし，$z=i$ を除く

2 $|z|\neq0$，$\arg z=\dfrac{\pi}{4}$ であるから，1より

$$z=\frac{1}{2}+\frac{i}{2}=\frac{1}{\sqrt{2}}\left(\cos\frac{\pi}{4}+i\sin\frac{\pi}{4}\right)$$

$$z^4=\left(\frac{1}{\sqrt{2}}\right)^4(\cos\pi+i\sin\pi)=-\frac{1}{4}$$

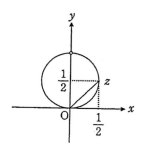

$z \neq 1$ であるから

$$1+z+z^2+z^3 = \frac{1-z^4}{1-z}$$

$$= \frac{1-\left(-\dfrac{1}{4}\right)}{1-\left(\dfrac{1}{2}+\dfrac{i}{2}\right)}$$

$$= \frac{5}{2-2i}$$

$$= \frac{5(1+i)}{4}$$

〈解説〉 1　複素数 $\dfrac{z}{z-i}$ が純虚数である条件は，$\dfrac{z}{z-i} + \overline{\left(\dfrac{z}{z-i}\right)} = 0$ である。なお，$\overline{\left(\dfrac{z}{z-i}\right)} = \dfrac{\overline{z}}{\overline{z}+i}$ となることに注意する。　2　条件から，$z = \dfrac{1}{2}+\dfrac{i}{2}$ であることが分かるとよい。

【5】 1　$f_n{}'(x) = n \cdot \dfrac{\dfrac{1}{x} \cdot x^n - \log x \cdot n x^{n-1}}{x^{2n}} = \dfrac{n(1-n\log x)}{x^{n+1}}$

$f_n{}'(x) = 0$ とすると　$x = \sqrt[n]{e}$

$f_n(x)$ の増減表は

x	0	$\cdots$	$\sqrt[n]{e}$	$\cdots$
$f_n{}'(x)$		$+$	0	$-$
$f_n(x)$		$\nearrow$	$\dfrac{1}{e}$	$\searrow$

$x=\sqrt[n]{e}$ のとき，極大値$\dfrac{1}{e}$

2　$t=\log x$　とおくと　$\dfrac{dt}{dx}=\dfrac{1}{x}$　　$dt=\dfrac{dx}{x}$

$\displaystyle\int f_1(x)\,dx=\int\dfrac{\log x}{x}dx=\int t\,dt=\dfrac{t^2}{2}+C=\dfrac{(\log x)^2}{2}+C$

$\displaystyle\int f_3(x)\,dx=\int\dfrac{\log x^3}{x^3}dx$

$\displaystyle\qquad=3\int\left(-\dfrac{1}{2x^2}\right)'\log x\,dx$

$\displaystyle\qquad=3\left\{-\dfrac{\log x}{2x^2}-\int\left(-\dfrac{1}{2x^2}\right)(\log x)'dx\right\}$

$\displaystyle\qquad=3\left(-\dfrac{\log x}{2x^2}+\dfrac{1}{2}\int\dfrac{1}{x^3}dx\right)$

$\displaystyle\qquad=3\left(-\dfrac{\log x}{2x^2}-\dfrac{1}{4x^2}\right)+C$

$\displaystyle\qquad=-\dfrac{3(2\log x+1)}{4x^2}+C$

3　$y=f_1(x)$と$y=f_3(x)$の共有点のx座標は

$\dfrac{\log x}{x}=\dfrac{\log x^3}{x^3}$

$x^2\log x=3\log x$

$(x^2-3)\log x=0$

$x=1,\ \sqrt{3}$

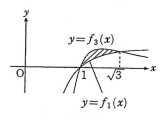

区間 $1 \leqq x \leqq \sqrt{3}$ で $f_3(x) \geqq f_1(x)$ であるから，求める面積は

$$\int_1^{\sqrt{3}} \left(\frac{\log x^3}{x^3} - \frac{\log x}{x} \right) dx$$

$$= \left[-\frac{3(2\log x + 1)}{4x^2} - \frac{(\log x)^2}{2} \right]_1^{\sqrt{3}}$$

$$= -\frac{\log 3 + 1}{4} - \frac{(\log 3)^2}{8} - \left(-\frac{3}{4} \right)$$

$$= \frac{1}{2} - \frac{\log 3}{4} - \frac{(\log 3)^2}{8}$$

〈解説〉解答参照。

2020年度　実施問題

【中高共通】

【1】次の問いに答えなさい。(結果のみ書きなさい。)

1　$\sqrt{\dfrac{243-3n}{2}}$が整数となる自然数nの値をすべて求めなさい。

2　図の△ABCにおいて，辺ABを1：2に内分する点をD，辺ACを2：3に内分する点をEとし，線分BEと線分CDとの交点をFとする。また，点Aを通り辺BCに平行な直線をlとし，直線lと直線BE，直線CDとの交点をそれぞれP，Qとする。このとき，次の比をそれぞれ最も簡単な整数比で表しなさい。

(1)　CF：FQ　　(2)　CF：FD

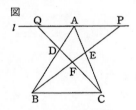

3　方程式$4^{x+1}-17\cdot2^{x+1}+16=0$を解きなさい。

4　図は，AB＝AC，BC＝1，∠BAC＝36°の二等辺三角形である。∠ABCの二等分線と辺ACとの交点をDとするとき，下の問いに答えなさい。

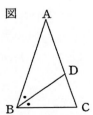

(1)　CDの長さを求めなさい。

(2)　sin18°の値を求めなさい。

5　m, nは実数，a, b, cは正の数とする。次の(1)～(3)の文中の空欄
（　①　）～（　③　）にあてはまる適切な語句を，下のア～エの中か
らそれぞれ一つずつ選び，記号で答えなさい。

　　なお，同じ記号を選んでもよいものとする。

(1)　mまたはnが無理数であることは，mnが無理数であるための
（　①　）。

(2)　$n<0$であることは，2次方程式$x^2+mx+n=0$が実数解をもつた
めの（　②　）。

(3)　$a+b>c$であることは，3辺の長さがa, b, cである三角形が存
在するための（　③　）。

　　ア　必要十分条件である
　　イ　必要条件であるが十分条件でない
　　ウ　十分条件であるが必要条件でない
　　エ　必要条件でも十分条件でもない

6　2次関数$f(x)=x^2-4x-5$において，$a\leqq x\leqq a+1$であるすべてのxに対
して$f(x)>0$であるように，定数aの値の範囲を求めなさい。

7　図は，3年生のA組とB組それぞれ30人のテストの結果を箱ひげ図に
表したものである。下のア～ウの中から，必ず正しいといえるもの
をすべて選び，記号で答えなさい。

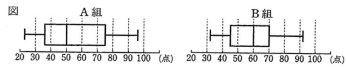

図　　　　　A組　　　　　　　　　　　　B組

　　ア　A組にはテストの点数が50点の生徒がいる。
　　イ　テストの点数が40点以上の生徒はB組の方が多い。
　　ウ　テストの点数が90点以上の生徒はA組とB組を合わせて2人以上
　　　　いる。

(☆☆○○○)

78

【2】1，2，3，4，5，6，7の番号が1つずつ書かれた7枚のカードがある。この中から，3枚のカードを同時に取り出すとき，次の問いに答えなさい。ただし，どのカードが取り出されることも同様に確からしいものとする。

1　取り出した3枚のカードの番号の和が3の倍数になる確率を求めなさい。

2　取り出した3枚のカードの番号の積が6の倍数になる確率を求めなさい。

(☆☆◎◎◎)

【3】数列 $\frac{1}{2}$，$\frac{1}{4}$，$\frac{3}{4}$，$\frac{1}{6}$，$\frac{3}{6}$，$\frac{5}{6}$，$\frac{1}{8}$，$\frac{3}{8}$，$\frac{5}{8}$，$\frac{7}{8}$，$\frac{1}{10}$……について，次の問いに答えなさい。

1　$\frac{19}{30}$ は第何項であるか求めなさい。

2　初項から第200項までの和を求めなさい。

(☆☆◎◎◎)

【中学校】

【1】下の図のように，円Oと，この円の外部の点Pがある。このとき，次の問いに答えなさい。

1　定規とコンパスを使って，点Pを通る円Oの接線を作図する方法を説明しなさい。

図

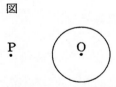

2　1の手順でかいた直線が，円Oの接線である理由を説明しなさい。

(☆☆◎◎◎)

【２】周の長さが80cmの長方形がある。この長方形の横の長さが縦の長さより長く，面積が200cm²以上300cm²以下であるとき，長方形の横の長さはどのような範囲にあるか求めなさい。

(☆☆◎◎◎)

【３】図のように，正方形ABCDを底面とし，すべての辺の長さが4cmである正四角錐OABCDがある。このとき，次の問いに答えなさい。

1　点Oから底面ABCDに下ろした垂線OHの長さを求めなさい。

図
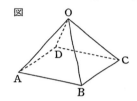

2　正四角錐OABCDに内接する球の半径を求めなさい。

(☆☆◎◎◎)

【４】放物線$y=-x^2+2x$をCとするとき，次の問いに答えなさい。

1　点$(0，4)$からCに引いた接線の方程式を求めなさい。

2　Cとx軸に囲まれた部分の面積を直線$y=mx$が2等分するとき，定数mの値を求めなさい。ただし，$0<m<2$とする。

(☆☆◎◎◎)

【高等学校】

【１】次の問いに答えなさい。

1　nが整数のとき，等式$(x^n)'=nx^{n-1}\cdots$①が成り立つことを証明しなさい。ただし，nが自然数のときに①が成り立つことを用いてもよい。

2　rが有理数のとき，等式$(x^r)'=rx^{r-1}\cdots$②が成り立つことを証明しなさい。ただし，rが整数のときに②が成り立つことを用いてもよい。

(☆☆◎◎◎)

【2】 複素数zが$z+\dfrac{1}{z}=\sqrt{3}$ を満たすとき，$z^n+\dfrac{1}{z^n}$のとり得る値をすべて求めなさい。ただし，nは整数とする。

(☆☆◎◎◎◎)

【3】 座標空間に5点A(1, 4, 2)，B(2, 3, 1)，C(4, −2, 2)，D(−1, 2, −2)，E(5, 3, 1)をとる。このとき，次の問いに答えなさい。
1 △ABCの面積を求めなさい。
2 直線DEと平面ABCの交点の座標を求めなさい。

(☆☆☆◎◎◎◎)

【4】 関数$f(x)=\dfrac{x^2-1}{(x^2+3)^2}$について，次の問いに答えなさい。
1 関数$f(x)$の極値を求めなさい。また，そのときのxの値も答えなさい。
2 $y=f(x)$のグラフの$y\leqq 0$の部分とx軸で囲まれた図形の面積を求めなさい。

(☆☆☆◎◎◎◎)

解答・解説

【中高共通】

【1】 1　$n=27,\ 57,\ 75,\ 81$
　2　(1)　CF：FQ＝6：7　　(2)　CF：FD＝9：4
　3　$x=-1,\ 3$
　4　(1)　CD＝$\dfrac{-1+\sqrt{5}}{2}$　　(2)　$\sin 18°=\dfrac{-1+\sqrt{5}}{4}$
　5　① イ　　② ウ　　③ イ
　6　$a<-2,\ 5<a$
　7　イ，ウ
〈解説〉1　$\dfrac{243-3n}{2}=\dfrac{3(81-n)}{2}$であるから

kを0以上の整数として$81-n=6k^2$となればよい。

$n=81-6k^2$であるから

$k=0$のとき$n=81$　　$k=1$のとき$n=75$　　$k=2$のとき$n=57$

$k=3$のとき$n=27$

kが4以上の整数のとき，nは負の数となり，問題に適さない。

ゆえに　$n=27,\ 57,\ 75,\ 81$

2　(1)　$BC=t$とおくと

$\triangle AEP \backsim \triangle CEB$より$AP:CB=AE:CE=2:3$であるから

$AP=\dfrac{2}{3}t$

$\triangle ADQ \backsim \triangle BDC$より$AQ:BC=AD:BD=1:2$であるから

$AQ=\dfrac{1}{2}t$

$\triangle BCF \backsim \triangle PQF$より$CF:FQ=BC:PQ=t:\left(\dfrac{2}{3}t+\dfrac{1}{2}t\right)=6:7$

(2)　メネラウスの定理より

$\dfrac{CF}{FD}\cdot\dfrac{2}{3}\cdot\dfrac{2}{3}=1$　$\dfrac{CF}{FD}=\dfrac{9}{4}$　よって$CF:FD=9:4$

3　方程式を変形すると　$4\cdot(2^x)^2-34\cdot2^x+16=0$

$2\cdot(2^x)^2-17\cdot2^x+8=0$

$2^x=t$とおくと，$t>0$であり，

方程式は$2t^2-17t+8=0$　$(2t-1)(t-8)=0$

$t=\dfrac{1}{2},\ 8$　$2^x=\dfrac{1}{2},\ 8$　$x=-1,\ 3$

4　(1)　$\angle ABC=\angle ACB=72°$　$\angle ABD=\angle CBD=36°$

$CD=x$とおくと，$\triangle ABC \backsim \triangle BCD$より

$BC:CD=AC:BD$

$1:x=(1+x):1$

これより$x^2+x-1=0$

$x>0$であるから　$x=\dfrac{-1+\sqrt{5}}{2}$

(2)　点Aから辺BCに垂線AEを下ろす

$$AB = 1 + x = 1 + \frac{-1+\sqrt{5}}{2} = \frac{1+\sqrt{5}}{2}$$

$BE = \frac{1}{2}$ であるから

$$\sin 18° = \frac{BE}{AB} = \frac{1}{1+\sqrt{5}} = \frac{-1+\sqrt{5}}{4}$$

5 ① 「mまたはnが無理数⇒mnが無理数」は偽

(反例$m = \sqrt{2}$, $n = 0$)

「mnが無理数⇒mまたはnが無理数」は真

(対偶「m, nともに有理数⇒mnは有理数」が真) よって イ

② 「$n<0$⇒2次方程式$x^2+mx+n=0$が実数解をもつ」は真

(判別式$D = m^2 - 4n > 0$より)

「2次方程式$x^2+mx+n=0$が実数解をもつ⇒$n<0$」は偽

(反例$m = n = 0$) よって ウ

③ 「$a+b>c$⇒△ABCが存在する」は偽

(反例$a = 2$, $b = 1$, $c = 1$)

「△ABCが存在する⇒$a+b>c$」は真 よって イ

6 $a \leqq x \leqq a+1$における最小値が正の数であればよい。

$f(x) = (x-2)^2 - 9$の$a \leqq x \leqq a+1$における最小値を$m(a)$とすると

(i) $a+1<2$すなわち$a<1$のとき

$m(a) = f(a+1) = a^2 - 2a - 8$

$m(a) > 0$より

$a^2 - 2a - 8 > 0$

$(a-4)(a+2) > 0$

条件より $a < -2$

(ii) $a \leqq 2 \leqq a+1$すなわち$1 \leqq a \leqq 2$のとき

$m(a) = -9 < 0$より不適

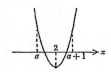

(iii) $2 < a$のとき

$m(a)＝f(a)＝a^2－4a－5$

$m(a)＞0$より

$a^2－4a－5＞0$

$(a－5)(a＋1)＞0$

条件より　$5＜a$

以上より　$a＜－2,\ 5＜a$

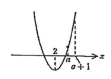

7　ア　中央値は15人目と16人目の平均値であるため，判断できない。
イ　A組の40点以上の生徒は22人以下であり，B組の40点以上の生徒は23人以上であるため，必ず正しい。　ウ　最大値がA組，B組ともに90点以上であるため，必ず正しい。

【２】1　3枚のカードの取り出し方は全部で，$_7C_3＝35$通りある。
和が3の倍数になる取り出し方は

$(1,\ 2,\ 3),\ (1,\ 2,\ 6),\ (1,\ 3,\ 5),\ (1,\ 4,\ 7),\ (1,\ 5,\ 6),\ (2,\ 3,\ 4),$
$(2,\ 3,\ 7),\ (2,\ 4,\ 6),\ (2,\ 6,\ 7),\ (3,\ 4,\ 5),\ (3,\ 5,\ 7),\ (4,\ 5,\ 6),$
$(5,\ 6,\ 7)$　13通りあるので，求める確率は$\dfrac{13}{35}$

2　(i)　6を含むとき

6を除く2枚の取り出し方の総数は$_6C_2＝15$通り

(ii)　6を含まないとき

3は必ず含み，残りの2枚のうち少なくとも1枚は2または4を含む

3を除く2枚の取り出し方の総数は4＋4－1＝7通り

(i)と(ii)は互いに排反であるから，求める確率は

$\dfrac{15}{35}＋\dfrac{7}{35}＝\dfrac{22}{35}$

〈解説〉解答参照。

【３】1　初項から分母が28の最後の数までの項の総数は

1＋2＋3＋…＋14＝105

$\dfrac{19}{30}$は分母が30の項の小さい方から10番目の数であるから，

求める項は105＋10＝115　第115項

2　初項から分母が$2n$の最後の数までの項の総数は

$$1+2+\cdots+n=\frac{1}{2}n(n+1)$$

$n=19$のとき190　　$n=20$のとき210であるから

第200項は分母が40の項の小さい方から10番目の数

よって，第200項は$\dfrac{2\times10-1}{2\times20}=\dfrac{19}{40}$

分母が$2n$であるすべての項の和は

$$\sum_{k=1}^{n}\frac{2k-1}{2n}=\frac{1}{2n}\left\{2\cdot\frac{1}{2}n(n+1)-n\right\}=\frac{n}{2}$$

ゆえに，求める和は

$$\sum_{k=1}^{19}\frac{k}{2}+\sum_{k=1}^{10}\frac{2k-1}{40}=95+\frac{5}{2}=\frac{195}{2}$$

〈解説〉解答参照。

【中学校】

【1】1　線分OPの垂直二等分線を引き，線分OPとの交点をMとする。

次に，点Mを中心とし，MOを半径とする円Mをかく。

円Oと円Mの交点の一つを点Aとすると，直線APが円Oの接線となる。

2　1の手順でかいた直線APにおいて，

点Aは，円O上の点であるから，線分OAは円Oの半径である。

点Aは，線分OPを直径とする円上の点であるから　∠OAP＝90°

円の接線は，接点を通る半径に垂直であるから，

直線APは，接点をAとする円Oの接線である。

〈解説〉解答参照。

【2】

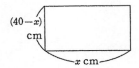

(40−x)
cm

x cm

長方形の横の長さを$x$cmとすると

縦の長さは$(40-x)$cmであるから

条件より　$0<40-x<x<40$

これより　$20<x<40$　…①

面積が200cm²以上300cm²以下であるから

$200 \leqq x(40-x) \leqq 300$

これより　$\begin{cases} 200 \leqq x(40-x) & \cdots ② \\ x(40-x) \leqq 300 & \cdots ③ \end{cases}$

②から$x^2-40x+200 \leqq 0$　$20-10\sqrt{2} \leqq x \leqq 20+10\sqrt{2}$

③から$x^2-40x+300 \geqq 0$　$x \leqq 10,\ 30 \leqq x$

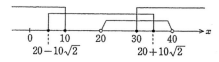

①〜③より　$30 \leqq x \leqq 20+10\sqrt{2}$

ゆえに　30cm以上$20+10\sqrt{2}$cm以下

〈解説〉解答参照。

【3】1　1辺の長さが4cmの正方形の対角線であるから

$AC=4\sqrt{2}$

点Hは線分ACの中点であるから

$AH=2\sqrt{2}$

△OAHにおいて三平方の定理より

$OH^2+(2\sqrt{2})^2=4^2$

$OH=2\sqrt{2}$

よって，求める長さは　$2\sqrt{2}$cm

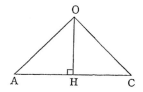

2 辺AD，BCの中点をそれぞれE，Fとすると

求める球の半径は，△OEFの内接円の半径と同じである。

$OE = OF = 2\sqrt{3}$

内接する球の半径をrとすると

三角形の内接円の半径と面積の関係より

$\dfrac{1}{2}r(4 + 2\sqrt{3} + 2\sqrt{3}) = \dfrac{1}{2} \times 4 \times 2\sqrt{2}$

$r = \dfrac{2\sqrt{2}}{\sqrt{3}+1} = \sqrt{6} - \sqrt{2}$

よって，求める半径は$\sqrt{6} - \sqrt{2}$ cm

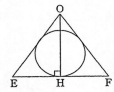

〈解説〉解答参照。

【4】1 $y' = -2x + 2$

接点の座標を$(a, -a^2 + 2a)$とおくと

接線の方程式は

$y - (-a^2 + 2a) = (-2a + 2)(x - a)$

$y = (-2a + 2)x + a^2$

この直線が$(0, 4)$を通るから

$4 = a^2 \quad a = \pm 2$

よって，接線の方程式は

$a = 2$のとき $y = -2x + 4$

$a = -2$のとき $y = 6x + 4$

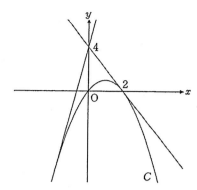

2　Cとx軸に囲まれた部分の面積をS_1，Cと直線$y＝mx$に囲まれた部分の面積をS_2とすると

Cとx軸の共通点のx座標は

$-x^2＋2x＝0$より　$x＝0,\ 2$

$$S_1＝\int_0^2(-x^2＋2x)dx＝\left[-\frac{1}{3}x^3＋x^2\right]_0^2＝\frac{4}{3}$$

Cと直線$y＝mx$の共通点のx座標は

$-x^2＋2x＝mx$より$x＝0,\ 2-m$

$$S_2＝\int_0^{2-m}(-x^2＋2x-mx)dx$$

$$＝\left[-\frac{1}{3}x^3＋\frac{2-m}{2}x^2\right]_0^{2-m}$$

$$＝\frac{1}{6}(2-m)^3$$

$S_1＝2S_2$であるから

$$\frac{4}{3}＝2\times\frac{1}{6}(2-m)^3$$

$$4＝(2-m)^3$$

$$\sqrt[3]{4}＝2-m$$

$$m＝2-\sqrt[3]{4}$$

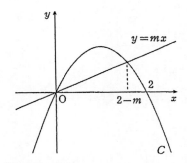

〈解説〉解答参照。

【高等学校】

【1】1　(i)　nが正の整数のとき　仮定より，①は成り立つ

(ii)　nが負の整数のとき

$n=-m$とおくと，mは正の整数であるから

$$(x^n)'=(x^{-m})'=\left(\frac{1}{x^m}\right)'=-\frac{(x^m)'}{(x^m)^2}=-\frac{mx^{m-1}}{x^{2m}}=-mx^{-m-1}=nx^{n-1}$$

よって，①が成り立つ

(ii)　$n=0$のとき

$(x^0)'=(1)'=0$　よって，①が成り立つ

以上より，nが整数のとき，①が成り立つ

2　$r=\dfrac{m}{n}$　(nを正の整数，mを整数)とすると

$y=x^r$より$y=x^{\frac{m}{n}}$　　$y^n=x^m$

この両辺を，それぞれxで微分すると

$ny^{n-1}\dfrac{dy}{dx}=mx^{m-1}$であるから

$$\frac{dy}{dx}=\frac{mx^{m-1}}{ny^{n-1}}=\frac{mx^{m-1}}{n\left(x^{\frac{m}{n}}\right)^{n-1}}=\frac{mx^{m-1}}{nx^{m-\frac{m}{n}}}=\frac{m}{n}x^{\frac{m}{n}-1}=rx^{r-1}$$

よって，rが有理数のとき，②が成り立つ

〈解説〉解答参照。

【２】$z+\dfrac{1}{z}=\sqrt{3}$ より　$z^2-\sqrt{3}\,z+1=0$　$z=\dfrac{\sqrt{3}}{2}\pm\dfrac{1}{2}i$

極形式で表すと　$z=\cos\left(\pm\dfrac{\pi}{6}\right)+i\sin\left(\pm\dfrac{\pi}{6}\right)$

$z^n=\cos\left(\pm\dfrac{n\pi}{6}\right)+i\sin\left(\pm\dfrac{n\pi}{6}\right)=\cos\dfrac{n\pi}{6}\pm i\sin\dfrac{n\pi}{6}$

$\dfrac{1}{z^n}=z^{-n}=\cos\left(\mp\dfrac{n\pi}{6}\right)+i\sin\left(\mp\dfrac{n\pi}{6}\right)=\cos\dfrac{n\pi}{6}\mp i\sin\dfrac{n\pi}{6}$

よって　$z^n+\dfrac{1}{z^n}=2\cos\dfrac{n\pi}{6}$　…①

$0\leqq\dfrac{n\pi}{6}\leqq\pi$ の範囲で考えると　$n=0,\ 1,\ 2,\ 3,\ 4,\ 5,\ 6$

このとき，①の値はそれぞれ2，$\sqrt{3}$，1，0，-1，$-\sqrt{3}$，-2

すべての整数nについて，①の値はこのいずれかになるので，とり得るすべての値は-2，$-\sqrt{3}$，-1，0，1，$\sqrt{3}$，2

〈解説〉《別解》$z=re^{i\theta}=r(\cos\theta+i\sin\theta)$を用いて，$z^n=(e^{i\theta})^n=e^{in\theta}=\cos n\theta+i\sin n\theta$，$z^{-n}=(e^{i\theta})^{-n}=e^{i(-n\theta)}=\cos n\theta-i\sin n\theta$ より，与式$=2\cos n\theta$ これに，$\theta=\pm\dfrac{1}{6}\pi$ を代入すれば①になる。

【３】１　$\overrightarrow{\mathrm{AB}}=(1,\ -1,\ -1),\ \overrightarrow{\mathrm{AC}}=(3,\ -6,\ 0)$

$|\overrightarrow{\mathrm{AB}}|=\sqrt{3}$，$|\overrightarrow{\mathrm{AC}}|=3\sqrt{5}$，$\overrightarrow{\mathrm{AB}}\cdot\overrightarrow{\mathrm{AC}}=9$であるから

$\triangle\mathrm{ABC}=\dfrac{1}{2}\sqrt{3\cdot45-81}=\dfrac{3\sqrt{6}}{2}$

２　求める点をPとすると，点Pは直線DE上にあるので，$\overrightarrow{\mathrm{DP}}$ は実数kを用いて $\overrightarrow{\mathrm{DP}}=k\overrightarrow{\mathrm{DE}}$ と表すことができる。

$\overrightarrow{\mathrm{OP}}=\overrightarrow{\mathrm{OD}}+k\overrightarrow{\mathrm{DE}}$

$=(-1,\ 2,\ -2)+k(6,\ 1,\ 3)$

$=(-1+6k,\ 2+k,\ -2+3k)$　…①

また，点Pは平面ABC上にあるので，$\overrightarrow{\mathrm{AP}}$ は実数s，tを用いて $\overrightarrow{\mathrm{AP}}=s\overrightarrow{\mathrm{AB}}+t\overrightarrow{\mathrm{AC}}$ と表すことができる。

$$\overrightarrow{OP} = \overrightarrow{OA} + s\overrightarrow{AB} + t\overrightarrow{AC}$$
$$= (1,\ 4,\ 2) + s(1,\ -1,\ -1) + t(3,\ -6,\ 0)$$
$$= (1+s+3t,\ 4-s-6t,\ 2-s) \quad \cdots ②$$

①，②より

$$\begin{cases} -1+6k = 1+s+3t \\ 2+k = 4-s-6t \\ -2+3k = 2-s \end{cases}$$

これを解いて $k=\dfrac{5}{8}$, $s=\dfrac{17}{8}$, $t=-\dfrac{1}{8}$

よって $\overrightarrow{OP} = \left(\dfrac{11}{4},\ \dfrac{21}{8},\ -\dfrac{1}{8}\right)$

ゆえに，求める座標は $\left(\dfrac{11}{4},\ \dfrac{21}{8},\ -\dfrac{1}{8}\right)$

〈解説〉解答参照。

【4】1 $f'(x) = \dfrac{2x(x^2+3)^2 - (x^2-1)\cdot 2(x^2+3)\cdot 2x}{(x^2+3)^4}$

$$= \dfrac{2x\{(x^2+3) - 2(x^2-1)\}}{(x^2+3)^3}$$

$$= \dfrac{2x(-x^2+5)}{(x^2+3)^3}$$

$f'(x)=0$ とすると $x=0$, $\pm\sqrt{5}$

よって，$f(x)$ の増減表は次のようになる。

x	$\cdots$	$-\sqrt{5}$	$\cdots$	0	$\cdots$	$\sqrt{5}$	$\cdots$
$f'(x)$	$+$	0	$-$	0	$+$	0	$-$
$f(x)$	↗	$\dfrac{1}{16}$	↘	$-\dfrac{1}{9}$	↗	$\dfrac{1}{16}$	↘

$x=\pm\sqrt{5}$ のとき極大値 $\dfrac{1}{16}$

$x=0$ のとき極小値 $-\dfrac{1}{9}$

2 $f(x)=0$ とすると $x=\pm 1$

$$\lim_{x\to\pm\infty} f(x) = \lim_{x\to\pm\infty} \frac{\dfrac{1}{x^2} - \dfrac{1}{x^4}}{\left(1+\dfrac{3}{x^2}\right)^2} = 0$$

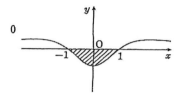

求める面積は上図の斜線部であるから求める面積をSとすると

$$S = -\int_{-1}^{1} \frac{x^2-1}{(x^2+3)^2}dx$$

$f(-x)=f(x)$より$f(x)$は偶関数であるから

$$S = -2\int_{0}^{1} \frac{x^2-1}{(x^2+3)^2}dx$$

$x=\sqrt{3}\tan\theta$とおくと　　$\dfrac{dx}{d\theta} = \dfrac{\sqrt{3}}{\cos^2\theta}$

x	$0 \to 1$
θ	$0 \to \dfrac{\pi}{6}$

$$S = -2\int_{0}^{\frac{\pi}{6}} \frac{3\tan^2\theta - 1}{(3\tan^2\theta + 3)^2} \cdot \frac{\sqrt{3}}{\cos^2\theta}d\theta$$

$$= -2\int_{0}^{\frac{\pi}{6}} \frac{3\tan^2\theta - 1}{9(1+\tan^2\theta)^2} \cdot \frac{\sqrt{3}}{\cos^2\theta}d\theta$$

$$= -\frac{2\sqrt{3}}{9}\int_{0}^{\frac{\pi}{6}} (3\tan^2\theta - 1)\cos^2\theta \, d\theta$$

$$= -\frac{2\sqrt{3}}{9}\int_{0}^{\frac{\pi}{6}} (3\sin^2\theta - \cos^2\theta)d\theta$$

$$= \frac{2\sqrt{3}}{9}\int_{0}^{\frac{\pi}{6}} (4\cos^2\theta - 3)d\theta$$

$$= \frac{2\sqrt{3}}{9}\int_{0}^{\frac{\pi}{6}} \left(4 \cdot \frac{1+\cos2\theta}{2} - 3\right)d\theta$$

$$= \frac{2\sqrt{3}}{9}\int_{0}^{\frac{\pi}{6}} (2\cos2\theta - 1)d\theta$$

$$= \frac{2\sqrt{3}}{9} \Big[\sin 2\,\theta - \theta \Big]_0^{\frac{\pi}{6}}$$

$$= \frac{1}{3} - \frac{\sqrt{3}}{27}\,\pi$$

〈解説〉解答参照。

【中高共通】

【1】次の問いに答えなさい。(結果のみ書きなさい。)

1　4次式x^4-3x^2+9を因数分解しなさい。

2　xに関する2つの条件p：$3x^2-14x+8<0$，q：$|x+2a|\leqq1$について，pがqであるための必要条件であるとき，定数aの値の範囲を求めなさい。

3　最大公約数が6，最小公倍数が2310である2つの自然数a，bの組(a, b)をすべて求めなさい。ただし，$a<b$とする。

4　2次関数$y=x^2+4ax+2a^2-4a-9$ $(1\leqq x\leqq5)$の最大値が10であるとき，定数aの値を求めなさい。

5　次のデータは，10点満点の小テストにおける10人の生徒の得点である。ただし，$x<y$とする。

　　　7　6　6　5　9　6　5　4　x　y

得点の平均値が6，分散が2.4であるとき，次の問いに答えなさい。

(1)　x，yの値をそれぞれ求めなさい。

(2)　11人目の生徒が，同じ小テストを受けたら6点であった。このとき，11人の生徒の得点の平均値と分散は，もとの10人のときと比べてどのように変化したか。それぞれ語群から選び，答えなさい。

　　　語群　[　増加した　　減少した　　変わらない　]

6　円に内接する四角形ABCDがあり，AB＝6，AD＝3，∠BAC＝∠DACである。また，ACとBDの交点をEとすると，AE＝2である。このとき，次の問いに答えなさい。

(1)　ACの長さを求めなさい。

(2)　BDの長さを求めなさい。

(3)　BCの長さを求めなさい。

7　x，yが3つの不等式

$$4x-7y+19 \geqq 0, \quad 3x-y-7 \leqq 0, \quad 5x+4y+11 \geqq 0$$

を満たすとき，$x-y$の最大値および最小値と，そのときのx，yの値をそれぞれ求めなさい。

(☆☆◎◎◎)

【2】Aの箱には赤玉3個，白玉2個，Bの箱には赤玉4個，白玉3個が入っている。このとき，次の問いに答えなさい。

1　Aの箱から2個，Bの箱から2個，合計4個の玉を取り出したとき，取り出した4個の玉が赤玉2個，白玉2個である確率を求めなさい。

2　1枚の硬貨を投げて，表が出たらAの箱から1個，裏が出たらBの箱から1個の玉を取り出す。取り出した玉が赤玉であったとき，それがAの箱に入っていた赤玉である条件付き確率を求めなさい。

(☆☆◎◎◎)

【3】$a_1=1$，$a_{n+1}=3a_n+4n+2$ $(n=1, 2, 3, \cdots)$で定められた数列$\{a_n\}$について，次の問いに答えなさい。

1　$b_n=a_{n+1}-a_n$とおくとき，数列$\{b_n\}$の一般項を求めなさい。

2　数列$\{a_n\}$の一般項を求めなさい。

(☆☆◎◎◎)

【中学校】

【1】標本調査の方法についての授業を行う。次の問いに答えなさい。

1　標本調査を用いる具体的な場面を1つ挙げ，その場面において，標本調査にはどのようなよさがあるのか，生徒にわかるように説明しなさい。

2　母集団から標本を抽出する場合，注意しなければならないことを書きなさい。また，標本を抽出する方法として適切でない具体例を理由とともに書きなさい。

(☆☆☆◎◎◎)

【２】$f(x)=x^2-2kx-3k+9$について，次の問いに答えなさい。

　1　2次方程式$f(x)=0$の1つの解が他の解の3倍であるとき，定数kの値と，2つの解をそれぞれ求めなさい。

　2　2次不等式$f(x)>0$の解がすべての実数であるような定数kの値の範囲を求めなさい。

(☆☆◎◎◎)

【３】1辺の長さが2である正四面体ABCDの頂点Aから，平面BCDに垂線AHを引いたとき，下の問いに答えなさい。

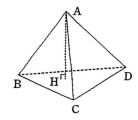

　1　点Hは△BCDの外心であることを証明しなさい。

　2　正四面体ABCDの体積を求めなさい。

(☆☆◎◎◎)

【４】3次関数$y=x^3-2x^2-5x+6$のグラフをCとする。次の問いに答えなさい。

　1　Cと直線$y=-x+a$が異なる3点で交わるような定数aの値の範囲を求めなさい。

　2　Cとx軸で囲まれた2つの部分の面積の和を求めなさい。

(☆☆◎◎◎)

【高等学校】

【１】偶関数と奇関数について，次の問いに答えなさい。

　1　指数関数を含む偶関数と奇関数を，それぞれ1つずつ書きなさい。

2 $f(x)$が偶関数ならば $\displaystyle\int_{-a}^{a} f(x)\,dx = 2\int_{0}^{a} f(x)\,dx$

   $f(x)$が奇関数ならば $\displaystyle\int_{-a}^{a} f(x)\,dx = 0$

   であることを証明しなさい。

(☆☆◎◎◎)

【2】正四面体OABCにおいて，点D，点Pが $\overrightarrow{OD} = \dfrac{1}{2}\overrightarrow{OC}$，$\overrightarrow{OP} = \dfrac{1}{3}\overrightarrow{OA}$ $+ \dfrac{2}{3}\overrightarrow{OB} - \overrightarrow{OC}$ を満たしている。また，直線CPと平面DABの交点をQ とする。$\overrightarrow{OA} = \vec{a}$，$\overrightarrow{OB} = \vec{b}$，$\overrightarrow{OC} = \vec{c}$ とするとき，$\overrightarrow{OQ}$を$\vec{a}$，$\vec{b}$，$\vec{c}$ を用いて表しなさい。

(☆☆◎◎◎)

【3】複素数平面上の点zが点$\dfrac{1-\sqrt{3}\,i}{2}$を中心とした半径$\dfrac{1}{\sqrt{2}}$の円周上を動くとき，次の問いに答えなさい。

 1 $w = \dfrac{1}{z}$で表される点wはどのような図形を描くか答えなさい。

 2 wが描く図形上の点で，偏角θ($0 \leqq \theta < 2\pi$)が最大になるときの複素数をαとするとき，α^nが純虚数となるような自然数nの最小値を求めなさい。

(☆☆☆◎◎◎)

【4】関数$f(x) = -\sin 2x + 7\cos x$について，次の問いに答えなさい。

 1 $0 \leqq x \leqq 2\pi$ の範囲における極値を求めなさい。ただし，そのときのxの値は求めなくともよい。

 2 $y = f(x)$のグラフの$\dfrac{\pi}{2} \leqq x \leqq \dfrac{3}{2}\pi$ の部分とx軸で囲まれた図形をx軸のまわりに1回転させてできる立体の体積を求めなさい。

(☆☆☆◎◎◎)

解答・解説

【中高共通】

【１】1　$(x^2+3x+3)(x^2-3x+3)$　　2　$-\dfrac{3}{2}<a<-\dfrac{5}{6}$　　3　$(a,\ b)=(6,$
2310), (30, 462), (42, 330), (66, 210)　　4　$a=-3,\ -4+\sqrt{13}$
5　(1)　$x=4,\ y=8$　　(2)　平均値…変わらない　　分散…減少した
6　(1)　9　　(2)　$3\sqrt{7}$　　(3)　$3\sqrt{7}$　　7　最大値…5($x=1,\ y=$
-4)　　最小値…-4 ($x=-3,\ y=1$)

〈解説〉1　$x^4-3x^2+9=(x^2+3)^2-9x^2$
$$=(x^2+3+3x)(x^2+3-3x)$$
$$=(x^2+3x+3)(x^2-3x+3)$$

2　$p:\dfrac{2}{3}<x<4,\ q:-2a-1\leqq x\leqq-2a+1$
$q\Rightarrow p$が真であればよい。

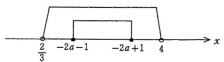

連立不等式 $\begin{cases} \dfrac{2}{3}<-2a-1 \\ -2a+1<4 \end{cases}$　より　$-\dfrac{2}{3}<a<-\dfrac{5}{6}$

3　最大公約数が6であるから，$a,\ b$は$a=6a',\ b=6b'$と表される。
ただし，$a',\ b'$は互いに素である自然数で$a'<b'$である。
このとき，$a,\ b$の最小公倍数は$6a'b'$と表されるから
$6a'b'=2310$　すなわち　$a'b'=385=5\cdot7\cdot11$
$(a',\ b')=(1,\ 385),\ (5,\ 77),\ (7,\ 55),\ (11,\ 35)$
よって　$(a,\ b)=(6,\ 2310),\ (30,\ 462),\ (42,\ 330),\ (66,\ 210)$

4　$y=(x+2a)^2-2a^2-4a-9$
(i)　$3<-2a$　すなわち　$a<-\dfrac{3}{2}$のとき
$x=1$で最大値$2a^2-8$であるから
$2a^2-8=10$

条件より　$a=-3$

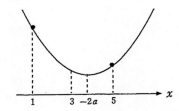

(ii)　$-2a\leqq3$　すなわち　$-\dfrac{3}{2}\leqq a$のとき

$x=5$で最大値$2a^2+16a+16$であるから

$2a^2+16a+16=10$

条件より　$a=-4+\sqrt{13}$

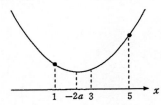

(i)，(ii)より

$a=-3$，$-4+\sqrt{13}$

5　(1)　平均値が6であるから

$\dfrac{1}{10}(7+6+6+5+9+6+5+4+x+y)=6$

分散が2.4であるから

$\dfrac{1}{10}\{1^2+0^2+0^2+(-1)^2+3^2+0^2+(-1)^2+(-2)^2+(x-6)^2+(y-6)^2\}=2.4$

これを解いて　$x=4$，$y=8$

(2)　6点は平均値と同じであるから，1人増えても平均値は変わらない。偏差の2乗の合計は変わらないが，人数が1人増えるので分散は減少する。

6

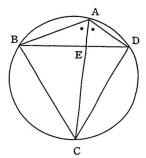

(1)　△ABE∽△ACDであるから

AB：AC＝AE：AD

6：AC＝2：3　より　AC＝9

(2)　角の二等分線の性質より

BE：ED＝6：3＝2：1であるから，BE＝2t，ED＝tとおくと

方べきの定理より　BE・DE＝AE・CE　2t・t＝2・7

これより　t＝√7　　　BD＝3t＝3√7

(3)　(2)より　BE＝2t＝2√7

△BEC∽△AEDであるから　BC：AD＝BE：AE

BC：3＝2√7：2　BC＝3√7

7　与えられた連立不等式の表す領域をDとすると，領域Dは3点(4，5)(1，－4)(－3，1)を頂点とする三角形の周及び内部である。

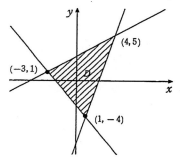

$x-y=k$ …①とおくと，

これは傾きが1，y切片が$-k$の直線を表す。

この直線①が領域Dと共有点をもつようなkの値の最大値と最小値を求めればよい。

よって　$x=1$，$y=-4$のとき，最大値5

$\qquad x=-3$，$y=1$のとき，最小値-4

【2】1　(i)　Aの箱から赤玉2個，Bの箱から白玉2個を取り出す確率は

$$\frac{{}_3C_2}{{}_5C_2}\times\frac{{}_3C_2}{{}_7C_2}=\frac{3}{70}$$

(ii)　Aの箱から赤玉1個と白玉1個，Bの箱から赤玉1個と白玉1個を取り出す確率は

$$\frac{{}_3C_1\times{}_2C_1}{{}_5C_2}\times\frac{{}_4C_1\times{}_3C_1}{{}_7C_2}=\frac{12}{35}$$

(iii)　Aの箱から白玉2個，Bの箱から赤玉2個を取り出す確率は

$$\frac{{}_2C_2}{{}_5C_2}\times\frac{{}_4C_2}{{}_7C_2}=\frac{1}{35}$$

(i), (ii), (iii)は互いに排反であるから求める確率は

$$\frac{3}{70}+\frac{12}{35}+\frac{1}{35}=\frac{29}{70}$$

2　Aの箱，Bの箱から1個玉を取り出す事象をそれぞれA，Bとし，赤玉を取り出す事象をRとすると

$$P(R)=P(A\cap R)+P(B\cap R)=\frac{1}{2}\times\frac{3}{5}+\frac{1}{2}\times\frac{4}{7}=\frac{41}{70}$$であるから

　　求める確率は　$P_R(A)=\dfrac{P(A\cap R)}{P(R)}=\dfrac{\frac{3}{10}}{\frac{41}{70}}=\dfrac{21}{41}$

〈解説〉解答参照。

【3】1　$a_2=3a_1+4+2=9$　$b_1=a_2-a_1=8$

$b_{n+1}=a_{n+2}-a_{n+1}$

$\qquad=\{3a_{n+1}+4(n+1)+2\}-(3a_n+4n+2)$

$\qquad=3b_n+4$

$b_{n+1}＝3b_n＋4$を変形すると　$b_{n+1}＋2＝3(b_n＋2)$

数列$\{b_n＋2\}$は初項が10，公比が3の等比数列であるから

$b_n＋2＝10・3^{n-1}$

よって　$b_n＝10・3^{n-1}－2$

2　数列$\{a_n\}$の階差数列が$\{b_n\}$であるから

$n≧2$のとき

$$a_n＝1＋\sum_{k=1}^{n-1}(10・3^{k-1}－2)$$

$$＝1＋\frac{10(3^{n-1}－1)}{3－1}－2(n－1)$$

$$＝5・3^{n-1}－2n－2$$

$n＝1$のときも成り立つ。

よって，$a_n＝5・3^{n-1}－2n－2$

〈解説〉解答参照。

【中学校】

【1】1　テレビ番組の視聴率調査は標本調査で行うことが一般的です。なぜならば，全数調査に比べて時間や費用，労力がかからないという利点があり，視聴率の傾向も推測できるからです。　2　注意しなければならないことは，無作為に抽出することです。　適切でない例としては，全校生徒の読書時間の傾向を調査するために，図書室にいる生徒を対象にすることが挙げられます。この場合，読書が好きな生徒に偏った抽出になる可能性が高いからです。

〈解説〉解答参照。

【2】1　2つの解をα，3αとおくと，解と係数の関係より

$\alpha＋3\alpha＝2k$　…①　　$\alpha・3\alpha＝－3k＋9$　…②

①，②を解くと

$k＝2$，$\alpha＝1$　または　$k＝－6$，$\alpha＝－3$

よって　$k＝2$のとき，2つの解は1，3

　　　　$k＝－6$のとき，2つの解は－3，－9

2 2次方程式$x^2-2kx-3k+9=0$の判別式をDとすると

$$\frac{D}{4}=(-k)^2-(-3k+9)=k^2+3k-9$$

x^2の係数が正であるから，この不等式の解がすべての実数であるための必要十分条件は，$D<0$である。

よって，不等式　$k^2+3k-9<0$を解いて

$$\frac{-3-3\sqrt{5}}{2}<k<\frac{-3+3\sqrt{5}}{2}$$

〈解説〉解答参照。

【3】1　△ABHと△ACHと△ADHにおいて

辺AHは共通　　　　　　　　　…①

∠AHB＝∠AHC＝∠AHD＝90°　…②

正四面体であるから，AB＝AC＝AD　…③

①，②，③より直角三角形の斜辺と他の1辺がそれぞれ等しいので，

△ABH≡△ACH≡△ADH

ゆえに，BH＝CH＝DHであるから，

点Hは△BCDの外心である。

2　△BCDの面積は$\frac{1}{2}\cdot2\cdot2\cdot\sin60°=\sqrt{3}$

1より，BHは△BCDの外接円の半径と等しいから

△BCDにおいて，正弦定理より

$2BH=\frac{2}{\sin60°}$　これより　$BH=\frac{2\sqrt{3}}{3}$

△ABHにおいて，三平方の定理より

$\left(\frac{2\sqrt{3}}{3}\right)^2+AH^2=2^2$　これより　$AH=\frac{2\sqrt{6}}{3}$

よって，正四面体ABCDの体積は

$$\frac{1}{3}\cdot\sqrt{3}\cdot\frac{2\sqrt{6}}{3}=\frac{2\sqrt{2}}{3}$$

〈解説〉解答参照。

【4】1　$x^3-2x^2-5x+6=-x+a$を変形すると

$x^3-2x^2-4x+6=a$であるから

ここで，$f(x)＝x^3－2x^2－4x＋6$とおくと，

求める共有点の個数は，$y＝f(x)$のグラフと直線$y＝a$との共有点の個数に等しい。

$f'(x)＝3x^2－4x－4＝(3x＋2)(x－2)$

したがって，$f(x)$の増減表は次のようになる。

x	$\cdots$	$-\dfrac{2}{3}$	$\cdots$	2	$\cdots$
$f'(x)$	$+$	0	$-$	0	$+$
$f(x)$	↗	$\dfrac{202}{27}$	↘	-2	↗

増減表より，$y＝f(x)$のグラフは図のようになる。

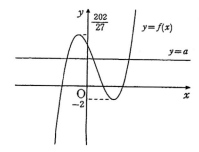

よって，求めるaの値の範囲は

$$-2＜a＜\frac{202}{27}$$

2　この曲線とx軸との共有点のx座標は

方程式$x^3－2x^2－5x＋6＝0$を解いて

$(x－1)(x－3)(x＋2)＝0$　より　$x＝-2,\ 1,\ 3$

次の図より求める面積は

$$\int_{-2}^{1}(x^3－2x^2－5x＋6)dx＋\int_{1}^{3}\{-(x^3－2x^2－5x＋6)\}dx$$

$$=\left[\frac{1}{4}x^4－\frac{2}{3}x^3－\frac{5}{2}x^2＋6x\right]_{-2}^{1}－\left[\frac{1}{4}x^4－\frac{2}{3}x^3－\frac{5}{2}x^2＋6x\right]_{1}^{3}$$

$$=\frac{253}{12}$$

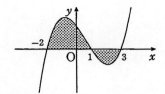

〈解説〉解答参照。

【高等学校】

【1】1　偶関数は$f(x)=e^x+e^{-x}$　　　奇関数は$f(x)=e^x-e^{-x}$

2　$\displaystyle\int_{-a}^{a}f(x)\,dx=\int_{-a}^{0}f(x)\,dx+\int_{0}^{a}f(x)\,dx$

ここで，$x=-t$とおくと，$dx=-dt$であるから

x	$-a\to0$
t	$a\to0$

$\displaystyle\int_{-a}^{0}f(x)\,dx=\int_{a}^{0}f(-t)(-1)\,dt=\int_{0}^{a}f(-t)\,dt=\int_{0}^{a}f(-x)\,dx$

よって　$\displaystyle\int_{-a}^{a}f(x)\,dx=\int_{0}^{a}\{f(-x)+f(x)\}\,dx$

この式で，$f(x)$が偶関数ならば$f(-x)=f(x)$であるから

$\displaystyle\int_{-a}^{a}f(x)\,dx=2\int_{0}^{a}f(x)\,dx$

$f(x)$が奇関数ならば$f(-x)=-f(x)$であるから

$\displaystyle\int_{-a}^{a}f(x)\,dx=0$

〈解説〉解答参照。

【2】点Qは直線CP上にあるから$\overrightarrow{CQ}=k\,\overrightarrow{CP}$となる実数$k$が存在する。

よって　$\overrightarrow{OQ}=k\,\overrightarrow{OP}+(1-k)\,\overrightarrow{OC}=\dfrac{1}{3}k\,\vec{a}+\dfrac{2}{3}k\,\vec{b}+(1-2k)\,\vec{c}$　…①

点Qは平面DAB上にあるから$\overrightarrow{OQ}=\overrightarrow{OD}+s\,\overrightarrow{DA}+t\,\overrightarrow{DB}$となる実数$s$，$t$が存在する。

ゆえに，$\vec{\mathrm{OQ}} = s\vec{a} + t\vec{b} + \dfrac{1}{2}(1-s-t)\vec{c}$　…②

4点O，A，B，Cは同一平面上にないから①，②より

$\dfrac{1}{3}k=s$，$\dfrac{2}{3}k=t$，$1-2k=\dfrac{1}{2}(1-s-t)$

これを解いて　$k=\dfrac{1}{3}$，$s=\dfrac{1}{9}$，$t=\dfrac{2}{9}$

したがって$\vec{\mathrm{OQ}} = \dfrac{1}{9}\vec{a} + \dfrac{2}{9}\vec{b} + \dfrac{1}{3}\vec{c}$

〈解説〉(別解)

$\vec{a}$，$\vec{b}$，$\vec{c}$ は1次独立だから，これらを基本ベクトルとする座標空間を考える。

$\vec{\mathrm{OP}} = \dfrac{1}{3}\vec{a} + \dfrac{2}{3}\vec{b} - \vec{c}$ だから，Pの座標は，$\mathrm{P}\left(\dfrac{1}{3}, \dfrac{2}{3}, -1\right)$である。

同様にして各点の座標を表すと，$\mathrm{D}\left(0, 0, \dfrac{1}{2}\right)$，A(1, 0, 0)，B(0, 1, 0)，C(0, 0, 1)，Q(x, y, z)となる。よって，直線CPの方程式は，

$6x = 3y = -(z-1)$　…①

平面DABの方程式を，$lx+my+nz=1$ とすると，各点の座標を代入して，$l=m=1$，$n=2$

よって，平面DABの方程式は，$x+y+2z=1$　…②

①，②より，$x=\dfrac{1}{9}$，$y=\dfrac{2}{9}$，$z=\dfrac{1}{3}$

よって，$\vec{\mathrm{OQ}} = \dfrac{1}{9}\vec{a} + \dfrac{2}{9}\vec{b} + \dfrac{1}{3}\vec{c}$

【3】1　$w=\dfrac{1}{z}$より$z=\dfrac{1}{w}$　これを$\left|z - \dfrac{1-\sqrt{3}\,i}{2}\right| = \dfrac{1}{\sqrt{2}}$に代入すると

$\left|\dfrac{1}{w} - \dfrac{1-\sqrt{3}\,i}{2}\right| = \dfrac{1}{\sqrt{2}}$　　　$|2-(1-\sqrt{3}\,i)w| = \sqrt{2}\,|w|$

両辺を2乗して$|2-(1-\sqrt{3}\,i)w|^2 = 2|w|^2$より

$\{2-(1-\sqrt{3}\,i)w\}\overline{\{2-(1-\sqrt{3}\,i)w\}} = 2w\overline{w}$

$\{2-(1-\sqrt{3}\,i)w\}\{2-(1+\sqrt{3}\,i)\overline{w}\} = 2w\overline{w}$

整理して　$w\overline{w} - (1-\sqrt{3}\,i)w - (1+\sqrt{3}\,i)\overline{w} + 2 = 0$

$\{w-(1+\sqrt{3}\,i)\}\{\overline{w}-(1-\sqrt{3}\,i)\} - (1+\sqrt{3}\,i)(1-\sqrt{3}\,i) + 2 = 0$

$\{w-(1+\sqrt{3}\ i)\}\{w-(1+\sqrt{3}\ i)\}=2$

よって$|w-(1+\sqrt{3}\ i)|^2=2$　すなわち$|w-(1+\sqrt{3}\ i)|=\sqrt{2}$

ゆえに，求める図形は　点$1+\sqrt{3}\ i$　を中心とする半径$\sqrt{2}$の円

2　円$|w-(1+\sqrt{3}\ i)|=\sqrt{2}$を$C$とすると，$\alpha$は円$C$と原点から円$C$に引いた接線との接点のうち，偏角が大きい方である。

A(α)，B($1+\sqrt{3}\ i$)とすると，

OB$=2$，AB$=\sqrt{2}$，$\angle$OAB$=\dfrac{\pi}{2}$であるから$\triangle$OABは$\angle$OAB$=\dfrac{\pi}{2}$の直角二等辺三角形

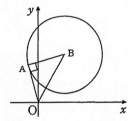

ゆえに$|\alpha|=\sqrt{2}$，$\arg\alpha=\dfrac{\pi}{3}+\dfrac{\pi}{4}=\dfrac{7}{12}\pi$

$\alpha=\sqrt{2}\left(\cos\dfrac{7}{12}\pi+i\sin\dfrac{7}{12}\pi\right)$

よって，α^nが純虚数となるのは$\cos\dfrac{7}{12}n\pi=0$

$\dfrac{7}{12}n\pi=\dfrac{\pi}{2}+k\pi$（$n$は自然数，$k$は整数）

これを満たす最小の自然数は$n=6$

〈解説〉解答参照。

【4】1　$f'(x)=-2\cos2x-7\sin x=-2(1-2\sin^2x)-7\sin x$

$\qquad\qquad=4\sin^2x-7\sin x-2=(4\sin x+1)(\sin x-2)$

$f'(x)=0$のとき$\sin x=-\dfrac{1}{4}$

$0\leqq x\leqq2\pi$の範囲で$f'(x)=0$を満たすxをα，βとおくと

$\sin\alpha=-\dfrac{1}{4}$　　$\pi<\alpha<\dfrac{3}{2}\pi$

$\sin\beta = -\dfrac{1}{4}$　$\dfrac{3}{2}\pi < \beta < 2\pi$

このとき　$\cos\alpha = -\dfrac{\sqrt{15}}{4}$,　$\cos\beta = \dfrac{\sqrt{15}}{4}$

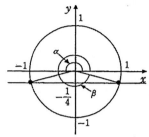

よって，$f(x)$の増減表は次のとおり

x	0	…	α	…	β	…	2π
$f'(x)$		$-$	0	$+$	0	$-$	
$f(x)$	7	↘	極小	↗	極大	↘	7

$f(x) = -2\sin x\cos x + 7\cos x$であるから

極大値は$f(\beta) = -2\cdot\left(-\dfrac{1}{4}\right)\cdot\dfrac{\sqrt{15}}{4} + \dfrac{7\sqrt{15}}{4} = \dfrac{15\sqrt{15}}{8}$

極小値は$f(\alpha) = -2\cdot\left(-\dfrac{1}{4}\right)\cdot\left(-\dfrac{\sqrt{15}}{4}\right) - \dfrac{7\sqrt{15}}{4} = -\dfrac{15\sqrt{15}}{8}$

2

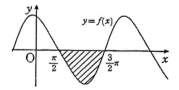

関数$y=f(x)$のグラフは上図のようになるから，求める体積をVとすると

$$V = \pi\int_{\frac{\pi}{2}}^{\frac{3}{2}\pi}(-\sin 2x + 7\cos x)^2 dx$$

$$= \pi \int_{\frac{\pi}{2}}^{\frac{3}{2}\pi} (\sin^2 2x - 14\sin 2x \cos x + 49\cos^2 x) dx$$

$$= \pi \int_{\frac{\pi}{2}}^{\frac{3}{2}\pi} \left\{ \frac{1-\cos 4x}{2} - 14 \cdot \frac{1}{2}(\sin 3x + \sin x) + 49 \cdot \frac{1+\cos 2x}{2} \right\} dx$$

$$= \pi \int_{\frac{\pi}{2}}^{\frac{3}{2}\pi} \left(25 - \frac{1}{2}\cos 4x + \frac{49}{2}\cos 2x - 7\sin 3x - 7\sin x \right) dx$$

$$= \pi \left[25x - \frac{1}{8}\sin 4x + \frac{49}{4}\sin 2x + \frac{7}{3}\cos 3x + 7\cos x \right]_{\frac{\pi}{2}}^{\frac{3}{2}\pi}$$

$$= 25\pi^2$$

〈解説〉解答参照。

2018年度　実施問題

【中高共通】

【1】次の問いに答えなさい。(答えのみ書きなさい。)

1　等式$xy+2x-3y=31$を満たす自然数の組(x, y)をすべて求めなさい。

2　図のような，12の正五角形の面と，20の正六角形の面からなる凸多面体の辺の数と頂点の数を，それぞれ求めなさい。

図

3　次の(1)〜(4)は，ある4種類のテストの得点のデータをヒストグラムに表したものである。(1)〜(4)と同じデータを使って表した箱ひげ図として最も適切なものを，あとのア〜エの中から，それぞれ1つずつ選び，記号で答えなさい。

(1)

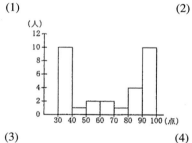

(2)

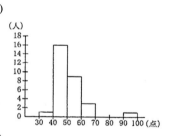

(3)

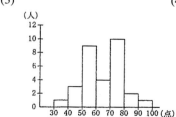

(4)

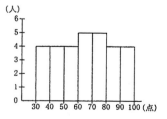

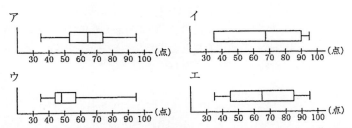

ア　イ　ウ　エ

4　不等式|3x+7|<aを満たす整数xがちょうど3個であるような定数a
の値の範囲を求めなさい。

ただし，a>0とする。

5　図のように，ふたの付いた4つに仕切られた箱が2つある。これら
の箱に同じ大きさの6個の球を全て入れるとき，下のような条件の
場合，何通りの入れ方があるか，それぞれ求めなさい。

ただし，仕切られた1つの場所に入れることのできる球は1個のみ
であるものとする。

図

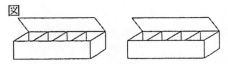

(1)　2つの箱は区別するが，球も入れる場所も区別しない。

(2)　2つの箱と6個の球は区別するが，入れる場所は区別しない。

(3)　2つの箱と6個の球を区別し，どの球がどの場所に入るかも区別
する。

6　$\log_8 3=a$，$\log_9 5=b$とするとき，$\log_2 30$をa，bで表しなさい。

7　$|x|+|y|\leqq k$であることが，$x^2+y^2\leqq 4$であるための必要条件であると
き，定数kの値の範囲を求めなさい。

(☆☆☆◎◎◎)

【2】底面の半径が1，高さが$\sqrt{35}$の直円錐がある。直円錐の頂点をP，
底面の円周上の1点をQとする。このとき，次の問いに答えなさい。

1　直円錐の側面を線分PQで切り開いたときにできる扇形の面積を求
めなさい。

2　図のように，線分PQ上にPA＝1，QB＝1となる点A，Bをとり，点Aからひもをかけて，直円錐の側面に沿って，点Bまで2周させる。このとき，ひもの最短の長さを求めなさい。

ただし，ひもの太さは考えないものとする。

図

(☆☆☆◎◎◎)

【3】2点A(1，1，3)，B(3，－3，1)を直径の両端とする球面をSとする。このとき，次の問いに答えなさい。

1　球面Sの方程式を求めなさい。

2　球面Sに内接し，底面がxy平面上にある直円柱の体積Vを求めなさい。

(☆☆☆◎◎◎)

【中学校】

【1】2組の対辺がそれぞれ平行である四角形を平行四辺形であると定義する。次は，四角形が平行四辺形であるための条件をまとめたものである。あとの問いに答えなさい。

四角形は，次のどれかが成り立つとき平行四辺形である。
・2組の対辺がそれぞれ等しい。…(i)
・2組の対角がそれぞれ等しい。…(ii)
・　　　　　　　　　　ア
・　　　　　　　　　　イ

1 　ア 　，　イ 　にあてはまる条件を，それぞれ書きなさい。

2 　図のような四角形ABCDにおいて，条件(i)が成り立つときAB//DC，AD//BCとなること，および条件(ii)が成り立つときAB//DC，AD//BCとなることを，それぞれ生徒にわかるように証明しなさい。

　　ただし，生徒は，平行線であるための条件，三角形の合同条件について理解しているものとする。

図

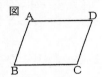

(☆☆☆◎◎◎)

【2】$a_1=2$，$a_n=a_{n-1}+n(n=2，3，4，\cdots)$によって定められる数列$\{a_n\}$について，次の問いに答えなさい。

1 　a_3およびa_8の値を，それぞれ求めなさい。

2 　$a_n \geqq 2017$を満たす自然数nのうち，最小のものを求めなさい。

(☆☆☆◎◎◎)

【3】放物線$y=-x^2+2x-2$と直線$y=k(x-1)$が異なる2点A，Bで交わるとき，線分ABの中点Mの軌跡を求めなさい。

(☆☆☆◎◎◎)

【4】関数$f(x)=\dfrac{1}{3}x^2$のグラフCと，C上の点$P\left(a，\dfrac{1}{3}a^2\right)$，および点Pにおける$C$の接線$\ell$について，次の問いに答えなさい。

　　ただし，$a>0$とする。

1 　関数$f(x)=\dfrac{1}{3}x^2$を，導関数の定義に従って微分しなさい。

2 　ℓの方程式を求めなさい。

3 　Cとℓ，およびy軸とで囲まれた図形の面積をS_1とし，Cの$x \geqq 0$の部分と直線$y=\dfrac{1}{3}a^2$，およびy軸とで囲まれた図形の面積をS_2とするとき，

$S_1 : S_2$を最も簡単な整数比で表しなさい。

(☆☆☆◎◎◎)

【高等学校】

【1】閉区間$[a, b]$で連続で，開区間(a, b)で微分可能な関数$f(x)$と，その導関数$f'(x)$について，次の問いに答えなさい。

1　閉区間$[a, b]$で$f(x)$が定数ならば，開区間(a, b)で常に$f'(x)=0$となることを，導関数の定義に従って証明しなさい。

2　開区間(a, b)で常に$f'(x)=0$ならば，閉区間$[a, b]$で$f(x)$が定数となることを，平均値の定理を使って証明しなさい。

(☆☆☆◎◎◎)

【2】次の条件によって定められる数列$\{a_n\}$，$\{b_n\}$がある。

$$a_1=1, \quad b_1=1, \quad a_{n+1}=\frac{1}{2}a_n-\frac{\sqrt{3}}{2}b_n, \quad b_{n+1}=\frac{\sqrt{3}}{2}a_n+\frac{1}{2}b_n$$

$$(n=1, 2, 3, \cdots)$$

このとき，座標平面上の点$P_n(a_n, b_n)$について，次の問いに答えなさい。

1　すべての自然数nについて，$a_n{}^2+b_n{}^2=2$が成り立つことを，数学的帰納法によって証明しなさい。

2　原点をOとするとき，2直線OP_n，OP_{n+1}のなす角θを求めなさい。ただし，$0°\leqq\theta\leqq90°$とする。

(☆☆☆◎◎◎)

【3】双曲線$\dfrac{x^2}{2}-y^2=1$について，次の問いに答えなさい。

1　点$(0, 1)$からこの双曲線に引いた接線の方程式を求めなさい。

2　点$P(p, q)$からこの双曲線に引いた2本の接線が垂直となるとき，点Pの軌跡を求めなさい。

(☆☆☆◎◎◎)

【4】 曲線$C : \sqrt{x} + \sqrt{y} = \sqrt{a}$と，$C$上の点P$(s, t)$における接線$\ell$について，次の問いに答えなさい。

　　　ただし，aは正の定数であるものとする。

1　Cとx軸，y軸とで囲まれた部分の面積を求めなさい。

2　原点をOとし，ℓとx軸，y軸との交点を，それぞれQ，Rとする。このとき，線分の長さの和OQ＋ORは一定であることを証明しなさい。

　　　ただし，s, tはともに正であるものとする。

3　Cとx軸，y軸，およびℓとで囲まれた2つの部分の面積の和をSとするとき，Sの最小値とそのときの点Pの座標を求めなさい。

(☆☆☆◎◎◎)

解答・解説

【中高共通】

【1】1　$(x, y) = (4, 23), (8, 3)$　　2　辺の数…90　　頂点の数…60

3　(1)　イ　　(2)　ウ　　(3)　ア　　(4)　エ　　4　$4 < a \leqq 5$

5　(1)　3通り　　(2)　50通り　　(3)　20160通り　　6　$1 + 3a + 6ab$

7　$k \geqq 2\sqrt{2}$

〈解説〉1　$(x-3)(y+2) + 6 = 31$より，$(x-3)(y+2) = 25$

ここで，x, yはともに自然数であるから，

$x - 3 \geqq -2$, $y + 2 \geqq 3$

よって，$(x-3, y+2) = (1, 25), (5, 5)$

したがって，求める自然数の組は，$(x, y) = (4, 23), (8, 3)$

2　1つの辺は2つの面の交線だから，辺の数をeとすると，

$e = (5 \times 12 + 6 \times 20) \div 2 = 90$

　凸多面体の頂点の数をv，面の数をfとおくと，オイラーの多面体定理より，$v - e + f = 2$が成り立ち，$f = 32$であるから，$v - 90 + 32 = 2$より，

$v＝60$

したがって，凸多面体の辺の数は90，頂点の数は60

3　(1)は最大値付近と最小値付近に極端な分布の偏りが見られるのでイ。(2)は40点〜60点にかけて極端な分布の偏りがあるのでウ。(3)は50〜80にかけて多く分布しているのでア。(4)はすべて均等に分布しているのでエ。

4　$|3x+7|<a$より，$-a<3x+7<a$

これをxについて解くと，$\dfrac{-7-a}{3}<x<\dfrac{-7+a}{3}$　…①

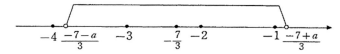

$\dfrac{-7-a}{3}≧-4$かつ$\dfrac{-7+a}{3}≧-1$であるとき，①に含まれる整数xがちょうど3個である。これより，$4<a≦5$

5　(1)　箱をA，Bとすると，「Aに2個，Bに4個」「Aに3個，Bに3個」「Aに4個，Bに2個」の3通り。

(2)　箱をA，Bとすると，箱Aに入る球の個数は2個，3個，4個のいずれかであるから，${}_6C_2+{}_6C_3+{}_6C_4=50$より，50通り。

(3)　${}_6C_2×{}_4P_2×{}_4P_4+{}_6C_3×{}_4P_3×{}_4P_3+{}_6C_4×{}_4P_4×{}_4P_2=20160$より，20160通り。

6　$\log_8 3＝\dfrac{\log_2 3}{\log_2 8}＝\dfrac{\log_2 3}{3}＝a$であるから，$\log_2 3＝3a$

$\log_9 5＝\dfrac{\log_2 5}{\log_2 9}＝\dfrac{\log_2 5}{2\log_2 3}＝\dfrac{\log_2 5}{2・3a}＝b$

であるから，$\log_2 5＝6ab$

よって，$\log_2 30＝\log_2 2+\log_2 3+\log_2 5＝1+3a+6ab$

7　$|x|+|y|≦k$を満たす領域が，$x^2+y^2≦4$を満たす領域を含むような，定数kの値の範囲を求めればよい。

それぞれの領域は，図示すると次のようになる。(境界線を含む。)

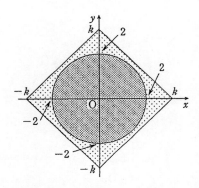

直線$x+y=k$が, 円$x^2+y^2=4$に接するとき, $k=2\sqrt{2}$であり, このとき, $|x|+|y|=k$は, 4点で円$x^2+y^2=4$に接する。

よって, $k \geqq 2\sqrt{2}$であるとき, $|x|+|y| \leqq k$を満たす領域が, $x^2+y^2 \leqq 4$を満たす領域を含む。したがって, 求めるkの値の範囲は, $k \geqq 2\sqrt{2}$

【2】1

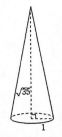

三平方の定理より, 直円錐の母線の長さは, $\sqrt{35+1}=6$

底面の円周の長さは, 2π　よって,

直円錐を切り開いてできる扇形の面積は

$\dfrac{1}{2} \times 6 \times 2\pi = 6\pi$

2

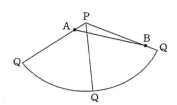

　　直円錐の側面をPQで切り開いてできた扇形の中心角の大きさは，
$360° \times \dfrac{2\pi}{12\pi} = 60°$である。
　　いま，ひもの最短の長さは，図のような，中心角が$60° \times 2 = 120°$である扇形の半径PQ上に，PA＝1，QB＝1となるようにとった点A，Bを結んだ線分ABの長さに等しい。
　　余弦定理から，$AB^2 = 1^2 + 5^2 - 2 \times 1 \times 5 \times \cos 120° = 31$
　　よって，$AB = \sqrt{31}$
　　したがって，ひもの最短の長さは$\sqrt{31}$

〈解説〉解答参照。

【3】1　球面Sの中心は，線分ABの中点であるから，
　　球面Sの中心の座標は，$\left(\dfrac{1+3}{2},\ \dfrac{1-3}{2},\ \dfrac{3+1}{2} \right)$
　　すなわち$(2,\ -1,\ 2)$
　　また，球面Sの直径$AB = \sqrt{(1-3)^2 + (1+3)^2 + (3-1)^2} = \sqrt{24} = 2\sqrt{6}$
　　より，球面Sの半径は$\sqrt{6}$
　　したがって，球面Sの方程式は，$(x-2)^2 + (y+1)^2 + (z-2)^2 = 6$

2

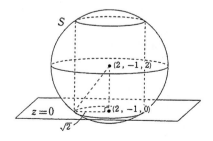

xy平面の方程式は$z=0$である。これを球面Sの方程式に代入すると，

$(x-2)^2+(y+1)^2=2$となる。

よって，球面Sとxy平面が交わってできた図形は，

中心が$(2, -1, 0)$，半径$\sqrt{2}$の円である。

求める直円柱の底面の半径は$\sqrt{2}$で，

底面の中心$(2, -1, 0)$と球面の中心$(2, -1, 2)$の距離は2であるから，

求める直円柱の高さは4である。

したがって，求める直円柱の体積Vは，$V=\pi(\sqrt{2})^2\times4=8\pi$

〈解説〉解答参照。

【中学校】

【1】1 ア　対角線がそれぞれの中点で交わる。　　イ　1組の対辺が平行でその長さが等しい。　　2　(i)　2組の対辺がそれぞれ等しいとき，

△ABCと△CDAにおいて，

仮定より，AB＝CD　…①，BC＝DA　…②

共通するから，CA＝AC　…③

①〜③より，3組の辺がそれぞれ等しいので，△ABC≡△CDA

よって，∠BAC＝∠DCA，∠ACB＝∠CAD

錯角が等しいので，AB//DC，AD//BC

(ii)　2組の対角がそれぞれ等しいとき，

仮定より，∠ABC＝∠CDA　…①，∠BAD＝∠DCB　…②

四角形ABCDの内角の和は360°であることと，①，②より，

$2\angle ABC+2\angle BAD=360°$　よって，∠ABC＋∠BAD＝180°…③

線分ABをBの方に延長した半直線上に点Eをとると，

∠ABC＋∠EBC＝180°…④

③，④より∠BAD＝∠EBC　…⑤

同位角が等しいので，AD//BC

②，⑤より，∠DCB＝∠EBC　錯覚が等しいので，AB//DC

〈解説〉解答参照。

【２】 1　$a_2=a_1+2=2+2=4$

$a_3=a_2+3=4+3=7$

$a_4=a_3+4=7+4=11$

$a_5=a_4+5=11+5=16$

$a_6=a_5+6=16+6=22$

$a_7=a_6+7=22+7=29$

$a_8=a_7+8=29+8=37$

よって，$a_3=7$, $a_8=37$

2　$\{a_n\}$の階差数列を$\{b_n\}$とおくと，$b_n=n+1$($n=1$, 2, 3, …)となるから，

$n \geqq 2$のとき，$a_n=a_1+\displaystyle\sum_{k=1}^{n-1} b_k$

$\qquad\qquad\qquad =2+\displaystyle\sum_{k=1}^{n-1}(k+1)$

$\qquad\qquad\qquad =2+\dfrac{1}{2}(n-1)n+(n-1)$

$\qquad\qquad\qquad =\dfrac{1}{2}n^2+\dfrac{1}{2}n+1$

よって$a_n \geqq 2017$より，$\dfrac{1}{2}n^2+\dfrac{1}{2}n+1 \geqq 2017$

これより$n(n+1) \geqq 4032$

これを満たす自然数nのうち，最小のものは63

〈解説〉解答参照。

【３】 $-x^2+2x-2=k(x-1)$　すなわち$x^2+(k-2)x-k+2=0$　…①

が異なる2つの実数解をもつので，①の判別式をDとすると，

$D>0$となる。

よって，$D=(k-2)^2-4(-k+2)=k^2-4>0$

これを解くと，$k<-2$, $2<k$　…②

$A(\alpha, k(\alpha-1))$, $B(\beta, k(\beta-1))$とおくことができ，

α, βは①の解なので，解と係数の関係より$\alpha+\beta=-k+2$　…③

$M(X, Y)$とおくと，$X=\dfrac{\alpha+\beta}{2}$, $Y=\dfrac{k(\alpha+\beta)}{2}-k$であるから，

③より$X=\dfrac{-k+2}{2}$, $Y=\dfrac{k(-k+2)}{2}-k=-\dfrac{k^2}{2}$

$X=\dfrac{-k+2}{2}$より, $k=-2X+2$だから, これを用いてkを消去すると,

$Y=-\dfrac{(-2X+2)^2}{2}=-2(X-1)^2$

また, ②と$k=-2X+2$より, $-2X+2<-2$, $2<-2X+2$

これより, $X>2$, $X<0$

　　したがって, 求める軌跡は　放物線$y=-2(x-1)^2$の$x<0$, $2<x$の部分

〈解説〉解答参照。

【4】1　$f'(x)=\displaystyle\lim_{h\to0}\dfrac{f(x+h)-f(x)}{h}$

$=\displaystyle\lim_{h\to0}\dfrac{\dfrac{1}{3}(x+h)^2-\dfrac{1}{3}x^2}{h}$

$=\displaystyle\lim_{h\to0}\left(\dfrac{2}{3}x+\dfrac{1}{3}h\right)$

$=\dfrac{2}{3}x$

したがって, $f'(x)=\dfrac{2}{3}x$

2　点$P\left(a, \dfrac{1}{3}a^2\right)$における接線$\ell$の傾きは, $f'(a)=\dfrac{2}{3}a$

よって, 接線ℓの方程式は, $y-\dfrac{1}{3}a^2=\dfrac{2}{3}a(x-a)$

これを整理して, $y=\dfrac{2}{3}ax-\dfrac{1}{3}a^2$

3

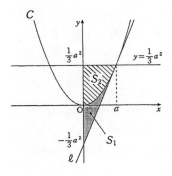

$$S_1 = \int_0^a \left(\frac{1}{3}x^2 - \frac{2}{3}ax + \frac{1}{3}a^2 \right) dx$$

$$= \left[\frac{1}{9}x^3 - \frac{1}{3}ax^2 + \frac{1}{3}a^2x \right]_0^a$$

$$= \frac{1}{9}a^3 - \frac{1}{3}a^3 + \frac{1}{3}a^3 = \frac{1}{9}a^3$$

ここで，$S_1 + S_2 = \frac{1}{2} \times a \times \left(\frac{1}{3}a^2 + \frac{1}{3}a^2 \right) = \frac{1}{3}a^3$であるから，

$$S_2 = \frac{1}{3}a^3 - \frac{1}{9}a^3 = \frac{2}{9}a^3$$

したがって，$S_1 : S_2 = \frac{1}{9}a^3 : \frac{2}{9}a^3 = 1 : 2$

〈解説〉解答参照。

【高等学校】

【１】１　仮定より，閉区間$[a, b]$で$f(x)=k(k：定数)$とおける。

このとき，$a<x<b$となる任意のxについて，

$$f'(x) = \lim_{h \to 0} \frac{f(x+h)-f(x)}{h} = \lim_{h \to 0} \frac{k-k}{h} = 0$$

したがって，$f(x)$は開区間(a, b)で常に$f'(x)=0$である。

２　$a \leqq x_1 < x_2 \leqq b$となる任意の2数$x_1$，$x_2$に対して，平均値の定理より，

$\dfrac{f(x_2)-f(x_1)}{x_2-x_1} = f'(c)$，$x_1 < c < x_2$を満たす実数$c$が存在する。

仮定より，開区間(a, b)で常に$f'(x)=0$であるから，$f'(c)=0$

よって，$\dfrac{f(x_2)-f(x_1)}{x_2-x_1}=0$であるから，$f(x_2)-f(x_1)=0$

すなわち，$a \leqq x_1 < x_2 \leqq b$となる任意の2数$x_1$，$x_2$に対して，$f(x_1)=f(x_2)$が

成り立つので，$f(x)$は閉区間$[a, b]$で定数である。

〈解説〉解答参照。

【２】１　すべての自然数nについて

$a_n^2 + b_n^2 = 2$　…①　が成り立つことを示す。

[Ⅰ]　$n=1$のとき，$a_1^2 + b_1^2 = 1^2 + 1^2 = 2$　よって，①が成り立つ。

[Ⅱ]　$n=k$のとき，①が成り立つとすると，$a_k^2 + b_k^2 = 2$

このとき，

$$a_{k+1}{}^2+b_{k+1}{}^2=\left(\frac{1}{2}a_k-\frac{\sqrt{3}}{2}b_k\right)^2+\left(\frac{\sqrt{3}}{2}a_k+\frac{1}{2}b_k\right)^2$$

$$=\frac{1}{4}a_k{}^2-\frac{\sqrt{3}}{2}a_kb_k+\frac{3}{4}b_k{}^2+\frac{3}{4}a_k{}^2+\frac{\sqrt{3}}{2}a_kb_k+\frac{1}{4}b_k{}^2$$

$$=a_k{}^2+b_k{}^2=2$$

よって，$n=k+1$ のときにも，①が成り立つ。

[Ⅰ]，[Ⅱ]より，すべての自然数 n について①が成り立つ。

2 $\overrightarrow{OP_n}=(a_n,\ b_n)$，$\overrightarrow{OP_{n+1}}=(a_{n+1},\ b_{n+1})$ であるから，

$$\overrightarrow{OP_n}\cdot\overrightarrow{OP_{n+1}}=a_na_{n+1}+b_nb_{n+1}$$

$$=a_n\left(\frac{1}{2}a_n-\frac{\sqrt{3}}{2}b_n\right)+b_n\left(\frac{\sqrt{3}}{2}a_n+\frac{1}{2}b_n\right)$$

$$=\frac{1}{2}\left(a_n{}^2+b_n{}^2\right)=1$$

$|\overrightarrow{OP_n}|=\sqrt{a_n{}^2+b_n{}^2}=\sqrt{2}$，$|\overrightarrow{OP_{n+1}}|=\sqrt{a_{n+1}{}^2+b_{n+1}{}^2}=\sqrt{2}$

$\overrightarrow{OP_n}$，$\overrightarrow{OP_{n+1}}$ のなす角を α とおくと，

$\cos\alpha=\dfrac{1}{\sqrt{2}\sqrt{2}}=\dfrac{1}{2}$ より $\alpha=60°$

したがって，2直線 OP_n，OP_{n+1} のなす角 θ は，$\theta=\alpha=60°$

〈解説〉解答参照。

【3】1 直線 $x=0$ は双曲線の接線とはならないので，点$(0,\ 1)$を通る接線の方程式を，$y=mx+1$ …① とおく。

①を双曲線の方程式に代入すると，

$\dfrac{x^2}{2}-(mx+1)^2=1$ $x^2-2(mx+1)^2=2$

よって，$(1-2m^2)x^2-4mx-4=0$

①が接線となるとき，$1-2m^2\neq0$ かつ，判別式 $D=0$ となる。

$\dfrac{D}{4}=(2m)^2+4(1-2m^2)=0$ より，$-4m^2+4=0$ よって，$m=\pm1$

したがって，①より，$y=x+1$，$y=-x+1$

2 2直線 $x=p$，$y=q$ は，同時に双曲線の接線とはならないので，

点$(p,\ q)$を通る接線の方程式を，$y-q=m(x-p)$ …② とおく。

②より，$y＝mx＋(q－mp)$

これを双曲線の方程式に代入すると，$\dfrac{x^2}{2}－\{mx＋(q－mp)\}^2＝1$

これをxについての方程式とみなして整理すると，

$(1－2m^2)x^2－4m(q－mp)x－2(q－mp)^2－2＝0$

②が接線となるとき，$1－2m^2 \neq 0$かつ，判別式$D＝0$となる。

よって，$\dfrac{D}{4}＝4m^2(q－mp)^2＋2(1－2m^2)\{(q－mp)^2＋1\}$

$＝2\{(q－mp)^2＋1\}－4m^2＝0$

mについての方程式とみなして整理すると，

$(p^2－2)m^2－2pqm＋q^2＋1＝0$　　…③

③は，題意より，異なる2つの解m_1，m_2をもつから，

$p^2－2 \neq 0$であり，解と係数の関係から，$m_1 m_2＝\dfrac{q^2＋1}{p^2－2}$

また，$m_1 m_2＝－1$より，$\dfrac{q^2＋1}{p^2－2}＝－1$　　整理して，$p^2＋q^2＝1$

したがって，求める軌跡は，中心$(0, 0)$, 半径1の円

〈解説〉解答参照。

【4】1

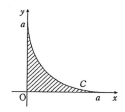

Cとx軸，y軸とで囲まれた部分の面積は，

$\displaystyle \int_0^a y\,dx＝\int_0^a (\sqrt{a}－\sqrt{x}\,)^2 dx$

$\displaystyle ＝\int_0^a (x－2\sqrt{ax}＋a)dx$

$\displaystyle ＝\left[\dfrac{1}{2}x^2－\dfrac{4}{3}\sqrt{a}\cdot x\sqrt{x}＋ax\right]_0^a$

$$=\frac{1}{2}a^2-\frac{4}{3}a^2+a^2=\frac{1}{6}a^2$$

2　$\sqrt{x}+\sqrt{y}=\sqrt{a}$ の両辺を x で微分すると，

$$\frac{1}{2}x^{-\frac{1}{2}}+\frac{1}{2}y^{-\frac{1}{2}}\cdot\frac{dy}{dx}=0$$

よって，$\frac{dy}{dx}=-\sqrt{\frac{y}{x}}$ より，

ℓ の方程式は，

$$y-t=-\sqrt{\frac{t}{s}}(x-s)\quad\cdots①$$

①と x 軸との交点 Q の座標は $(s+\sqrt{st},\ 0)$

①と y 軸との交点 R の座標は $(0,\ t+\sqrt{st})$

よって，　　　$OQ+OR=s+t+2\sqrt{st}=(\sqrt{s}+\sqrt{t})^2=(\sqrt{a})^2=a$

であるから $OQ+OR$ は一定である。

3

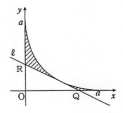

$\triangle OQR$ の面積は，

$$\triangle OQR=\frac{1}{2}\cdot(s+\sqrt{st})(t+\sqrt{st})$$

$$=\frac{1}{2}\cdot\sqrt{s}(\sqrt{s}+\sqrt{t})\sqrt{t}(\sqrt{s}+\sqrt{t})$$

$$=\frac{1}{2}a\sqrt{st}=\frac{1}{2}a\sqrt{s}(\sqrt{a}-\sqrt{s})$$

$$=\frac{1}{2}a(\sqrt{as}-s)\quad(0<s<a)$$

$\triangle OQR=f(s)$ とおくと，$0<s<a$ では

$$f'(s)=\frac{1}{2}a\Big(\frac{\sqrt{a}}{2\sqrt{s}}-1\Big)$$

$f'(s)=0$のとき，$\dfrac{\sqrt{a}}{2\sqrt{s}}=1$より，$s=\dfrac{1}{4}a$

ゆえに，$f(s)$の$0<s<a$における増減は以下のようになる。

s	0	$\cdots$	$\dfrac{1}{4}a$	$\cdots$	a
$f'(s)$		$+$	0	$-$	
$f(s)$	0	↗	$\dfrac{1}{8}a^2$	↘	0

よって，$f(s)$は$s=\dfrac{1}{4}a$で最大値$\dfrac{1}{8}a^2$をとる。

$f(s)$が最大となるとき，Sが最小となるから，設問1の結果より，

Sの最小値は，$\dfrac{1}{6}a^2-\dfrac{1}{8}a^2=\dfrac{1}{24}a^2$

また，Sが最小となるときの点Pの座標は$\left(\dfrac{1}{4}a,\ \dfrac{1}{4}a\right)$

〈解説〉解答参照。

2017年度 | 実施問題

【中高共通】

【1】次の問いに答えなさい。(結果のみ答えなさい。)

1　$\sqrt{c^2+96}$ が整数となるような，正の整数 c の値をすべて求めなさい。

2　数直線上で，点Pは原点Oを出発点とし，さいころを投げて1の目が出たときは右へ1だけ進み，3または5の目が出たときは左へ1だけ進み，偶数の目が出たときは動かないものとする。さいころを4回投げたとき，点Pが原点Oにいる確率を求めなさい。

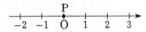

3　2次方程式 $x^2-2(k-1)x+3-k=0$ の異なる2つの解が，ともに4より小さくなるような定数 k の値の範囲を求めなさい。

4　5人の生徒に，数学と英語の小テストを行った。ともに10点満点である数学，英語の得点をそれぞれ x，y で表すと，次の表のようになった。このとき，あとの問いに答えなさい。

数学の得点 x（点）	8	5	4	7	6
英語の得点 y（点）	6	7	4	5	3

(1)　x の分散を求めなさい。

(2)　x と y の相関係数を求めなさい。

5　1辺の長さが $2a$ である正四面体ABCDにおいて，△ABC，△BCDの重心をそれぞれG，Hとし，AHとDGの交点をOとする。このとき，AOの長さを a を用いて表しなさい。

6　不等式 $8^{x+1}-7\cdot4^{x+1}+3\cdot2^{x+2}\geqq0$ を解きなさい。

7　$0\leqq\theta\leqq\dfrac{3}{4}\pi$ のとき，関数 $y=\sqrt{3}\sin\left(2\theta+\dfrac{5}{6}\pi\right)+2$ の最大値と最小値を求めなさい。また，そのときの θ の値を求めなさい。

(☆☆◎◎◎)

【２】円に内接する四角形ABCDにおいて，AB＝BC＝2，CD＝3，DA＝4
であるとき，次の問いに答えなさい。

1　直線AB，DCの交点をEとする。このとき，BEの長さを求めなさい。

2　四角形ABCDの面積Sを求めなさい。

(☆☆◎◎◎)

【３】球面$x^2＋y^2＋z^2＝11$と，2点A$(-4，9，7)$，B$(-2，5，3)$を通る直線
との交点の座標を求めなさい。

(☆☆◎◎◎)

【中学校】

【１】三平方の定理を証明する授業を行う。次の1，2の場合について，そ
れぞれ$a^2＋b^2＝c^2$が成り立つことを，中学校3年生にわかるように説明
しなさい。

1　図(ⅰ)を用いて説明する場合。

　　ただし，図(ⅰ)は，1辺の長さがcの正方形のまわりに，合同な4つ
の直角三角形をかいたものであり，四角形FGCHが正方形であるこ
とは証明せずに用いてもよい。

（ⅰ）

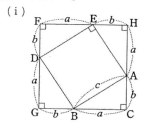

2　図(ⅱ)を用いて説明する場合。

　　ただし，生徒は相似についての学習を終えているものとし，図形
が相似であることは証明せずに用いてもよい。

(ii)

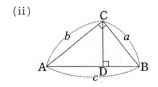

(☆☆◎◎◎)

【2】 50以下の正の数のうち，分母が6である既約分数の和を求めなさい。

(☆☆☆◎◎◎)

【3】 関数 $f(x)=x^3-3x-2$ について，次の問いに答えなさい。

1　極値を調べ，そのグラフをかきなさい。

2　曲線 $y=f(x)$ と，その上の点 $(-2, -4)$ における接線とで囲まれた部分の面積を求めなさい。

(☆☆☆◎◎◎)

【4】 直線 $\ell : x-2y-6=0$ と円 $C : x^2+4x+y^2-2y+3=0$ がある。また，直線 ℓ に関して，円Cと対称な円C′がある。このとき，次の問いに答えなさい。

1　円C′の方程式を求めなさい。

2　2つの円C，C′の共通接線の方程式をすべて求めなさい。

(☆☆☆☆◎◎◎)

【高等学校】

【1】 数学 I の授業において，背理法による証明を扱うことにした。次の問いに答えなさい。

1　背理法はどのような証明方法か，簡潔に説明しなさい。

2　自然数 a, b, c について，$a^2+b^2=c^2$ が成り立つとき，a, b, c のうち少なくとも1つは3の倍数であることを，背理法を用いて証明しなさい。

(☆☆☆◎◎◎)

【２】 $z_1=1$, $z_{n+1}=\dfrac{1+i}{2}z_n+1$ $(n=1,\ 2,\ \cdots)$で定義される数列$\{z_n\}$について，次の問いに答えなさい。

　　ただし，iは虚数単位である。

1　数列$\{z_n\}$の一般項を求めなさい。

2　z_{21}を求めなさい。

(☆☆☆◎◎◎)

【３】 方程式$x^3-kx^2+4k=0$が$-2<x<6$の範囲に異なる３個の実数解をもつとき，定数kの値の範囲を求めなさい。

(☆☆☆◎◎◎)

【４】 次の問いに答えなさい。

1　連立不等式$e^{|x|}-y\leqq1$，$y\leqq e-1$の表す領域を図示しなさい。

2　不定積分$\displaystyle\int(\log x)^2dx$を求めなさい。

3　曲線$C：y=e^{|x|}-1$上の$y=e-1$における２つの接線と曲線Cとで囲まれた図形を，y軸のまわりに１回転してできる立体の体積を求めなさい。

(☆☆☆◎◎◎)

解答・解説

【中高共通】

【１】 1　2，5，10，23　　2　$\dfrac{107}{432}$　　3　$k<-1$，$2<k<3$

　　4　(1)　2　　(2)　0.2　　5　$\dfrac{\sqrt{6}}{2}a$　　6　$x\leqq-1$，$\log_2 3\leqq x$

　　7　最大値$\cdots\dfrac{7}{2}$ $\left(\theta=\dfrac{3}{4}\pi\right)$　　最小値$\cdots-\sqrt{3}+2$ $\left(\theta=\dfrac{\pi}{3}\right)$

〈解説〉 1　$\sqrt{c^2+96}=m$（mは整数）とおくと，$c^2+96=m^2$より，

　　$m^2-c^2=96$　すなわち，$(m+c)(m-c)=96$

ここで$m+c$, $m-c$はともに正の整数で, $m+c>m-c$である。

また, $(m+c)+(m-c)=2m$で, これは偶数であるから,

$(m+c, m-c)=(48, 2), (24, 4), (16, 6), (12, 8)$となる。

これを解くと, $(m, c)=(25, 23), (14, 10), (11, 5), (10, 2)$

したがって, $c=2, 5, 10, 23$

[別解] $b=\sqrt{c^2+96}$とすると, $b^2-c^2=(b+c)(b-c)=96$より,

$b-c=\dfrac{96}{b+c}$である。

$b+c=M$, $b-c=N$とおくと, $b=\dfrac{M+N}{2}$, $c=\dfrac{M-N}{2}$, $N=\dfrac{96}{M}$ …①

題意より, b, c, M, Nは自然数であり, ①より, Mは96の約数である。

$M>N$, $M\geqq2$より,

$(M, N)=(48, 2), (32, 3), (24, 4), (16, 6), (12, 8)$

この中でb, cが自然数になるのは$(M, N)=(32, 3)$以外の4通りだから,

①より, $c=2, 5, 10, 23$

2 さいころを4回投げたとき, 点Pが原点Oにいるのは,

(i) 1の目が2回, 3または5の目が2回出た場合

(ii) 1の目が1回, 3または5の目が1回, 偶数の目が2回出た場合

(iii) 偶数の目が4回出た場合

であり, これらは互いに排反である。よって, 求める確率は,

$_4C_2\left(\dfrac{1}{6}\right)^2\left(\dfrac{1}{3}\right)^2+\dfrac{4!}{2!}\left(\dfrac{1}{6}\right)\left(\dfrac{1}{3}\right)\left(\dfrac{1}{2}\right)^2+\left(\dfrac{1}{2}\right)^4=\dfrac{1}{54}+\dfrac{1}{6}+\dfrac{1}{16}=\dfrac{107}{432}$

[別解] 題意を満たす目が出る数を数える。

4回とも偶数の目が出る場合の数は, $3\times3\times3\times3=81$〔通り〕 …①

偶数の目が2回, 1の目が1回, 3または5の目が出る場合の数は,

$_4C_2\times3\times3\times1\times2\times2=216$〔通り〕 …②

$_4C_2\times1\times2\times2=24$〔通り〕 …③

題意を満たす目が出る場合の数は, ①, ②, ③より全部で,

$81+216+24=321$〔通り〕

どの事象も排反事象で, その確率は, $\left(\dfrac{1}{6}\right)^4$ だから, 求める確率は,

$\left(\dfrac{1}{6}\right)^4\times321=\dfrac{107}{432}$

3 $f(x)=x^2-2(k-1)x+3-k$とおく。次の(i)〜(iii)が成り立つ。

（ⅰ）　$f(x)＝0$が異なる2つの実数解をもつので，判別式$D＞0$より，

$(k－1)^2－(3－k)＝k^2－k－2＞0$　　　よって，$k＜－1$，$2＜k$　…①

（ⅱ）　放物線$y＝f(x)$の軸は$x＝k－1$であるから，$k－1＜4$より，

$k＜5$　…②

（ⅲ）　$f(4)＞0$であるから，$f(4)＝－9k+27＞0$より，$k＜3$　…③

①〜③より，$k＜－1$，$2＜k＜3$

4　(1)　xの平均値は，$(8+5+4+7+6)÷5＝6$である。

よって，xの分散をs_x^2で表すと，

$$s_x^2＝\frac{1}{5}\{(8－6)^2＋(5－6)^2＋(4－6)^2＋(7－6)^2＋(6－6)^2\}＝2$$

(2)　(1)より，xの標準偏差をs_xで表すと$s_x＝\sqrt{2}$，同様に，yの標準偏差

$s_y＝\sqrt{2}$ である。よって，xとyの相関係数をr_{xy}で表すと，

$$r_{xy}＝\frac{1}{5}\{(8－6)(6－5)＋(5－6)(7－5)＋(4－6)(4－5)\}÷(\sqrt{2}\times\sqrt{2})$$
$$＝\frac{2}{5}÷2＝\frac{1}{5}＝0.2$$

5

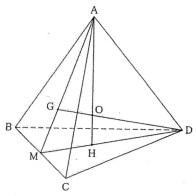

直線AG，DHの交点をMとすると，$AM＝DM＝\sqrt{3}\,a$

MH：HD＝1：2より，$MH＝\frac{\sqrt{3}}{3}a$

AHは面BCDと垂直であるから，

$$AH^2＝(\sqrt{3}\,a)^2－\left(\frac{\sqrt{3}}{3}a\right)^2＝\frac{8}{3}a^2$$

よって，$AH = \dfrac{2\sqrt{6}}{3}a$

メネラウスの定理より，$\dfrac{AG}{GM} \cdot \dfrac{MD}{DH} \cdot \dfrac{HO}{OA} = 1$

これより，$\dfrac{2}{1} \cdot \dfrac{3}{2} \cdot \dfrac{HO}{OA} = 1$，よって，$AO : OH = 3 : 1$

したがって，$AO = \dfrac{3}{4}AH = \dfrac{3}{4} \times \dfrac{2\sqrt{6}}{3}a = \dfrac{\sqrt{6}}{2}a$

[別解1] 平面ADMにおいて点Hを原点，直線DHをx軸，直線AHをy軸とすると，①〜③より，

$A\left(0, \dfrac{2}{3}\sqrt{6}\,a\right)$, $D\left(\dfrac{2}{3}\sqrt{3}\,a,\ 0\right)$, $M\left(-\dfrac{1}{3}\sqrt{3}\,a,\ 0\right)$

$AM \perp DG$で，直線AMの傾きは，$\dfrac{\dfrac{2}{3}\sqrt{6}\,a - 0}{0 - \left(-\dfrac{1}{3}\sqrt{3}\,a\right)} = 2\sqrt{2}$

だから，垂直条件より直線DGの傾きは $-\dfrac{1}{2\sqrt{2}}$

よって，直線DGの方程式は，$y = -\dfrac{1}{2\sqrt{2}}\left(x - \dfrac{2}{3}\sqrt{3}\,a\right)$

すなわち，$y = -\dfrac{1}{2\sqrt{2}}x + \dfrac{1}{6}\sqrt{6}\,a$

よって，$AO = \dfrac{2}{3}\sqrt{6}\,a - \dfrac{1}{6}\sqrt{6}\,a = \dfrac{1}{2}\sqrt{6}\,a$

[別解2] $\overrightarrow{AB} = \vec{b}$，$\overrightarrow{AC} = \vec{c}$，$\overrightarrow{AD} = \vec{d}$，$\overrightarrow{AO} = x\vec{b} + y\vec{c} + z\vec{d}$ とする。題意より，

$\vec{b} \cdot \vec{c} = \vec{c} \cdot \vec{d} = \vec{d} \cdot \vec{b} = 2a \cdot 2a\cos 60° = 2a^2$ $\cdots$①

$\overrightarrow{AO} = t\overrightarrow{AH} = \dfrac{t}{3}(\vec{b} + \vec{c} + \vec{d}) = x\vec{b} + y\vec{c} + z\vec{d}$ より，

tを消去して，$x = y = z$ $\cdots$②

$\overrightarrow{AO} = \overrightarrow{AD} + \overrightarrow{DO} = \overrightarrow{AD} + k\overrightarrow{DG} = \overrightarrow{AD} + k(\overrightarrow{DA} + \overrightarrow{AG})$

$= \dfrac{k}{3}\vec{b} + \dfrac{k}{3}\vec{c} + (1-k)\vec{d} = x\vec{b} + y\vec{c} + z\vec{d}$ よりkを消去して，

$3x = 3y = 1 - z$ $\cdots$③

②, ③より, $x=y=z=\dfrac{1}{4}$　…④

①, ④より,

$|\overrightarrow{\mathrm{AO}}|^2 = \overrightarrow{\mathrm{AO}} \cdot \overrightarrow{\mathrm{AO}} = \dfrac{1}{16}(\vec{b} + \vec{c} + \vec{d}) \cdot (\vec{b} + \vec{c} + \vec{d})$

$\quad = \dfrac{1}{16}(\vec{b} \cdot \vec{b} + \vec{c} \cdot \vec{c} + \vec{d} \cdot \vec{d} + 2\vec{b} \cdot \vec{c} + 2\vec{c} \cdot \vec{d} + 2\vec{d}$

$\quad\quad \cdot \vec{b})$

$\quad = \dfrac{1}{16}(4a^2 + 4a^2 + 4a^2 + 2 \cdot 2a^2 + 2 \cdot 2a^2 + 2 \cdot 2a^2) = \dfrac{3}{2}a^2$

$|\overrightarrow{\mathrm{AO}}| > 0$　だから, $\mathrm{AO} = \dfrac{\sqrt{3}}{2}a^2 = \dfrac{\sqrt{6}}{2}a$

6　$2^x = t$とおくと, $8t^3 - 28t^2 + 12t \geqq 0$

ここで, $t > 0$であるから, 両辺を4tでわると

$2t^2 - 7t + 3 \geqq 0$

$(2t - 1)(t - 3) \geqq 0$

よって, $0 < t \leqq \dfrac{1}{2}$, $3 \leqq t$

したがって, $0 < 2^x \leqq \dfrac{1}{2}$, $3 \leqq 2^x$

底を2として両辺の対数をとると, $2 > 1$だから, 大小関係は変わらない。よって, $x \leqq -1$, $\log_2 3 \leqq x$

7

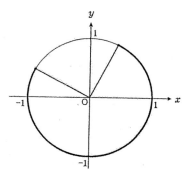

$0 \leqq \theta \leqq \dfrac{3}{4}\pi$ より,

$\dfrac{5}{6}\pi \leqq 2\theta + \dfrac{5}{6}\pi \leqq \dfrac{7}{3}\pi$

これより,

$-1 \leqq \sin\left(2\theta + \dfrac{5}{6}\pi\right) \leqq \dfrac{\sqrt{3}}{2}$ であるから,

$-\sqrt{3} \leqq \sqrt{3}\sin\left(2\theta + \dfrac{5}{6}\pi\right) \leqq \dfrac{3}{2}$

よって, $-\sqrt{3}+2 \leqq \sqrt{3}\sin\left(2\theta + \dfrac{5}{6}\pi\right)+2 \leqq \dfrac{7}{2}$

すなわち, $-\sqrt{3}+2 \leqq y \leqq \dfrac{7}{2}$ である。

y が最大となるとき, $2\theta + \dfrac{5}{6}\pi = \dfrac{7}{3}\pi$ より, $\theta = \dfrac{3}{4}\pi$,

y が最小となるとき, $2\theta + \dfrac{5}{6}\pi = \dfrac{3}{2}\pi$ より, $\theta = \dfrac{\pi}{3}$ である。

したがって,

最大値 $\dfrac{7}{2}\left(\theta = \dfrac{3}{4}\pi\right)$, 最小値 $-\sqrt{3}+2\left(\theta = \dfrac{\pi}{3}\right)$

[別解] $2\theta + \dfrac{5}{6}\pi = t$ とする。$\theta = \dfrac{1}{2}t - \dfrac{5}{12}\pi$, $0 \leqq \theta \leqq \dfrac{3}{4}\pi$ だか

ら, $0 \leqq \dfrac{1}{2}t - \dfrac{5}{12}\pi \leqq \dfrac{3}{4}\pi$

すなわち $\dfrac{5}{6}\pi \leqq t \leqq \dfrac{7}{3}\pi$ よって, $-1 \leqq \sin t \leqq \dfrac{\sqrt{3}}{2}$ だから

$y = f(t) = \sqrt{3}\sin t + 2$ の最大値は, $\dfrac{7}{2}\left(t = \dfrac{7}{3}\pi\right.$ すなわち $\theta = \dfrac{3}{4}\pi$

のとき$\right)$, 最小値は, $-\sqrt{3}+2\left(t = \dfrac{3}{2}\pi\right.$ すなわち $\theta = \dfrac{1}{3}\pi$ のとき$\right)$

【２】１

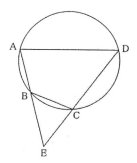

△EBC∽△EDAで，BC：DA＝１：２であるから，

BE＝x，CE＝yとおくと，

x：$(y+3)$＝１：２，y：$(x+2)$＝１：２

よって，$2x=y+3$　…①，$x+2=2y$　…②

①より，$y=2x-3$となるので，これを②に代入すると，

$x+2=2(2x-3)$

これより，$x=\dfrac{8}{3}$

したがってBE＝$\dfrac{8}{3}$

２　△ABDと△BCDにおいて，余弦定理より，

$BD^2=2^2+4^2-2\cdot2\cdot4\cos A=20-16\cos A$

$BD^2=2^2+3^2-2\cdot2\cdot3\cos C=13+12\cos A$

よって，$20-16\cos A=13+12\cos A$　これより，

$\cos A=\dfrac{1}{4}$

$\sin^2A+\cos^2A=1$で，$\sin A>0$より，$\sin A=\dfrac{\sqrt{15}}{4}$

また，$\sin C=\sin A=\dfrac{\sqrt{15}}{4}$

したがって，$S=\dfrac{1}{2}\cdot2\cdot4\cdot\dfrac{\sqrt{15}}{4}+\dfrac{1}{2}\cdot2\cdot3\cdot\dfrac{\sqrt{15}}{4}=\dfrac{7\sqrt{15}}{4}$

〈解説〉１　△EBDと△EDAにおいて，∠BEC＝∠AED（共通）…①

円に内接する四角形に向かい合う角の和は180°だから，

∠EAD＝180°−∠BCD＝∠ECB　…②

①，②より，2組の角がそれぞれ等しいので，△EBC∽△EDA

相似比は，BC：AD＝2：4＝1：2　　よって，

2BE＝ED＝CE＋3　　よって，CE＝2BE−3　…③

2CE＝EA＝BE＋2　…④

③を④に代入して，2(2BE−3)＝BE＋2　　これを解いて，$BE＝\dfrac{8}{3}$

2　△BCEにおいて1より，$BE＝\dfrac{8}{3}$，$CE＝\dfrac{7}{3}$，$s＝\dfrac{\dfrac{8}{3}+\dfrac{7}{3}+2}{2}＝\dfrac{7}{2}$

よって，ヘロンの公式より，$△EBC＝\sqrt{\dfrac{7}{2}\left(\dfrac{7}{2}-\dfrac{8}{3}\right)\left(\dfrac{7}{2}-\dfrac{7}{3}\right)\left(\dfrac{7}{2}-2\right)}＝$

$\dfrac{1}{2\cdot6}\sqrt{7\cdot5\cdot7\cdot3}＝\dfrac{7}{12}\sqrt{15}$

△EBCと△EDAの相似比は1：2だから面積比は，1：4　　よって，四

角形ABCDの面積は△EBCの面積の4−1＝3〔倍〕になるから，

$\dfrac{7}{12}\sqrt{15}×3＝\dfrac{7}{4}\sqrt{15}$

【3】原点をOとする。

直線ABと球面との交点Pについて，点Pは直線AB上にあるから，

$\overrightarrow{OA}＝(-4,\ 9,\ 7)$，$\overrightarrow{AB}＝(2,\ -4,\ -4)$より，

$\overrightarrow{OP}＝\overrightarrow{OA}+t\overrightarrow{AB}＝(-4,\ 9,\ 7)+t(2,\ -4,\ -4)$

$＝(2t-4,\ -4t+9,\ -4t+7)$　…①と表せる。

さらに，点Pは球面$x^2+y^2+z^2＝11$上にあるので，①より，

$(2t-4)^2+(-4t+9)^2+(-4t+7)^2＝11$

$4t^2-16t+16+16t^2-72t+81+16t^2-56t+49＝11$

$36t^2-144t+135＝0$

$4t^2-16t+15＝0$

$(2t-3)(2t-5)＝0$

よって，$t＝\dfrac{3}{2}$，$\dfrac{5}{2}$

$t＝\dfrac{3}{2}$のとき，①より，$\overrightarrow{OP}＝(-1,\ 3,\ 1)$

$t=\dfrac{5}{2}$ のとき，①より，$\overrightarrow{\mathrm{OP}}=(1,\ -1,\ -3)$

したがって，求める交点の座標は，$(-1,\ 3,\ 1)$，$(1,\ -1,\ -3)$

〈解説〉A$(-4,\ 9,\ 7)$　B$(-2,\ 5,\ 3)$より，$\overrightarrow{\mathrm{AB}}=(2,\ -4,\ -4)$

$=2(1,\ -2,\ -2)=2\overrightarrow{u}$　とする。

直線AB上の点P$(x,\ y,\ z)$のベクトル方程式は，

$\overrightarrow{\mathrm{OP}}=\overrightarrow{\mathrm{OA}}+\overrightarrow{\mathrm{AP}}=\overrightarrow{\mathrm{OA}}+t\overrightarrow{u}$

成分で表すと，$(x,\ y,\ z)=(-4,\ 9,\ 7)+t(1,\ -2,\ -2)$

すなわち，$x=t-4,\ y=-2t+9,\ z=-2t+7$　…①

①を球面の方程式に代入して，$(t-4)^2+(-2t+9)^2+(-2t+7)^2=11$

展開・整理して因数分解すると，$(t-3)(t-5)=0$　　　よって，$t=3,\ 5$

①より，$t=3$のときの交点の座標は，$(x,\ y,\ z)=(-1,\ 3,\ 1)$

$t=5$のときの交点の座標は，$(x,\ y,\ z)=(1,\ -1,\ -3)$

【中学校】

【１】1　四角形FGCHは正方形で，その面積は$(a+b)^2$　…①

△ABC，△BDG，△DEF，△EAHの面積は，それぞれ$\dfrac{1}{2}ab$　…②

正方形ABDEの面積はc^2　…③

①＝②×4＋③より，$(a+b)^2=4\times\dfrac{1}{2}ab+c^2$

$a^2+2ab+b^2=2ab+c^2$

したがって，$a^2+b^2=c^2$

2　△ABC∽△ACD　より，AB：AC＝AC：AD　　　よって，AD$=\dfrac{b^2}{c}$

△ABC∽△CBD　より，AB：BC＝CB：BD　　　よって，DB$=\dfrac{a^2}{c}$

AD＋DB＝ABより，$\dfrac{b^2}{c}+\dfrac{a^2}{c}=c$

したがって，$a^2+b^2=c^2$

〈解説〉解答参照。

【2】50以下の正の数のうち，既約分数でない分数を含め，分母が6である分数は，$\frac{1}{6}$, $\frac{2}{6}$, $\frac{3}{6}$, $\cdots$, $\frac{300}{6}$ $\cdots$① である。

これらの和は，

$$\frac{1}{6}+\frac{2}{6}+\frac{3}{6}+\cdots+\frac{300}{6}=\frac{1}{6}(1+2+\cdots+300)=25\cdot301 \quad\cdots②$$

また，①の中で分子が2の倍数であるものの和は，

$$\frac{2}{6}+\frac{4}{6}+\frac{6}{6}+\cdots+\frac{300}{6}=\frac{2}{6}(1+2+\cdots+150)=25\cdot151 \quad\cdots③$$

①の中で分子が3の倍数であるものの和は，

$$\frac{3}{6}+\frac{6}{6}+\frac{9}{6}+\cdots+\frac{300}{6}=\frac{3}{6}(1+2+\cdots+100)=25\cdot101 \quad\cdots④$$

①の中で分子が6の倍数であるものの和は，

$$\frac{6}{6}+\frac{12}{6}+\frac{18}{6}+\cdots+\frac{300}{6}=\frac{6}{6}(1+2+\cdots+50)=25\cdot51 \quad\cdots⑤$$

したがって，求める和は，

②－(③＋④－⑤)＝25・(301－151－101＋51)＝25・100＝2500

〈解説〉分母が6で1以下の既約分数は，$\frac{1}{6}$, $\frac{5}{6}$

1以上50以下の，題意を満たす既約分数をすべて帯分数で表すと

$1\frac{1}{6}$, $1\frac{5}{6}$, $2\frac{1}{6}$, $2\frac{5}{6}$, $3\frac{1}{6}$, $3\frac{5}{6}$, $\cdots\cdots$, $49\frac{1}{6}$, $49\frac{5}{6}$

よって，題意を満たす和は，以下に示すように初項1公差2の等差数列の，初項から第50項までの和になる。すなわち，

$$\frac{1}{6}+\frac{5}{6}+1\frac{1}{6}+1\frac{5}{6}+2\frac{1}{6}+2\frac{5}{6}+3\frac{1}{6}+3\frac{5}{6}+\cdots+49\frac{1}{6}+49\frac{5}{6}$$
$$=1+3+5+7+\cdots+99=(1+99)\times50\div2=2500$$

【3】1　$f'(x)=3x^2-3=3(x+1)(x-1)$

$f'(x)=0$とすると，$x=\pm1$

$f(x)$の増減表は，次のようになる。

x	$\cdots\cdots$	-1	$\cdots\cdots$	-1	$\cdots\cdots$
$f'(x)$	$+$	0	$-$	0	$+$
$f(x)$	↗	0	↘	-4	↗

したがって，この関数は，

$x＝-1$のとき極大値0，$x＝1$のとき極小値-4をとる。

また，$f(x)＝0$のとき$x＝-1$，2であり，$f(0)＝-2$であるから，グラフは次の図のようになる。

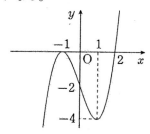

2　$f'(-2)＝9$より，接線の方程式は，$y-(-4)＝9\{x-(-2)\}$

すなわち，$y＝9x＋14$　…①

①と曲線$y＝f(x)$の交点のx座標は，$x^3-3x-2＝9x＋14$より，

$x^3-12x-16＝0$　すなわち，

$(x＋2)^2(x-4)＝0$　よって，$x＝-2$，4

$-2≦x≦4$のとき，$9x＋14≧x^3-3x-2$であるから，

求める面積をSとおくと，(*)

$$S＝\int_{-2}^{4}(9x＋14-x^3＋3x＋2)dx$$

$$＝\int_{-2}^{4}(-x^3＋12x＋16)dx$$

$$＝\left[-\frac{1}{4}x^4＋6x^2＋16x\right]_{-2}^{4}＝108$$

〈解説〉1　解答参照。

2　$f'(-2)＝9$だから，接線の方程式は，$y-(-4)＝9\{x-(-2)\}$

すなわち，$y＝9x＋14$である。

題意より，方程式$f(x)＝9x＋14$は，

$x＝-2$を重解にもつから，

$f(x)-(9x-14)＝x^3-12x-16$は$(x＋2)^2$を因数にもち，

$(x^3-12x-16)÷(x＋2)^2＝x-3$

よって，$x^3-12x-16=(x+2)^2(x-4)=0$の解は，$x=-2$，4で，
$-2\leqq x\leqq 4$のとき，$f(x)\leqq 9x+14$
よって，求める面積は，(以下(*)に同じ)

【4】1　円Cの方程式は，$(x+2)^2+(y-1)^2=2$と変形できるので，
円Cの中心は$(-2,\ 1)$，半径は$\sqrt{2}$である。
円C'の中心を$(a,\ b)$とおくと，直線ℓの傾きは$\dfrac{1}{2}$であり，
2点$(a,\ b)$，$(-2,\ 1)$を通る直線と直線ℓが垂直であるから，
$$\frac{b-1}{a+2}\cdot\frac{1}{2}=-1$$
すなわち，$2a+b=-3$　…①
また，$(a,\ b)$と$(-2,\ 1)$を結ぶ線分の中点が直線ℓ上にあるから，
$$\frac{a-2}{2}-2\cdot\frac{b+1}{2}-6=0$$
すなわち，$a-2b=16$　…②
①，②より，$a=2$，$b=-7$
よって，円C'の中心は，$(2,\ -7)$である。
円C'の半径は円Cの半径と等しい。
したがって，円C'の方程式は，$(x-2)^2+(y+7)^2=2$
2

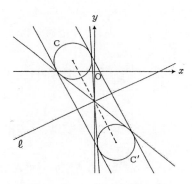

図より，共通接線は，次の(i)，(ii)に類別される。
(i)　ℓと垂直なもの

（ii）　2円の中心$(-2, 1)$，$(2, -7)$の中点$(0, -3)$を通るもの

（i）について，求める接線を$y=-2x+k$，すなわち，$2x+y-k=0$とおくと，円Cの中心$(-2, 1)$との距離が，円Cの半径$\sqrt{2}$と等しくなるので，$\dfrac{|-4+1-k|}{\sqrt{4+1}}=\sqrt{2}$

整理すると，$|k+3|=\sqrt{10}$　　よって，$k=-3\pm\sqrt{10}$

したがって，求める接線の方程式は，$y=-2x-3\pm\sqrt{10}$

（ii）について，求める接線を，$y=hx-3$，すなわち，$hx-y-3=0$とおくと，円Cの中心$(-2, 1)$との距離が，円Cの半径$\sqrt{2}$と等しくなるので，$\dfrac{|-2h-1-3|}{\sqrt{h^2+1}}=\sqrt{2}$

よって，$|2h+4|=\sqrt{2(h^2+1)}$

両辺を2乗して，$4h^2+16h+16=2h^2+2$

整理して，$h^2+8h+7=0$　　よって，$h=-1, -7$

したがって，求める接線の方程式は，

$h=-1$のとき，$y=-x-3$

$h=-7$のとき，$y=-7x-3$

以上より，共通接線の方程式は，

$y=-2x-3\pm\sqrt{10}$，$y=-x-3$，$y=-7x-3$

〈解説〉1　与式を変形すると，$(x+2)^2+(y-1)^2=2$　…①

となるから，円Cの中心はA$(-2, 1)$，半径は$\sqrt{2}$，

よって円C′の半径も$\sqrt{2}$である。

円C′の中心をB(a, b)とすると，ABの中点は直線，$x-2y-6=0$　…②

の上にあるから，$\dfrac{a-2}{2}-2\cdot\dfrac{b+1}{2}-6=0$　　すなわち，

$a-2b=16$　…③

点Aを通り，直線②に垂直な直線の方程式は，Aの座標と②のx，yの係数から，

$2x+y=-3$　（注；$ax+by-c$に垂直な直線の方程式は，$bx-ay=d$とおける）であり，点Bはこの直線上にあるから，$2a+b=-3$　…④

③，④を連立して解くと，$a=2$，$b=-7$　　よって，円C′の方程式は，

$(x-2)^2+(y+7)^2=2$

2　A，Bのx座標の差，$2-(-2)=4$が，2円の半径の和，$2\sqrt{2}$ より大きいので，y軸に平行な共通接線は存在しない。そこで接線の方程式を，

$y=ax+b$　　すなわち，$ax-y+b=0$　…①

とする。点Aと接線①との距離が $\sqrt{2}$ だから，$\dfrac{|-2a+b-1|}{\sqrt{a^2+1^2}}=\sqrt{2}$

両辺を2乗して分母を払うと，$(2a-b+1)^2=2(a^2+1)$　…②

同様にして，点Bと接線①との距離が $\sqrt{2}$ だから，

$\dfrac{|2a+b+7|}{\sqrt{a^2+1^2}}=\sqrt{2}$

両辺を2乗して分母を払うと，$(2a+b+7)^2=2(a^2+1)$　…③

③－②より，

$(2a+b+7)^2-(2a-b+1)^2$

$=\{(2a+b+7)+(2a-b+1)\}\{(2a+b+7)-(2a-b+1)\}$

$=8(a+2)(b+3)=0$

よって，$a=-2$　または，$b=-3$

(1)　$a=-2$のとき，②より，$(b+3)^2=10$　　よって，$b=-3\pm\sqrt{10}$

(2)　$b=-3$のとき，②より，$(2a+4)^2=2(a^2+1)$

展開・整理して，$a^2+8a+7=(a+7)(a+1)=0$　　よって，

$a=-1,\ -7$

(1)，(2)より，4本の共通接線が存在し，その方程式は，

$y=-2x-3\pm\sqrt{10},\ y=-x-3,\ y=-7x-3$　　である。

【高等学校】

【1】1　ある命題に対して，その命題が成り立たないと仮定すると，矛盾が生じることを示し，その命題が成り立つことを証明する方法

2　$a,\ b,\ c$のいずれも3の倍数でないと仮定する。

このとき，$a,\ b,\ c$を3で割った余りは，それぞれ1か2になる。

いま，自然数nを3で割った余りが1か2であるとき，0以上の整数kを用いて$n=3k+1$または$n=3k+2$と表せる。

$n=3k+1$のとき，$n^2=3(k^2+2k)+1$

$n＝3k+2$のとき，$n^2＝3(k^2+4k+1)+1$

より，いずれの場合も，n^2を3で割った余りは1である。

よって，a^2，b^2，c^2を3で割った余りは，いずれも1であるから，a^2+b^2を3で割った余りは2となり，$a^2+b^2＝c^2$であることと矛盾する。

したがって，a，b，cのうち少なくとも1つは3の倍数である。

〈解説〉解答参照。

【2】1　$z_{n+1}-\alpha＝\dfrac{1+i}{2}(z_n-\alpha)$　…①とおくと

$z_{n+1}＝\dfrac{1+i}{2}z_n-\dfrac{1+i}{2}\alpha+\alpha＝\dfrac{1+i}{2}z_n+\dfrac{1-i}{2}\alpha$

一方，$z_{n+1}＝\dfrac{1+i}{2}z_n+1$より，$\dfrac{1-i}{2}\alpha＝1$

よって，$\alpha＝\dfrac{2}{1-i}＝\dfrac{2(1+i)}{2}＝1+i$

これを①に代入して，$z_{n+1}-(1+i)＝\dfrac{1+i}{2}\{z_n-(1+i)\}$

$z_1＝1$より，$z_1-(1+i)＝-i$

よって，$z_n-(1+i)＝-i\left(\dfrac{1+i}{2}\right)^{n-1}$

したがって，$z_n＝-i\left(\dfrac{1+i}{2}\right)^{n-1}+1+i$

2　$z_{21}＝-i\left(\dfrac{1+i}{2}\right)^{20}+1+i$

ここで，$\dfrac{1+i}{2}＝\dfrac{1}{\sqrt{2}}\left(\cos\dfrac{\pi}{4}+i\sin\dfrac{\pi}{4}\right)$であるから，

$\left(\dfrac{1+i}{2}\right)^{20}＝\left(\dfrac{1}{\sqrt{2}}\right)^{20}(\cos 5\pi+i\sin 5\pi)＝\dfrac{1}{2^{10}}\cdot(-1)＝-\dfrac{1}{1024}$

したがって，$z_{21}＝\dfrac{1}{1024}i+1+i＝1+\dfrac{1025}{1024}i$

〈解説〉1　$\alpha＝\dfrac{1+i}{2}\alpha+1$を解くと，$\alpha＝1+i$　これを漸化式の両辺から引くと，

$z_{n+1}-(1+i)＝\dfrac{1+i}{2}\{z_n-(1+i)\}$

複素数列$\{z_n-(1+i)\}$は，初項$z_1-(1+i)＝-i$,

公比　$\dfrac{1+i}{2}=\dfrac{1}{\sqrt{2}}\left(\cos\dfrac{1}{4}\pi+i\sin\dfrac{1}{4}\pi\right)$　の等比数列とみなした，

実数の等比数列の計算をそのまま応用できるので，その一般項は，

$z_n-(1+i)=-i\left(\dfrac{1+i}{2}\right)^{n-1}$　…①　よって，$z_n=-i\left(\dfrac{1+i}{2}\right)^{n-1}+1+i$

また，①より，

$z_n-(1+i)=\left\{\dfrac{1}{\sqrt{2}}\left(\cos\dfrac{1}{4}\pi+i\sin\dfrac{1}{4}\pi\right)\right\}^{n-1}\left(\cos-\dfrac{1}{2}\pi+i\sin\dfrac{-1}{2}\pi\right)$

$\qquad\qquad=2^{-\frac{n-1}{2}}\left(\cos\dfrac{n-3}{4}\pi+i\sin\dfrac{n-3}{4}\pi\right)$

よって，複素数列$\{z_n\}$の一般項は，

$z_n=2^{-\frac{n-1}{2}}\left(\cos\dfrac{n-3}{4}\pi+i\sin\dfrac{n-3}{4}\pi\right)+(1+i)$

$\quad=\left(2^{-\frac{n-1}{2}}\cos\dfrac{n-3}{4}\pi+1\right)+i\left(2^{-\frac{n-1}{2}}\sin\dfrac{n-3}{4}\pi+1\right)$　とも表すことがで

きる。

2　1の結果に$n=21$を代入すると，

$z_{21}=(2^{-10}\cdot 0+1)+i(2^{-10}\cdot 1+1)=1+\dfrac{1025}{1024}i$

[別解]

$\left(\dfrac{1+i}{2}\right)^2=\dfrac{i}{2}$　だから，$\left(\dfrac{1+i}{2}\right)^4=\left(\dfrac{i}{2}\right)^2=\dfrac{-1}{4}$　…②

1の①に$n=21$を代入すると，

$-i\cdot\left(\dfrac{1+i}{2}\right)^{20}=-i\cdot\left\{\left(\dfrac{1+i}{2}\right)^4\right\}^5=-i\cdot\left(\dfrac{-1}{4}\right)^5=\dfrac{1}{1024}i$

よって，$z_{21}=1+i+\dfrac{1}{1024}i=1+\dfrac{1025}{1024}i$

【3】$x=\pm2$は，方程式$x^3-kx^2+4k=0$　すなわち，$x^3-k(x^2-4)=0$の解で
はないから，$x\neq\pm2$である。よって，方程式は，$\dfrac{x^3}{x^2-4}=k$と変形でき
る。

ここで，$f(x)=\dfrac{x^3}{x^2-4}$とおくと，曲線$y=f(x)$と直線$y=k$が$-2<x<6$の範
囲で異なる3点を共有すればよい。

$$f'(x)=\frac{3x^2(x^2-4)-x^3\cdot 2x}{(x^2-4)^2}=\frac{x^2(x^2-12)}{(x^2-4)^2}$$

$f'(x)=0$のとき，$x=0$，$\pm 2\sqrt{3}$ であるから，$-2<x\leqq 6$における増減表は，

x	-2	……	0	……	2	……	$2\sqrt{3}$	……	6
$f'(x)$		$-$	0	$-$		$-$	0	$+$	$+$
$f(x)$		↘	0	↘		↘	$3\sqrt{3}$	↗	$\dfrac{27}{4}$

また，$\displaystyle\lim_{x\to -2+0}f(x)=\infty$，$\displaystyle\lim_{x\to 2-0}f(x)=-\infty$，$\displaystyle\lim_{x\to 2+0}f(x)=\infty$である。

ゆえに，$-2<x<6$における曲線$y=f(x)$の概形は下図のようになる。

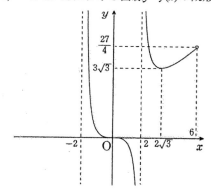

したがって，求めるkの値の範囲は，$3\sqrt{3}<k<\dfrac{27}{4}$

〈解説〉[別解]　$y=f(x)=x^3-kx^2+4k$　…①

とおく。

$y'=f'(x)=3x^2-2kx$

　$=x(3x-2k)=0$のとき，

$x=0$，$\dfrac{2}{3}k$　　よって極値は，

$f(0)=4k$，$f\left(\dfrac{2}{3}k\right)=\dfrac{4}{27}k(27-k^2)$である。

x^3の係数が正の数なので，①のグラフは次の図のようになる。

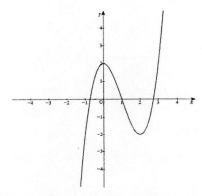

題意を満たすためには，①のグラフが図のように，$-2<x<6$　の範囲でx軸と3点で交わればよい。$f(6)=216-32k$，$f(-2)=-8<0$なので，題意を満たす必要十分条件は，極大値が正の数で，極小値が負の数，そして$f(6)$が正の数になること，すなわち，

「$f(0)\cdot f\left(\dfrac{2}{3}k\right)<0$　かつ　$f(6)>0$」である。

$f(0)\cdot f\left(\dfrac{2}{3}k\right)<0$　より，「$k<-3\sqrt{3}$　または$k>3\sqrt{3}$」　…②

$f(6)=216-32k>0$　より，$k<\dfrac{27}{4}$　…③

②，③より，$3\sqrt{3}<k<\dfrac{27}{4}$

【4】1　$e^{|x|}-y\leqq1$　…①について，

（i）　$x\geqq0$のとき，①は$e^x-y\leqq1$　すなわち，$y\geqq e^x-1$

（ii）　$x<0$のとき，①は$e^{-x}-y\leqq1$　すなわち，$y\geqq e^{-x}-1$

また，$y=e^{|x|}-1$と$y=e-1$との交点の座標は，$(\pm1,\ e-1)$

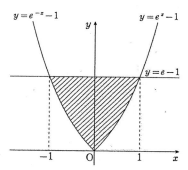

（ⅰ），（ⅱ）と，$y \leqq e-1$ より，求める領域は上の図の斜線部分で，境界線を含む。

2　$\displaystyle\int (\log x)^2 dx = \int (x)' \cdot (\log x)^2 dx = x(\log x)^2 - \int x \cdot (2\log x) \cdot \frac{1}{x}dx$

$\displaystyle = x(\log x)^2 - 2\int \log x dx = x(\log x)^2 - 2\int (x)' \cdot \log x\, dx$

$\displaystyle = x(\log x)^2 - 2\left(x \log x - \int x \cdot \frac{1}{x}dx\right)$

$= x(\log x)^2 - 2x \log x + 2x + C$　（Cは積分定数）

3　$x \geqq 0$ のとき，曲線Cは $y = e^x - 1$ である。この曲線上の $y = e-1$ における接線の方程式は，接点の座標が $(1,\ e-1)$ であることから，

$y - (e-1) = e(x-1)$　すなわち，$y = ex - 1$ である。

曲線 $y = e^{|x|} - 1$ は，y軸に関して対称であるから，求める体積は，曲線 $y = e^x - 1$ と直線 $y = ex - 1$，およびy軸とで囲まれた図形をy軸のまわりに1回転してできる立体の体積に等しい。

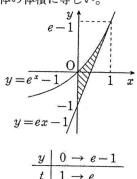

y	$0 \to e-1$
t	$1 \to e$

148

$y = e^x - 1$ を x について解くと，$x = \log(y+1)$

よって，求める体積を V とおくと，

$$V = \frac{1}{3}\pi e - \pi \int_0^{e-1} \{\log(y+1)\}^2 dy$$

ここで，$y+1 = t$ とおくと，$\dfrac{dt}{dy} = 1$ より，

$$V = \frac{1}{3}\pi e - \pi \int_1^e (\log t)^2 dt$$

$$= \frac{1}{3}\pi e - \pi \Big[t(\log t)^2 - 2t \log t + 2t \Big]_1^e$$

$$= \frac{1}{3}\pi e - \pi (e - 2e + 2e - 2)$$

$$= 2\pi \left(1 - \frac{1}{3}e \right)$$

〈解説〉解答参照。

【中高共通】

【１】次の問いに答えなさい。(結果のみ答えなさい。)

1　$(a+b)(b+c)(c+a)+abc$を因数分解しなさい。

2　次のa，bに関する条件ア～エのうち，直線$ax+by=1$が座標平面上の第1象限を通過するための十分条件となるものを，2つ答えなさい。

　　ア　$ab>1$　　イ　$a+b>0$　　ウ　$a+b>ab$　　エ　$a^2+b^2<1$

3　放物線$y=2x^2-x+4$を，直線$y=-3x$に平行に移動して得られる曲線のうち，直線$x+y=1$に接するものの方程式を求めなさい。

4　40人のクラスで国語と数学の小テストを実施した。ともに10点満点のテストであり，次の図は国語，数学それぞれの得点の箱ひげ図である。この箱ひげ図から読み取れることとして，下のア～エのそれぞれについて，正しいものには○を，正しくないものには×をつけなさい。ただし，得点はすべて整数値であるものとする。

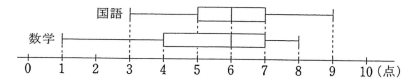

　　ア　国語の平均点の方が，数学の平均点より高い。

　　イ　8点以上の生徒は，国語の方が多い。

　　ウ　国語，数学ともに7点以上の得点の生徒が10人以上いる。

　　エ　国語，数学ともに6点の生徒が最も多い。

5　次の図のように，すべて上下左右の間隔が等しく並んだ15個の格子点から任意に3つの点を選ぶ。このとき，これらを頂点とする三角形ができる確率を求めなさい。

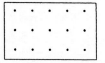

6 AB＝CD＝2，AC＝BC＝AD＝BD＝$\sqrt{6}$ である四面体ABCDについて，次の問いに答えなさい。

　(1)　辺ABの中点をMとする。∠CMD＝θ とおくとき，$\cos\theta$ の値を求めなさい。

　(2)　四面体ABCDの体積を求めなさい。

7 $_nC_0＋1 \cdot {}_nC_1＋2 \cdot {}_nC_2＋3 \cdot {}_nC_3＋\cdots＋n \cdot {}_nC_n＜2015$を満たす自然数$n$の値の範囲を求めなさい。

（☆☆☆◎◎◎）

【2】一般項が$a_n＝\dfrac{1}{n(n+1)(n+2)}$で表される数列$\{a_n\}$について，次の問いに答えなさい。

1　初項から第n項までの和S_nを求め，任意の自然数nに対して，$S_n＜\dfrac{1}{4}$であることを示しなさい。

2　$S_n＞0.24$をみたす自然数nの最小値を求めなさい。

（☆☆☆◎◎◎）

【3】次の問いに答えなさい。

1　2点A(0，2，3)，B(−3，5，0)を通る直線l上の点Pにおいて，原点Oと点Pを結ぶ直線OPと直線lが直交するとき，点Pの座標を求めなさい。

2　原点Oから直線lまでの距離を求めなさい。

（☆☆☆◎◎◎）

【中学校】

【１】「n角形の外角の和」の求め方を，「n角形の内角の和」の求め方の学習を終えた中学2年生に対して，わかるように説明しなさい。ただし，n角形は，下図のような，へこんだ部分のあるものは考えないことにする。

(☆☆◎◎◎)

【２】方程式$x^2+y^2+2ax-4ay+6a^2-2a-3=0$が円を表すとき，この円の中心Cの軌跡を求めなさい。

(☆☆◎◎◎)

【３】$y=4\cos\left(2x+\dfrac{\pi}{2}\right)(-\pi\leq x\leq\pi)$のグラフと$y=2^x-4$のグラフの共有点の個数はいくつあるか，グラフを利用して答えなさい。

(☆☆☆◎◎◎)

【４】次の問いに答えなさい。
1　等式$\displaystyle\int_{\alpha}^{\beta}(x-\alpha)(x-\beta)dx=-\dfrac{1}{6}(\beta-\alpha)^3$を証明しなさい。

2　1の等式を利用して，2つの放物線$y=x^2-3x+2$と$y=-x^2+4x-2$とで囲まれた部分の面積を求めなさい。

(☆☆☆◎◎◎)

【高等学校】

【１】数学Ⅲの授業で，$f(x)=\log x$の微分を初めて取り上げた。ネイピア数eはどのような式で定義されるか表し，これを用いて$f(x)=\log x$を定義に従って微分しなさい。

(☆☆◎◎◎)

【2】 不等式$|z-2-2\sqrt{3}\,i|\leqq2\sqrt{2}$ を満たす複素数zについて，次の問いに答えなさい。

1　$|z-4\sqrt{3}\,i|$の最大値，最小値を答えなさい。

2　zの偏角を$\theta\,(0\leqq\theta\leqq2\pi)$とするとき，$\theta$の最大値，最小値を求めなさい。

(☆☆☆◎◎◎)

【3】 方程式$23x+17y=1$を満たすすべての整数解を求めなさい。また，その整数解のうち，xが2桁の自然数で最大のものとなるとき，yの値を求めなさい。

(☆☆☆◎◎◎)

【4】 水を満たした半径rの半球形の容器がある。いま，この容器を水平面から$\theta\left(0<\theta<\dfrac{\pi}{2}\right)$だけ静かに傾けたとき，容器から流出した水の体積を$V_1$，容器に残る水の体積を$V_2$とする。次の問いに答えなさい。ただし，容器の厚さは考えないものとする。

1　この半球形の容器の容積を，積分を用いて求めなさい。

2　V_2をθを用いて表しなさい。

3　$\theta=\dfrac{\pi}{6}$のとき，$V_1:V_2$を簡単な整数比で表しなさい。

(☆☆☆◎◎◎)

解答・解説

【中高共通】

【1】 1　$(a+b+c)(ab+bc+ca)$　　2　イ，ウ　　3　$y=2x^2-7x+\dfrac{11}{2}$

4　ア　×　イ　×　ウ　○　エ　×　　5　$\dfrac{412}{455}$

6　(1)　$\dfrac{3}{5}$　(2)　$\dfrac{4}{3}$　　7　$1\leqq n\leqq8$

〈解説〉1　$(a+b)(b+c)(c+a)+abc$

　$=(ab+ca+b^2+bc)(c+a)+abc$

　$=abc+a^2b+c^2a+ca^2+b^2c+b^2a+bc^2+abc+abc$

　$=(b+c)a^2+(b^2+3bc+c^2)a+bc(b+c)$

　$=(b+c)a^2+\{(b+c)^2+bc\}a+bc(b+c)$

　$=(b+c)a^2+(b+c)^2a+abc+bc(b+c)$

　$=a(b+c)(a+b+c)+bc(a+b+c)$

　$=(a+b+c)\{a(b+c)+bc\}$

　$=(a+b+c)(ab+bc+ca)$

2　直線$ax+by=1$が座標平面上の第1象限を通るとき，(i)〜(iii)のいずれかが成り立てばよい。

(i)　　aとbがともに正の実数である。

(ii)　　aとbの一方が0のとき，一方は正の実数である。

(iii)　　aとbが異符号の実数である。

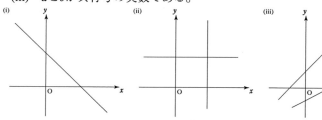

ア　$ab>1$は，すべての実数a，bについて，$a=-1$，$b=-2$は$ab>1$を満たすが，(i)〜(iii)のいずれも満たすことはない。

イ　$a+b>0$は，すべての実数a，bについて(i)または(ii)が成り立つ。

ウ　$a+b>ab$は，すべての実数a，bについて，(ii)または(iii)が成り立つ。

エ　$a^2+b^2<1$は，すべての実数a，bについて，$a=-\dfrac{1}{2}$，$b=-\dfrac{1}{3}$は$a^2+b^2<1$を満たすが，(i)〜(iii)のいずれも満たすことはない。

以上から，題意を満たす十分条件は，イとウ

3　放物線$y=2x^2-x+4$を直線$y=-3x$に平行に移動させることは，

$(\text{直線の傾き})=\dfrac{(y\text{の増加量})}{(x\text{の増加量})}=-3$なので，$x$軸方向に$p$，$y$軸方向に

−3p移動させることと等しい(ただし，pは実数とする)。

放物線$y=2x^2-x+4$をx軸方向にp，y軸方向に−3p移動させた後の放物線の式は，

$y-(-3p)=2(x-p)^2-(x-p)+4$ ⇔ $y=2x^2-(4p+1)x+2p^2-2p+4$ …①

①式が$x+y=1$に接するので，$x+y=1$ ⇔ $y=-x+1$として①式に代入すると，

$2x^2-(4p+1)x+2p^2-2p+4=-x+1$ ⇔ $2x^2-4p+2p^2-2p+3=0$ …②

①と$x+y=1$が接することは，②式が重解をもつことと等しく，

②式の判別式より，$\dfrac{D}{4}=(-2p)^2-2(2p^2-2p+3)=0$ は成り立つ。

これより，$4p^2-4p^2+4p-6=0$，$4p=6$，$p=\dfrac{6}{4}=\dfrac{3}{2}$

これを①式に代入すると，

$y=2x^2-\left(4\times\dfrac{3}{2}+1\right)x+2\left(\dfrac{3}{2}\right)^2-2\left(\dfrac{3}{2}\right)+4$ ⇔ $y=2x^2-7x+\dfrac{11}{2}$

求める放物線の式は，$y=2x^2-7x+\dfrac{11}{2}$

4 箱ひげ図から読み取れる内容は，次の表のようになる。

この表より，問題の選択肢ア～エについて調べてみる。

	国語	数学
最小値	3	1
第1四分位点	5	4
中央値(第2四分位点)	6	6
第3四分位点	7	7
最大値	9	8
四分位範囲	2(=7−5)	3(=7−4)

ア この箱ひげ図から平均点を読み取ることはできない。よって，国語の平均点は数学の平均点より高いとは言い切れない。

イ 国語の最大値が9，数学の最大値が8であるからといって，8点以上の生徒は国語の方が多いとは言えない。

ウ　国語，数学ともに31番目に7点の生徒がいる。よって，7点以上の生徒は少なくとも40－31＋1＝10〔人〕以上は存在する。

エ　国語，数学ともに6点は中央値である。四分位範囲を見ると，国語の結果の方がデータの散らばりが少ないと言えるが，6点の生徒が最も多いかは判断できない。

5　余事象の確率の，(三角形ができる確率)＝1－(三角形ができない確率)で求める。

三角形が作れない場合の3点の選び方は，次の3つの場合がある。

(i)　　格子点を縦一列(列方向)に3点選ぶとき。

(ii)　　格子点を横一行(行方向)に3点選ぶとき。

(iii)　格子点を斜め一列に3点選ぶとき。

(i)のとき，縦一列には3つの格子点があり，これが5列ある。3点の選び方は，

$${}_3C_3 \times 5 = 1 \times 5 = 5 \text{〔通り〕}$$

(ii)のとき，横一行には5つの格子点があり，これが3行ある。3点の選び方は，

$${}_5C_3 \times 3 = \frac{5 \times 4 \times 3}{3 \times 2 \times 1} \times 3 = 30 \text{〔通り〕}$$

(iii)のとき，斜め一列には3つの格子点があり，長方形の対角線上にある3点と，それ以外の3点の選び方が可能なので，3点の選び方は，

$${}_3C_3 \times 2 + {}_3C_3 \times 6 = 1 \times 2 + 1 \times 6 = 8 \text{〔通り〕}$$

また，15個の格子点から3個の点を選ぶ場合の数は，${}_{15}C_3 = \dfrac{15 \times 14 \times 13}{3 \times 2 \times 1}$ ＝455〔通り〕なので，三角形ができない確率は，$\dfrac{5+30+8}{455} = \dfrac{43}{455}$

したがって，求める確率は，$1 - \dfrac{43}{455} = \dfrac{412}{455}$

6　(1)　次の図の△CMDにおいて，三平方の定理より，

$$CM = DM = \sqrt{(\sqrt{6})^2 - 1^2} = \sqrt{5}$$

余弦定理より，

$$\cos\theta = \frac{(\sqrt{5})^2 + (\sqrt{5})^2 - 2^2}{2 \times \sqrt{5} \times \sqrt{5}} = \frac{5+5-4}{2 \times 5} = \frac{6}{10} = \frac{3}{5}$$

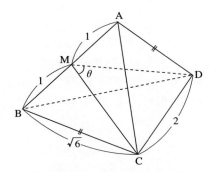

(2)　△ABCと△ABDは合同な二等辺三角形であり，点Mは辺ABの中点なので，∠AMC＝∠AMD＝90°　よって，線分AMは△MCDに対して垂直になるから，四面体AMCDの体積は，$\frac{1}{3}×$（△MCDの面積）×AMで求められる。

ここで，$\cos\theta=\frac{3}{5}$であり，$\sin\theta>0$から，$\sin\theta=\sqrt{1^2-\left(\frac{3}{5}\right)^2}=\frac{4}{5}$より

四面体AMCDの体積をV'とすると，

$$V'=\frac{1}{3}×\frac{1}{2}×\sqrt{5}×\sqrt{5}×\sin\theta×1=\frac{1}{3}×\frac{1}{2}×5×\frac{4}{5}×1=\frac{2}{3}$$

四面体ABCDの体積は四面体AMCDの2倍より，四面体ABCDの体積をVとすると，$V=2V'=2×\frac{2}{3}=\frac{4}{3}$

7　${}_nC_0+1\cdot{}_nC_1+2\cdot{}_nC_2+3\cdot{}_nC_3+\cdots+(n-1)\cdot{}_nC_{n-1}+n\cdot{}_nC_n<2015$　…①

この不等式の左辺を，右から書き直していくと下のような不等式になる。

$n\cdot{}_nC_n+(n-1)\cdot{}_nC_{n-1}+(n-2)\cdot{}_nC_{n-2}+(n-3)\cdot{}_nC_{n-3}+\cdots+1\cdot{}_nC_1+{}_nC_0<2015$　…②

①と②の両辺を加える。${}_nC_0={}_nC_n=1$，${}_nC_k={}_nC_{n-k}$であることに注意して，

$1+n\cdot{}_nC_0+n\cdot{}_nC_1+n\cdot{}_nC_2+n\cdot{}_nC_3+\cdots+n\cdot{}_nC_{n-1}+n\cdot{}_nC_n+1<4030$

$\Leftrightarrow\quad n\cdot{}_nC_0+n\cdot{}_nC_1+n\cdot{}_nC_2+n\cdot{}_nC_3+\cdots+n\cdot{}_nC_{n-1}+n\cdot{}_nC_n<4028$

$\Leftrightarrow\quad n\cdot({}_nC_0+{}_nC_1+{}_nC_2+{}_nC_3+\cdots+{}_nC_{n-1}+{}_nC_n)<4028$　…③

不等式③の左辺の（　　）の部分で，二項定理を用いると，

$(1+1)^n={}_nC_0\cdot1^n+{}_nC_1\cdot1^{n-1}\cdot1+{}_nC_2\cdot1^{n-2}\cdot1^2+{}_nC_3\cdot1^{n-3}\cdot1^3+\cdots{}_nC_{n-1}\cdot1\cdot$

$1^{n-1}+{}_nC_n\cdot1^n$

$\Leftrightarrow\ 2^n={}_nC_0+{}_nC_1+{}_nC_2+{}_nC_3+\cdots{}_nC_{n-1}+{}_nC_n$

よって不等式③は，$n\cdot2^n<4028$　と整理できる。この不等式より題意を満たす自然数nを求める。(自然数nは$n\geqq1$を満たすことに注意する。)

$n=7$のとき，$7\times2^7=896<4028$，$n=8$のとき，$8\times2^8=2048<4028$，

$n=9$のとき，$9\times2^9=4608>4028$　これより，$1\leqq n\leqq8$

【2】1　$a_k=\dfrac{1}{k(k+1)(k+2)}=\dfrac{1}{2}\left\{\dfrac{1}{k(k+1)}-\dfrac{1}{(k+1)(k+2)}\right\}$　$(k=1,\ 2,\ 3,$

$\cdots,\ n)$であるから，

$S_n=\dfrac{1}{2}\left(\dfrac{1}{1\cdot2}-\dfrac{1}{2\cdot3}\right)+\dfrac{1}{2}\left(\dfrac{1}{2\cdot3}-\dfrac{1}{3\cdot4}\right)+\dfrac{1}{2}\left(\dfrac{1}{3\cdot4}-\dfrac{1}{4\cdot5}\right)+$

$\qquad\cdots+\dfrac{1}{2}\left\{\dfrac{1}{n(n+1)}-\dfrac{1}{(n+1)(n+2)}\right\}$

$\quad=\dfrac{1}{2}\left\{\dfrac{1}{1\cdot2}-\dfrac{1}{(n+1)(n+2)}\right\}=\dfrac{1}{4}-\dfrac{1}{2(n+1)(n+2)}$

ここで，任意の自然数nに対して，$\dfrac{1}{2(n+1)(n+2)}>0$であるから，

$\dfrac{1}{4}-\dfrac{1}{2(n+1)(n+2)}<\dfrac{1}{4}$

したがって，$S_n<\dfrac{1}{4}$が成り立つ。

2　1の結果より，$S_n=\dfrac{1}{4}-\dfrac{1}{2(n+1)(n+2)}$であるから，

$S_n>0.24$のとき，$\dfrac{1}{4}-\dfrac{1}{2(n+1)(n+2)}>0.24$

ゆえに，$-\dfrac{1}{2(n+1)(n+2)}>-0.01$

整理すると，$(n+1)(n+2)>50$

nは自然数であり，nの値が増加すると，$(n+1)(n+2)$の値も増加する。

したがって，これをみたす自然数nの最小値は6である。

〈解説〉1　$\dfrac{1}{n(n+k)}=\dfrac{1}{k}\left(\dfrac{1}{n}-\dfrac{1}{n+k}\right)$，$\dfrac{1}{n(n+k)(n+k+1)}$

$\quad=\dfrac{1}{k+1}\left\{\dfrac{1}{n(n+k)}-\dfrac{1}{(n+k)(n+k+1)}\right\}$を利用する。

$$a_k = \frac{1}{k(k+1)(k+2)} = \frac{1}{2}\left\{\frac{1}{k(k+1)} - \frac{1}{(k+1)(k+2)}\right\}$$

$$= \frac{1}{2}\left\{\frac{1}{k} - \frac{1}{k+1} - \left(\frac{1}{k+1} - \frac{1}{k+2}\right)\right\} \quad (k=1,\ 2,\ 3\cdots) \quad \text{であるから,}$$

$$S_n = \frac{1}{2}\left\{\left(\frac{1}{1} - \frac{1}{2} - \frac{1}{2} + \frac{1}{3}\right) + \left(\frac{1}{2} - \frac{1}{3} - \frac{1}{3} + \frac{1}{4}\right) + \left(\frac{1}{3} - \frac{1}{4} - \frac{1}{4} + \frac{1}{5}\right) + \right.$$

$$\left(\frac{1}{4} - \frac{1}{5} - \frac{1}{5} + \frac{1}{6}\right) + \cdots + \left(\frac{1}{n-1} - \frac{1}{n} - \frac{1}{n} + \frac{1}{n+1}\right) + \left(\frac{1}{n} - \frac{1}{n+1}\right.$$

$$\left.\left. - \frac{1}{n+1} + \frac{1}{n+2}\right)\right\}$$

$$= \frac{1}{2}\left(\frac{1}{1} - \frac{1}{2} - \frac{1}{n+1} + \frac{1}{n+2}\right) = \frac{1}{2}\left\{\frac{1}{2} - \frac{1}{(n+1)(n+2)}\right\}$$

$$= \frac{1}{4} - \frac{1}{2(n+1)(n+2)}$$

ここで，任意の自然数について，$\frac{1}{2(n+1)(n+2)} > 0$ であるから，

$$\frac{1}{4} - \frac{1}{2(n+1)(n+2)} < \frac{1}{4} \quad \Leftrightarrow \quad S_n < \frac{1}{4} \quad \text{は成り立つ。}$$

2　解答参照。

【3】1　点Pは直線l上にあるので，ベクトル方程式を用いて，$\overrightarrow{\mathrm{OP}}$ $= \overrightarrow{\mathrm{OA}} + t\overrightarrow{\mathrm{AB}}$ と表せる。

$\overrightarrow{\mathrm{OA}} = (0,\ 2,\ 3)$, $\overrightarrow{\mathrm{AB}} = (-3,\ 5,\ 0) - (0,\ 2,\ 3) = (-3,\ 3,\ -3)$であるから，

$$\overrightarrow{\mathrm{OP}} = (0,\ 2,\ 3) + t(-3,\ 3,\ -3) = (-3t,\ 3t+2,\ -3t+3)$$

OP⊥ABより，$\overrightarrow{\mathrm{OP}} \cdot \overrightarrow{\mathrm{AB}} = 0$は成り立つので，

$$\overrightarrow{\mathrm{OP}} \cdot \overrightarrow{\mathrm{AB}} = (-3t,\ 3t+2,\ -3t+3) \cdot (-3,\ 3,\ -3)$$

$$= -3(-3t) + 3(3t+2) - 3(3t+3) = 9t + 9t + 6 + 9t - 9 = 0$$

$27t - 3 = 0 \quad \Leftrightarrow \quad t = \frac{1}{9}$ となる。

よって，$\overrightarrow{\mathrm{OP}} = (-3t,\ 3t+2,\ -3t+3)$

$$= \left(-3 \times \frac{1}{9},\ 3 \times \frac{1}{9} + 2,\ -3 \times \frac{1}{9} + 3\right) = \left(-\frac{1}{3},\ \frac{7}{3},\ \frac{8}{3}\right)$$

求める点Pの座標は，$\left(-\dfrac{1}{3},\ \dfrac{7}{3},\ \dfrac{8}{3}\right)$

2　1で求めた点Pに対して，$|\overrightarrow{\mathrm{OP}}|$が求める距離となる。

$|\overrightarrow{\mathrm{OP}}|=\sqrt{\left(-\dfrac{1}{3}\right)^2+\left(\dfrac{7}{3}\right)^2+\left(\dfrac{8}{3}\right)^2}=\sqrt{\dfrac{1}{9}+\dfrac{49}{9}+\dfrac{69}{9}}=\dfrac{\sqrt{114}}{3}$

したがって，原点Oと直線lの距離は，$\dfrac{\sqrt{114}}{3}$

〈解説〉解答参照。

【中学校】

【１】

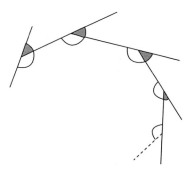

図のように，n角形のn個の頂点のそれぞれに内角(図の白抜きの角度)と外角(図のかげのついた角度)がある。それぞれの内角と外角の和が180°ずつになるから，それらの総和は，$180°\times n$　…①

また，n角形の内角の和は，$180°\times(n-2)=180°\times n-360°$　…②

したがって，n角形の外角の総和は，

(内角と外角の総和)－(内角の総和)＝①－②より，

$180°\times n-(180°\times n-360°)=180°\times n-180°\times n+360°=360°$

〈解説〉解答参照。

【２】与えられた方程式$x^2+y^2+2ax-4ay+6a^2-2a-3=0$を整理すると，

$x^2+2ax+y^2-4ay+6a^2-2a-3=0$，$(x+a)^2-a^2+(y-2a)^2-4a^2+6a^2-2a-3=0$

$(x+a)^2+(y-2a)^2-2a-3=0$　$\Leftrightarrow$　$(x+a)^2+(y-2a)^2=-a^2+2a+3\cdots$①

これが円を示すので，$-a^2+2a+3>0$　これをaについて解くと，

$a^2-2a-3<0$, $(a-3)(a+1)<0$　$\Leftrightarrow$　$-1<a<3$

①より，円の中心を$C(X,\ Y)$とおくと，$X=-a$, $Y=2a$であり，

aを消去すると，$Y=-2X$となる。

また，aの範囲が$-1<a<3$であるから，Xの範囲は，$-3<X<1$となる。

したがって，求める円の中心Cの軌跡は，$y=-2x$の$-3<x<1$の部分

〈解説〉解答参照。

【3】$y=4\cos\left(2x+\dfrac{\pi}{2}\right)=4\cos2\left(x+\dfrac{\pi}{4}\right)$と変形できるので，周期は$\dfrac{2\pi}{2}=\pi$
となる。

$y=4\cos\left(2x+\dfrac{\pi}{2}\right)$のグラフは，$y=\cos x$のグラフを$y$軸方向に4倍に拡大し
たものを，x軸方向に$\dfrac{1}{2}$倍に縮小し，さらにx軸方向に$-\dfrac{\pi}{4}$だけ平行移
動したもの(ただし，定義域は$-\pi\leqq x\leqq\pi$)である。

また，$y=2^x-4$のグラフは，$y=2^x$のグラフをy軸方向に-4だけ平行移
動したものである。

これより，$y=4\cos\left(2x+\dfrac{\pi}{2}\right)$, $y=2^x-4$のグラフは次の図のようになる。

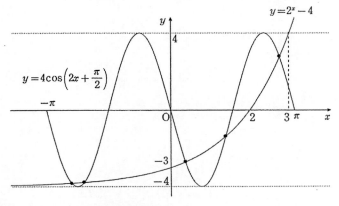

グラフより，共有点の個数は5個

〈解説〉解答参照。

【4】1　与えられた等式の左辺を実際に計算する。

$$\int_{\alpha}^{\beta} (x-\alpha)(x-\beta)dx = \int_{\alpha}^{\beta} \{x^2-(\alpha+\beta)x+\alpha\beta\}dx$$

$$= \left[\frac{1}{3}x^3 - \frac{1}{2}(\alpha+\beta)x^2 + \alpha\beta x\right]_{\alpha}^{\beta}$$

$$= \frac{1}{3}(\beta^3-\alpha^3) - \frac{1}{2}(\alpha+\beta)(\beta^2-\alpha^2) + \alpha\beta(\beta-\alpha)$$

$$= \frac{1}{6}(\beta-\alpha)\{2(\beta^2+\alpha\beta+\alpha^2)-3(\alpha+\beta)^2+6\alpha\beta\}$$

$$= \frac{1}{6}(\beta-\alpha)(2\beta^2+2\alpha\beta+2\alpha^2-3\alpha^2-6\alpha\beta-3\beta^2+6\alpha\beta)$$

$$= \frac{1}{6}(\beta-\alpha)(-\beta^2+2\alpha\beta-\alpha^2) = -\frac{1}{6}(\beta-\alpha)(\beta-\alpha)^2$$

$$= -\frac{1}{6}(\beta-\alpha)^3$$

ゆえに，$\displaystyle\int_{\alpha}^{\beta}(x-\alpha)(x-\beta)dx = -\frac{1}{6}(\beta-\alpha)^3$

2　$y=x^2-3x+2$ と $y=-x^2+4x-2$ の交点のx座標は，

$x^2-3x+2=-x^2+4x-2$ より，$2x^2-7x+4=0$ となり，これをxについて解くと，

$$x = \frac{-(-7)\pm\sqrt{(-7)^2-4\times2\times4}}{2\times2} = \frac{7\pm\sqrt{17}}{4} \quad \text{となる。}$$

いま，$\alpha=\dfrac{7-\sqrt{17}}{4}$，$\beta=\dfrac{7+\sqrt{17}}{4}$　とすると，

$2x^2-7x+4 = 2(x-\alpha)(x-\beta)$　…①

よって求める面積は，

$$\int_{\alpha}^{\beta}\{(-x^2+4x-2)-(x^2-3x+2)\}dx = \int_{\alpha}^{\beta}(-2x^2+7x-4)dx$$

ここで，①と，1の結果より，

$$\int_{\alpha}^{\beta}(-2x^2+7x-4)dx = -2\int_{\alpha}^{\beta}(x-\alpha)(x-\beta)dx = (-2)\times\left(-\frac{1}{6}\right)\times(\beta-\alpha)^3$$

$\alpha=\dfrac{7-\sqrt{17}}{4}$，$\beta=\dfrac{7+\sqrt{17}}{4}$ より代入して，

$$= (-2)\times\left(-\frac{1}{6}\right)\times\left(\frac{7+\sqrt{17}}{4}-\frac{7-\sqrt{17}}{4}\right)^3 = \frac{1}{3}\times\left(\frac{\sqrt{17}}{2}\right)^3$$

$$=\frac{1}{3}\times\frac{17\sqrt{17}}{8}=\frac{17\sqrt{17}}{24}$$

〈解説〉解答参照。

【高等学校】

【1】ネイピア数 e は，$e=\lim_{h\to0}(1+h)^{\frac{1}{h}}$ …① で定義される。

$f(x)=\log x\,(x>0)$ に対して，導関数の定義から，

$$f'(x)=\lim_{h\to0}\frac{f(x+h)-f(x)}{h}=\lim_{h\to0}\frac{\log(x+h)-\log x}{h}$$

$$=\lim_{h\to0}\log\left(\frac{x+h}{x}\right)^{\frac{1}{h}}=\lim_{h\to0}\log\left(1+\frac{h}{x}\right)^{\frac{1}{h}}=\lim_{h\to0}\log\left\{\left(1+\frac{h}{x}\right)^{\frac{x}{h}}\right\}^{\frac{1}{x}}$$

ここで，$\frac{h}{x}=k$ とおくと，$\frac{x}{h}=\frac{1}{k}$ である。$x>0$ において，$h\to0$ のとき $k\to0$ より，①から，

$$f'(x)=\lim_{k\to0}\log\left\{(1+k)^{\frac{1}{k}}\right\}^{\frac{1}{x}}=\frac{1}{x}\cdot\lim_{k\to0}\log(1+k)^{\frac{1}{k}}=\frac{1}{x}\cdot\log e$$

自然対数の底は e より，$\log e=1$ から，$f'(x)=\frac{1}{x}\cdot1=\frac{1}{x}$

〈解説〉解答参照。

【2】1　複素数平面において，$|z-2-2\sqrt{3}\,i|\leqq2\sqrt{2}$ を満たす点P(z)の存在する領域は，$|z-(2+2\sqrt{3}\,i)|\leqq2\sqrt{2}$ とすると，点 $2+2\sqrt{3}\,i$ を中心とし，半径が $2\sqrt{2}$ である円Cの周と内部になることがわかる。

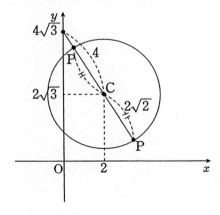

点P(z)と点$4\sqrt{3}\,i$の距離となる$|z-4\sqrt{3}\,i|$が最大または最小の値をとるのは，図のように，点$4\sqrt{3}\,i$から点Cに引いた直線と円周との交点が点P(z)のときである。

これより，点P(z)と点$4\sqrt{3}\,i$の距離となる$|z-4\sqrt{3}\,i|$について，最大値と最小値を求めると，

最大値：$|2+2\sqrt{3}\,i-4\sqrt{3}\,i|+2\sqrt{2}=|2-2\sqrt{3}\,i|+2\sqrt{2}$

$\qquad\quad=2|1-\sqrt{3}\,i|+2\sqrt{2}$

$\qquad\quad=2\sqrt{1^2+(\sqrt{3})^2}+2\sqrt{2}=4+2\sqrt{2}$

最小値：$|2+2\sqrt{3}\,i-4\sqrt{3}\,i|-2\sqrt{2}=4-2\sqrt{2}$

2　zの偏角θが最大もしくは最小となるのは，直線OPが図のように，円Cに接するときである。

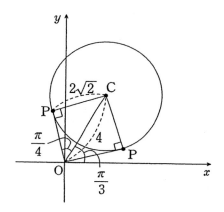

OC$=|2+2\sqrt{3}\,i-0|=2\sqrt{1^2+(\sqrt{3})^2}=4$であり，CPは円Cの半径より$2\sqrt{2}$だから，OC：CP$=4:2\sqrt{2}=\sqrt{2}:1$となり，$\angle$CPO$=\dfrac{\pi}{2}$より，$\triangle$OCPは直角二等辺三角形とわかるので，$\angle$COP$=\dfrac{\pi}{4}$である。

さらに，線分OCと実軸の正の部分とのなす角は，$\dfrac{\pi}{3}$

（$2:4:2\sqrt{3}=1:2:\sqrt{3}$の直角三角形を考えればよい）

よって，θの最大値と最小値を求めると，

最大値：$\theta = \dfrac{\pi}{3} + \dfrac{\pi}{4} = \dfrac{7}{12}\pi$，最小値：$\theta = \dfrac{\pi}{3} - \dfrac{\pi}{4} = \dfrac{1}{12}\pi$

〈解説〉解答参照。

【3】ユークリッドの互除法を用いて，

$23 = 17 \cdot 1 + 6$ より，$6 = 23 - 17 \cdot 1$ …①

$17 = 6 \cdot 2 + 5$ より，$5 = 17 - 6 \cdot 2$ …②

$6 = 5 \cdot 1 + 1$ より，$1 = 6 - 5 \cdot 1$ …③

②に①を代入して，

$5 = 17 - (23 - 17 \cdot 1) \cdot 2 = 17 - 23 \cdot 2 + 17 \cdot 2 = 17 \cdot 3 - 23 \cdot 2$ …④

③に①と④を代入して，

$1 = (23 - 17 \cdot 1) - (17 \cdot 3 - 23 \cdot 2) \cdot 1 = 23 - 17 \cdot 1 - 17 \cdot 3 + 23 \cdot 2$

$= 23 \cdot 3 - 17 \cdot 4 = 23 \cdot 3 + 17 \cdot (-4)$ …⑤

⑤と $23x + 17y = 1$ について，両辺の差をとると，

$$
\begin{array}{r}
23x \quad + \quad 17y \quad = 1 \\
-)\ 23 \cdot 3 \quad + 17 \cdot (-4) = 1 \\
\hline
23(x-3) \quad + 17(y+4) \quad = 0
\end{array}
$$

これより，$23(x-3) = -17(y+4) = 17(-y-4)$ とおける。

ここで，23と17は互いに素であるので，$x-3$ は17の倍数であり，

$-y-4$ は23の倍数となるから，k を整数とすると，

$x-3 = 17k \Leftrightarrow x = 17k+3$，$-y-4 = 23k \Leftrightarrow y = -23k-4$

つまり，$23x + 17y = 1$ を満たす整数解は，$\begin{cases} x = 17k+3 \\ y = -23k-4 \end{cases}$ となる。

また，題意より，x は2桁の自然数だから，$10 \leq x < 100 \Leftrightarrow 10 \leq 17k+3 < 100$

これより k の値の範囲は，$\dfrac{7}{17} \leq k < \dfrac{97}{17}$ なので，これを満たす最大の整数 k は，$k = 5$ であり，このとき x は2桁で最大の自然数となる。

これより，x が2桁で最大の自然数となるときの y の値は，$k = 5$ を $y = -23k-4$ に代入して求めると，$y = -23 \times 5 - 4 = -119$

〈解説〉解答参照。

【4】1　求める容積は，曲線$x^2+y^2=r^2$ $(-r \leqq y \leqq 0)$とx軸で囲まれた部分を，y軸のまわりに1回転してできる回転体の体積と考えることができる。

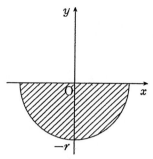

よって，容積をVとすると，$V=\displaystyle\int_{-r}^{0} \pi x^2 dy$であり，$x^2=r^2-y^2$だから，

$$V=\int_{-r}^{0} \pi x^2 dy= \pi \int_{-r}^{0} (r^2-y^2)dy= \pi \left[r^2 y-\frac{1}{3}y^3 \right]_{-r}^{0}$$

$$= \pi \left(r^3-\frac{1}{3}r^3 \right)=\frac{2}{3} \pi r^3$$

2　容器に残る水の体積は，曲線$x^2+y^2=r^2$$(-r \leqq y \leqq -r\sin\theta)$と直線$y=-r\sin\theta$とで囲まれた部分を，$y$軸のまわりに1回転してできる回転体の体積と考えることができる。

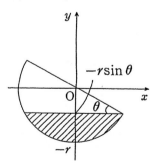

よって，残る水の体積をV_2とすると，

$$V_2=\int_{-r}^{-r\sin\theta} \pi x^2 dy= \pi \int_{-r}^{-r\sin\theta} (r^2-y^2)dy$$

$$= \pi \left[r^2 y - \frac{1}{3} y^3 \right]_{-r}^{-r \sin \theta} = \pi \left\{ \left(-r^3 \sin \theta + \frac{1}{3} r^3 \sin^3 \theta \right) - \left(-r^3 + \frac{1}{3} r^3 \right) \right\}$$

$$= \frac{1}{3} \pi r^3 (\sin^3 \theta - 3 \sin \theta + 2) = \frac{1}{3} \pi r^3 (\sin \theta - 1)^2 (\sin \theta + 2)$$

3　2の結果に $\theta = \dfrac{\pi}{6}$ を代入すると，残る水の体積は，

$$V_2 = \frac{1}{3} \pi r^3 \left(\sin \frac{\pi}{6} - 1 \right)^2 \left(\sin \frac{\pi}{6} + 2 \right) = \frac{1}{3} \pi r^3 \left(\frac{1}{2} - 1 \right)^2 \left(\frac{1}{2} + 2 \right)$$

$$= \frac{1}{3} \pi r^3 \cdot \frac{1}{4} \cdot \frac{5}{2} = \frac{5}{24} \pi r^3$$

また，流出した水の体積 V_1 は，$V_1 = V - V_2$ で求められ，1の結果より，$V = \dfrac{2}{3} \pi r^3$，2の結果より，$V_2 = \dfrac{5}{24} \pi r^3$ だから，$V_1 = \dfrac{2}{3} \pi r^3 - \dfrac{5}{24} \pi r^3 = \dfrac{11}{24} \pi r^3$ となる。

　したがって，求める体積比 $V_1 : V_2$ は，$V_1 : V_2 = \dfrac{11}{24} \pi r^3 : \dfrac{5}{24} \pi r^3 = 11 : 5$

〈解説〉解答参照。

【中高共通】

【1】　次の問いに答えなさい。

1　次のア～オの命題のうち，真であるものをすべて選び，記号で答えなさい。

　　ア　a，bは実数とする。$a^2 > b^2$ならば，$a > b$である。

　　イ　△ABCにおいて辺BCの中点をMとする。AM⊥BCならば，△ABCは正三角形である。

　　ウ　ある2つの無理数の和は，有理数である。

　　エ　四角形の内角のうち，少なくとも1つは90°以上である。

　　オ　すべての素数は奇数である。

2　xについての不等式$2x > ax - 3a$で，$x = -1$も$x = 2$もこの不等式を満たすとき，定数aの値の範囲を求めなさい。

3　$2x^2 - xy - y^2 - 7x - 2y + 3$を因数分解しなさい。

4　放物線$y = 2x^2 - 8x + 11$を平行移動したものが，2点$(-3, -2)$，$(-2, 0)$を通るためには，どのように平行移動すればよいか，答えなさい。

5　1辺の長さがaである正四面体ABCDの内部に点Pをとる。aは定数として，次の問いに答えなさい。

　　(1)　点Pから△BCDに下ろした垂線の長さをhとして，三角すいPBCDの体積を，hを使って表しなさい。

　　(2)　点Pから各面に下ろした垂線の長さの和を求めなさい。

6　大中小3個のさいころを投げて，大のさいころの出る目をa，中のさいころの出る目をb，小のさいころの出る目をcとし，方程式$x^2 - ax + (b + c) = 0$をつくるとき，次の確率を求めなさい。

　　(1)　$x = 1$がこの方程式の解となる確率

　　(2)　この方程式が重解をもつ確率

7 下の表は，ある学校の男子30人の身長の度数分布表である。次の問いに答えなさい。

(1) この度数分布表から，身長の平均値を求めなさい。

(2) 階級に分けないで，身長の平均値を求めたとき，身長の平均値は，何cm以上何cm未満の範囲に入るか，答えなさい。

階級(cm)	度数(人)
以上　未満	
145〜150	2
150〜155	4
155〜160	4
160〜165	10
165〜170	8
170〜175	2
計	30

(☆☆☆◎◎◎)

【2】一直線上にない3点A，B，Cを通る円Oにおいて，AB＝7，BC＝8，∠B＝120°を満たすとする。また，点Bを含む $\overgroup{AC}$ を除いた円周上に，点Pをとる。次の問いに答えなさい。

1　ACの長さと円Oの半径を求めなさい。

2　四角形ABCPの面積の最大値を求めなさい。

(☆☆☆◎◎◎)

【3】点Oを原点とする座標空間に，2点A(5，－2，6)，B(2，4，3)があり，直線ABが，yz平面と交わる点をCとする。次の問いに答えなさい。

1　点Cの座標を求めなさい。

2　△OACの面積を求めなさい。

(☆☆☆◎◎◎)

【中学校】

【1】中学校1年生の教科書には，「除法では，0でわることは考えないことにします。」と記載されている。次の計算を考えない理由を，教科書で導入されている除法の定義を使って，説明しなさい。

ただし，「正の数・負の数」の単元についてのみ学習を終えている中学校1年生に対して，説明するものとする。

1　$3 \div 0$を考えない理由

2　$0 \div 0$を考えない理由

(☆☆☆◎◎◎)

【2】次の問いに答えなさい。

1　10より大きい自然数のうち，3で割ると2余る自然数を小さい順に並べた数列$\{a_n\}$の一般項を求めなさい。

2　$b_1 = 5$，$b_2 = 8$，$2b_{n+1} = bn + b_{n+2}(n = 1, 2, 3, \cdots)$のように定義される数列$\{b_n\}$は，どのような数列か，答えなさい。

3　設問1の数列$\{a_n\}$の一般項と，設問2の数列$\{b_n\}$の一般項を使って，数列$\{c_n\}$の一般項を，$\dfrac{1}{\sqrt{a_n} + \sqrt{b_n}}$で定義する。このとき，数列$\{c_n\}$の初項から第40項までの和を求めなさい。

(☆☆☆◎◎◎)

【3】放物線$y = x^2 + 2ax - 3a^2 + 5a$の頂点は，$a$がすべての実数値をとりながら変化するとき，どのような曲線を描くか，答えなさい。

(☆☆☆◎◎◎)

【4】底面の半径10cm，高さ25cmの直円すいに，次の図のように円柱を内接させる。下の問いに答えなさい。

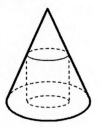

1　円柱の底面の半径を$x$cmとして，この円柱の体積を表す式を作りなさい。
2　円柱の体積の最大値と，そのときの円柱の底面の半径を求めなさい。

(☆☆☆◎◎◎)

【高等学校】

【1】数学Ⅱの授業において，次の公式を初めて取り上げた。
　　公式
　　　　a，b，cが正の数で，$a \neq 1$，$b \neq 1$，$c \neq 1$のとき，
　　　　$\log_a b = \dfrac{\log_c b}{\log_c a}$，特に，$\log_a b = \dfrac{1}{\log_b a}$

　　この公式を，証明しなさい。

　　ただし，授業においては，積，商，累乗の対数の性質についてまで，終えているものとする。

(☆☆☆◎◎◎)

【2】iは虚数単位とする。方程式$z^3 = -8i$を，ド・モアブルの定理を使って解きなさい。

(☆☆☆◎◎◎)

【３】 n が自然数のとき，次の式で定められる関数 $f(x)$ が $x \geqq 0$ であるすべての x で連続となるように，定数 a の値を定めなさい。

$$f(x) = \lim_{n \to \infty} \frac{x^{n+4} - 2ax + 5a + 2}{x^{n+1} - 3}$$

(☆☆☆◎◎◎)

【４】 a は正の定数とする。次の図は，サイクロイド

$$x = a(\theta - \sin\theta), \quad y = a(1 - \cos\theta) \quad (0 \leqq \theta \leqq 2\pi)$$

の概形である。下の問いに答えなさい。

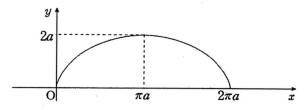

1　 n が0以上の整数のとき，定積分 $I_n = \displaystyle\int_0^{\frac{\pi}{2}} \sin^n x\,dx$ について考える。 $n \geqq 2$ のとき， $I_n = \dfrac{n-1}{n} I_{n-2}$ が成り立つことを，部分積分法を使って証明しなさい。

2　設問1の結果を使って，上のサイクロイドを x 軸のまわりに1回転してできる立体の体積を求めなさい。

(☆☆☆◎◎◎)

解答・解説

【中高共通】

【1】 1　ウ，エ　　2　$a>\dfrac{1}{2}$　　3　$(2x+y-1)(x-y-3)$　　4　x軸方向
に-5，y軸方向に-5だけ平行移動すればよい。

5　(1)　$\dfrac{\sqrt{3}}{12}a^2h$　　(2)　$\dfrac{\sqrt{6}}{3}a$　　6　(1)　$\dfrac{5}{108}$　　(2)　$\dfrac{7}{216}$

7　(1)　161.5cm　　(2)　159cm以上164cm未満

〈解説〉1　アに関して，たとえば，$a=-2$，$b=-1$とすると，$a^2>b^2$かつ$a<b$である。イに関しては，二等辺三角形であることの十分条件について述べているが，これではAB＝ACがいえるのみである。ウは正しい。たとえば，$\sqrt{2}$と$-\sqrt{2}$の和は0である。エも正しい。全ての内角が90°未満の場合，内角の和が360°とならない。オに関しては，2が反例となっている。

2　$x=-1$を代入すると，不等式は，$-2>-4a$，すなわち，$\dfrac{1}{2}<a$となる。$x=2$を代入すると，不等式は，$4>-a$，すなわち，$-4<a$となる。

3　$2x^2-xy-y^2-7x-2y+3=2x^2+(-y-7)x-(y^2+2y-3)$
$=2x^2+(-y-7)x-(y+3)(y-1)=(2x+y-1)(x-y-3)$

4　放物線$y=2x^2-8x+11$をx軸方向にa，y軸方向にbだけ平行移動してできる放物線の方程式は，$y-b=2(x-a)^2-8(x-a)+11$である。これが，点$(-3，-2)$および点$(-2，0)$を通ることから，$-2-b=2(-3-a)^2-8(-3-a)+11$，$-b=2(-2-a)^2-8(-2-a)+11$が成り立つ。これらの式から$b$を消去して整理することで，$a=-5$であることがわかり，これを消去する前の式に代入することで，$b=-5$となる。

5　(1)　△BCDの面積は$\dfrac{\sqrt{3}}{4}a^2$であるため，三角錐PCBDの体積は，$\dfrac{1}{3}\times h\times\dfrac{\sqrt{3}}{4}a^2=\dfrac{\sqrt{3}}{12}a^2h$である。

(2)　三角錐PABC，PABD，PACD，PBCDの体積の和は，正四面体

ABCDの体積$\frac{1}{3}\times\sqrt{\frac{2}{3}}a\times\frac{\sqrt{3}}{4}a^2=\frac{\sqrt{2}}{12}a^3$に等しい。したがって

$h=\sqrt{\frac{2}{3}}a=\frac{\sqrt{6}}{3}a$

6　(1)　方程式に$x=1$を代入して整理すると，$a=1+b+c$となる。このように式変形することで，$x=1$が方程式の解となる場合は，$(a,\ b,\ c)$ $=(3,\ 1,\ 1),\ (4,\ 1,\ 2),\ (4,\ 2,\ 1),\ (5,\ 1,\ 3),\ (5,\ 2,\ 2),\ (5,\ 3,\ 1),$ $(6,\ 1,\ 4),\ (6,\ 2,\ 3),\ (6,\ 3,\ 2),\ (6,\ 4,\ 1)$ のみであることがわかりやすくなる。

(2)　方程式の判別式が0になるための条件は，$a^2-4(b+c)=0$ である。aは1以上6以下の整数であるため，判別式が0になるためには，$b+c$が9以下の数で，かつ整数の2乗であればよい。$b+c$は2以上の整数となることに注意すると，$b+c=4$または$b+c=9$となることがわかる。b，cもまた整数であるから，そのようなb，cは7通り存在する。

7　(1)　階級の範囲の中央値をとって平均値を算出すればよい。
$(147.5\times2+152.5\times4+157.5\times4+162.5\times10+167.5\times8+172.5\times2)\times\frac{1}{30}=$ 161.5

(2)　(1)の計算方法では全員の身長を2.5cm過大もしくは過小に評価している可能性がある。したがって，階級に分けないで平均値を求めたとき，その値の範囲は159cm以上164cm未満となる。

【２】1

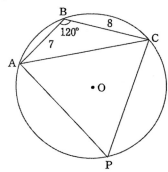

△ABCにおいて，余弦定理より，

$AC^2 = 7^2 + 8^2 - 2 \times 7 \times 8 \times \cos 120° = 169$

ゆえに，AC＞0より，AC＝13

また，円Oは，△ABCの外接円である。円Oの半径をRとおくと，

△ABCにおいて，正弦定理より，

$\dfrac{AC}{\sin 120°} = 2R$　すなわち，$R = \dfrac{13}{2 \times \sin 120°} = \dfrac{13\sqrt{3}}{3}$

2　四角形ABCPは，円Oに内接しているの

で，∠APC＝180°－∠B＝60°である。

四角形ABCPの面積が最大になるのは，△ACPの面積が最大になると

きで，ACを底辺とすると，△ACPの高さは，AP＝CPのとき最大にな

る。

すなわち，△ACPが正三角形になるときであるから，求める最大値は，

$\dfrac{1}{2} \times 7 \times 8 \times \sin 120° + \dfrac{1}{2} \times 13 \times 13 \times \sin 60°$

$= \dfrac{1}{2} \times \dfrac{\sqrt{3}}{2} \times (56 + 169) = \dfrac{225\sqrt{3}}{4}$

〈解説〉解答参照。

【3】1　$\overrightarrow{AB} = (-3, 6, -3)$より，

$\overrightarrow{OC} = \overrightarrow{OA} + k\overrightarrow{AB} = (5, -2, 6) + k(-3, 6, -3)$

$= (5 - 3k, -2 + 6k, 6 - 3k)$

点Cは，yz平面上の点だから，$5 - 3k = 0$である。

よって，$k = \dfrac{5}{3}$

ゆえに，点Cの座標は，$(0, 8, 1)$

2　$|\overrightarrow{OA}| = \sqrt{5^2 + (-2)^2 + 6^2} = \sqrt{65}$

$|\overrightarrow{OC}| = \sqrt{0^2 + 8^2 + 1^2} = \sqrt{65}$

よって，△OACは，OA＝OCの二等辺三角形である。

$AC = \sqrt{(0-5)^2 + (8-(-2))^2 + (1-6)^2} = 5\sqrt{6}$だから，

点Oから直線ABに下ろした垂線の長さは，

$$\sqrt{\sqrt{65}^2-\left(\frac{5\sqrt{6}}{2}\right)^2}=\sqrt{\frac{55}{2}}$$

ゆえに，△OACの面積は，

$$\frac{1}{2}\times5\sqrt{6}\times\sqrt{\frac{55}{2}}=\frac{5\sqrt{165}}{2}$$

〈解説〉1　直線AB上の点P(x, y, z)は，直線ABの方向ベクトルが

$$\vec{d}=\vec{AB}=(2-5,\ 4-(-2),\ 3-6)=(-3,\ 6,\ -3)$$

と書けること，さらに，点A(5, -2, 6)を通ることより，実数tをもちいて，

$(x,\ y,\ z)=(5,\ -2,\ 6)+t(-3,\ 6,\ -3)$

と表せる。また，yz平面ではx座標が0であるため，

$0=5-3t$より，$t=\frac{5}{3}$と分かる。

このとき，$y=-2+6\times\frac{5}{3}=8$，$z=6-3\times\frac{5}{3}=1$ となる。

点C(0, 8, 1)

2　解答例の3行目以降は，次のようにしてもよい。

$$\vec{OA}\cdot\vec{OC}=5\times0+(-2)\times8+6\times1=0-16+6=-10$$

$$\triangle OAC\text{の面積}=\frac{1}{2}|\vec{OA}||\vec{OC}|\sin\theta$$
$$=\frac{1}{2}\sqrt{(|\vec{OA}|^2|\vec{OB}|^2-(\vec{OA}\cdot\vec{OB})^2}$$
$$=\frac{1}{2}\times\sqrt{65\cdot65-(-10)^2}$$
$$=\frac{5\sqrt{165}}{2}$$

【中学校】

【1】1　3を0で割った商を□とすると，3÷0=□と表すことができます。これは，□×0=3にあてはまる数を求める計算のことです。ところが，この□に，どんな数をあてはめても，□×0は0になるので，3に等しくなりません。すなわち，この□にあてはまる数はないことになります。したがって，3÷0の商はありません。　　2　0を0で割った商を

□とすると，0÷0＝□と表すことができます。これは，□×0＝0にあてはまる数を求める計算のことです。この□には，どんな数をあてはめても，□×0は0になります。つまり，この□には，どんな数をあてはめてもよいことになります。したがって，0÷0の商はどんな数でもよいことになってしまうため，0÷0の商は1つに決まりません。

〈解説〉解答参照。

【2】1　3で割ると2余る10より大きい自然数を，小さい順に並べた数列 $\{a_n\}$ は，初項11，公差3の等差数列となるので，$a_n=11+(n-1)\times3=3n+8$

2　$2b_{n+1}=b_n+b_{n+2}$ を変形すると，

$b_{n+2}-b_{n+1}=b_{n+1}-b_n$

これがすべての n について成立するから，

$b_{n+2}-b_{n+1}=b_{n+1}-b_n=b_n-b_{n-1}=\cdots=b_2-b_1=8-5=3$

すなわち，数列 $\{b_n\}$ は，初項5，公差3の等差数列である。

3　設問2の結果より，$b_n=5+(n-1)\times3=3n+2$

よって，$c_n=\dfrac{1}{\sqrt{a_n}+\sqrt{b_n}}=\dfrac{1}{\sqrt{3n+8}+\sqrt{3n+2}}$

$=\dfrac{1}{\sqrt{3n+8}+\sqrt{3n+2}}\times\dfrac{\sqrt{3n+8}-\sqrt{3n+2}}{\sqrt{3n+8}-\sqrt{3n+2}}$

$=\dfrac{\sqrt{3n+8}-\sqrt{3n+2}}{(3n+8)-(3n+2)}=\dfrac{1}{6}(\sqrt{3n+8}-\sqrt{3n+2})$

ここで，求める和を S とおくと，

$S=\displaystyle\sum_{n=1}^{40}c_n=\dfrac{1}{6}\sum_{n=1}^{40}(\sqrt{3n+8}-\sqrt{3n+2})$

$=\dfrac{1}{6}\{(\sqrt{11}-\sqrt{5})+(\sqrt{14}-\sqrt{8})+(\sqrt{17}-\sqrt{11})+(\sqrt{20}-\sqrt{14})$

$+\cdots+(\sqrt{122}-\sqrt{116})+(\sqrt{125}-\sqrt{119})+(\sqrt{128}-\sqrt{122})\}$

$=\dfrac{1}{6}(-\sqrt{5}-\sqrt{8}+\sqrt{125}+\sqrt{128})$

$=\dfrac{1}{6}(-\sqrt{5}-2\sqrt{2}+5\sqrt{5}+8\sqrt{2})$

$$= \sqrt{2} + \frac{2\sqrt{5}}{3}$$

〈解説〉解答参照。

【3】頂点の座標を (u, v) とする。

$y = x^2 + 2ax - 3a^2 + 5a$

　　$= (x + a)^2 - 4a^2 + 5a$

したがって，$u = -a$　…①　　　$v = -4a^2 + 5a$　…②

この2式から，a を消去する。

①より，$a = -u$　　これを，②に代入して，

$v = -4(-u)^2 + 5(-u) = -4u^2 - 5u$

ここで，a がすべての実数値をとりながら変化することから，u もすべての実数値をとるので，

頂点は，放物線 $y = -4x^2 - 5x$ を描く。

〈解説〉放物線の方程式を変形すると，

　　$y = (x + a)^2 - 4a^2 + 5a$

放物線の頂点を $P(x, y)$ とすると，

　　$x = -a$…①，　$y = -4a^2 + 5a$…②

①より，$a = -x$ を②に代入して，

　　$y = -4x^2 - 5x$

したがって求める曲線は，放物線 $y = -4x^2 - 5x$

【4】1　直円すいを，直円すいの頂点Aと底面の円の中心Oを通る平面で切ったときの切り口の図形において考える。

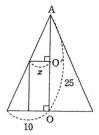

円柱の高さOO′は，

$$OO'=AO-AO'=25-\frac{25}{10}x=25-\frac{5}{2}x となる。$$

よって，円柱の体積を表す式は，

$$\pi \times x^2 \times \left(25-\frac{5}{2}x\right)=5\pi x^2\left(5-\frac{1}{2}x\right)$$

2　円柱の体積を$y$cm³とすると，

設問1の結果より，$y=5\pi x^2\left(5-\frac{1}{2}x\right)=25\pi x^2-\frac{5}{2}\pi x^3$

また，xのとる値の範囲は，$0<x<10$である。

$$y'=50\pi x-\frac{15}{2}\pi x^2=5\pi x\left(10-\frac{3}{2}x\right)$$

したがって，$0<x<10$におけるyの増減表とグラフの概形は，次のようになる。

x	0	$\cdots$	$\dfrac{20}{3}$	$\cdots$	10
y'		$+$	0	$-$	
y		$\nearrow$	$\dfrac{10000}{27}\pi$	$\searrow$	

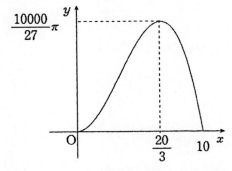

上のグラフで，$x=0$　および，$x=10$の点は含まない。

以上より，$x=\dfrac{20}{3}$のとき，yの値は最大になる。

よって，円柱の体積の最大値は，$\dfrac{10000}{27}\pi$ cm³で，

そのときの円柱の底面の半径は，$\frac{20}{3}$cmである。

〈解説〉円柱の高さOO′は，

OO′＝AO－AO′…①

ここで前の図の底辺xで高さAO′の直角三角形と底辺10で高さ25の直角

三角形は相似なので，

x：AO′＝10：25 より，10AO′＝25x　　よって AO′＝$\frac{25}{10}x$＝$\frac{5}{2}x$

したがって，①よりOO′＝25－$\frac{5}{2}x$　としても求めることができる。

2　解答参照。

【高等学校】

【１】$\log_a b＝p$とおくと，指数と対数の関係から，

$a^p＝b$

cを底とする両辺の対数をとると，

$\log_c a^p＝\log_c b$

累乗の対数の性質から，

$p\log_c a＝\log_c b$

$a≠1$であるから，$\log_c a≠0$となるので，

$p＝\log_c b/\log_c a$

よって，$\log_a b＝\log_c b/\log_c a$

また，この式において，cをbにおき換えると，

$\log_a b＝\dfrac{\log_b b}{\log_b a}＝\dfrac{1}{\log_b a}$

よって，$\log_a b＝\dfrac{1}{\log_b a}$

〈解説〉(別解)　[証明]

2つの実数 $\log_a b$，$\dfrac{\log_c b}{\log_c a}$ について考える。

$p＝\log_a b$とすると，

指数の形に変形して，$b＝a^p$　…①

$q＝\dfrac{\log_c b}{\log_c a}$とすると，

$q\log_c a＝\log_c b$

180

$\log_c a^q = \log_c b$

したがって真数を比較して，$b=a^q$ …②

①，②より，$a^p=a^q$　　よって，$p=q$

以上のことより，$\log_a b = \dfrac{\log_c b}{\log_c a}$が成り立つ。

また，$\log_a b = \dfrac{\log_c b}{\log_c a}$に$c=b$ を代入すれば，$\log_a b = \dfrac{\log_b b}{\log_b a} = \dfrac{1}{\log_b a}$が成り

立つ。[証明終]

【2】 $z=r(\cos\theta+i\sin\theta)$　$(r>0,\ 0\leqq\theta<2\pi)$とおく。

$-8i=8\left(\cos\dfrac{3}{2}\pi+i\sin\dfrac{3}{2}\pi\right)$であるから，

$r^3(\cos3\theta+i\sin3\theta)=8\left(\cos\dfrac{3}{2}\pi+i\sin\dfrac{3}{2}\pi\right)$

両辺の絶対値と偏角を比較して，$r^3=8$　ここで，$r>0$より，

$r=2$　また，$3\theta=\dfrac{3}{2}\pi+2\pi\times k$より，

$0\leqq\theta<2\pi$であるから，$\theta=\dfrac{\pi}{2}+\dfrac{2}{3}\pi\times k$　$(k=0,\ 1,\ 2)$

したがって，与えられた方程式の解は，

$k=0$のとき，$z=2\left(\cos\dfrac{\pi}{2}+i\sin\dfrac{\pi}{2}\right)=2i$

$k=1$のとき，$z=2\left\{\cos\left(\dfrac{\pi}{2}+\dfrac{2}{3}\pi\right)+i\sin\left(\dfrac{\pi}{2}+\dfrac{2}{3}\pi\right)\right\}$

ここで，$\cos\left(\dfrac{\pi}{2}+\dfrac{2}{3}\pi\right)=-\sin\dfrac{2}{3}\pi=-\dfrac{\sqrt{3}}{2}$

$\sin\left(\dfrac{\pi}{2}+\dfrac{2}{3}\pi\right)=\cos\dfrac{2}{3}\pi=-\dfrac{1}{2}$だから，$z=-\sqrt{3}-i$

$k=2$のとき，$z=2\left\{\cos\left(\dfrac{\pi}{2}+\dfrac{4}{3}\pi\right)+i\sin\left(\dfrac{\pi}{2}+\dfrac{4}{3}\pi\right)\right\}$

ここで，$\cos\left(\dfrac{\pi}{2}+\dfrac{4}{3}\pi\right)=-\sin\dfrac{4}{3}\pi=\dfrac{\sqrt{3}}{2}$

$\sin\left(\dfrac{\pi}{2}+\dfrac{4}{3}\pi\right)=\cos\dfrac{4}{3}\pi=-\dfrac{1}{2}$　だから，$z=\sqrt{3}-i$

よって求める解は，$z=2i,\ -\sqrt{3}-i,\ \sqrt{3}-i$

〈解説〉zの極形式を$z＝r(\cos\theta＋i\sin\theta)$とすると，

ド・モアブルの定理より，$z^3＝r^3(\cos3\theta＋i\sin3\theta)$

また，$-8i$を極形式で表すと，

$-8i＝8\left(\cos\dfrac{3}{2}\pi＋i\sin\dfrac{3}{2}\pi\right)$

よって，$z^3＝-8i$より，

$r^3(\cos3\theta＋i\sin3\theta)＝8\left(\cos\dfrac{3}{2}\pi＋i\sin\dfrac{3}{2}\pi\right)$

両辺の絶対値と偏角を比較すると，

$r^3＝8$なので，$r>0$より，$r＝2$

$3\theta＝\dfrac{3}{2}\pi＋2k\pi$より，$\theta＝\dfrac{\pi}{2}＋\dfrac{2k}{3}\pi$（$k$は整数）

よって，$z＝2\left\{\cos\left(\dfrac{\pi}{2}＋\dfrac{2k}{3}\pi\right)＋i\sin\left(\dfrac{\pi}{2}＋\dfrac{2k}{3}\pi\right)\right\}$　…①

$0\leqq\theta\leqq2\pi$の範囲では$k＝0$，1，2

①に$k＝0$，1，2をそれぞれ代入していけばよいので，

$k＝0$のとき，$z＝2\left(\cos\dfrac{\pi}{2}＋i\sin\dfrac{\pi}{2}\right)＝2i$

$k＝1$のとき，$z＝2\left(\cos\dfrac{7}{6}\pi＋i\sin\dfrac{7}{6}\pi\right)＝2\left(-\dfrac{\sqrt{3}}{2}-\dfrac{1}{2}i\right)＝-\sqrt{3}-i$

$k＝2$のとき，$z＝2\left(\cos\dfrac{11}{6}\pi＋i\sin\dfrac{11}{6}\pi\right)＝2\left(\dfrac{\sqrt{3}}{2}-\dfrac{1}{2}i\right)＝\sqrt{3}-i$

以上より，$z＝2i$，$-\sqrt{3}-i$，$\sqrt{3}-i$

【3】(i)　$x>1$のとき，$\displaystyle\lim_{n\to\infty}\dfrac{1}{x^n}＝0$であるから，

$\begin{aligned}f(x)&＝\lim_{n\to\infty}\dfrac{x^{n+4}\left(1-\dfrac{2a}{x^{n+3}}＋\dfrac{5a+2}{x^{n+4}}\right)}{x^{n+1}\left(1-\dfrac{3}{x^{n+1}}\right)}\\&＝\lim_{n\to\infty}x^3\cdot\dfrac{1-\dfrac{2a}{x^{n+3}}＋\dfrac{5a+2}{x^{n+4}}}{1-\dfrac{3}{x^{n+1}}}＝x^3\end{aligned}$

(ii)　$x＝1$のとき，

$f(1)＝\displaystyle\lim_{n\to\infty}\dfrac{1^{n+4}-2a\cdot1+5a+2}{1^{n+1}-3}＝-\dfrac{3a+3}{2}$

(iii)　$0 \leqq x < 1$のとき，$\displaystyle\lim_{n\to\infty} x^n = 0$であるから，

$$f(x) = \frac{2ax - 5a - 2}{3}$$

以上(i)～(iii)より，$f(x)$は，$x = 1$以外では連続である。

したがって，$x = 1$で連続となればよい。

$$\lim_{x\to 1+0} f(x) = \lim_{x\to 1+0} x^3 = 1$$

$$\lim_{x\to 1-0} f(x) = \lim_{x\to 1-0} \frac{2ax - 5a - 2}{3} = -\frac{3a+2}{3}$$

$f(1) = -\dfrac{3a+3}{2}$より，$1 = -\dfrac{3a+2}{3} = -\dfrac{3a+3}{2}$

よって，$a = -\dfrac{5}{3}$

〈解説〉解答参照。

【4】1　$n \geqq 2$のとき，$\sin^n x = \sin^{n-1} x \sin x = \sin^{n-1} x(-\cos x)'$
であるから，部分積分法により，

$$I_n = \int_0^{\frac{\pi}{2}} \sin^n x\, dx = \int_0^{\frac{\pi}{2}} \sin^{n-1} x(-\cos x)'\, dx$$

$$= \left[\sin^{n-1} x(-\cos x)\right]_0^{\frac{\pi}{2}} - \int_0^{\frac{\pi}{2}} (\sin^{n-1} x)'(-\cos x)\, dx$$

$$= (n-1)\int_0^{\frac{\pi}{2}} \sin^{n-2} x \cos^2 x\, dx$$

$$= (n-1)\int_0^{\frac{\pi}{2}} \sin^{n-2} x(1 - \sin^2 x)\, dx$$

$$= (n-1)\left(\int_0^{\frac{\pi}{2}} \sin^{n-2} x\, dx - \int_0^{\frac{\pi}{2}} \sin^n x\, dx\right)$$

$$= (n-1)(I_{n-2} - I_n)$$

したがって，$I_n = \dfrac{n-1}{n} I_{n-2}$が成り立つ。

2　サイクロイドは，直線$x = \pi a$に関して対称だから，求める体積をVとすると，$V = 2\pi \displaystyle\int_0^{\pi a} y^2\, dx$と表される。

$x=a(\theta-\sin\theta)$ より，$\dfrac{dx}{d\theta}=a(1-\cos\theta)$

x	0	$\to$	πa
θ	0	$\to$	π

したがって，

$$V=2\pi\int_0^\pi y^2\dfrac{dx}{d\theta}d\theta=2\pi\int_0^\pi a^2(1-\cos\theta)^2a(1-\cos\theta)d\theta$$

$$=2\pi a^3\int_0^\pi(1-\cos\theta)^3d\theta=2\pi a^3\int_0^\pi\left(2\sin^2\dfrac{\pi}{2}\right)^3d\theta$$

$$=16\pi a^3\int_0^\pi\sin^6\dfrac{\theta}{2}d\theta$$

ここで，$\dfrac{\theta}{2}=t$ とおくと，$\dfrac{d\theta}{dt}=2$

θ	0	$\to$	π
t	0	$\to$	$\dfrac{\pi}{2}$

よって，

$$V=16\pi a^3\int_0^{\frac{\pi}{2}}\sin^6t\dfrac{d\theta}{dt}dt$$

$$=32\pi a^3\int_0^{\frac{\pi}{2}}\sin^6tdt$$

$$=32\pi a^3I_6$$

ここで，設問1の結果より，

$$V=32\pi a^3\dfrac{5}{6}I_4=32\pi a^3\dfrac{5}{6}\cdot\dfrac{3}{4}I_2=32\pi a^3\dfrac{5}{6}\cdot\dfrac{3}{4}\cdot\dfrac{1}{2}I_0$$

ここで，$I_0=\displaystyle\int_0^{\frac{\pi}{2}}\sin^0xdx=\int_0^{\frac{\pi}{2}}dx=\Big[x\Big]_0^{\frac{\pi}{2}}=\dfrac{\pi}{2}$

ゆえに，

$$V=32\pi a^3\dfrac{5}{6}\cdot\dfrac{3}{4}\cdot\dfrac{1}{2}\cdot\dfrac{\pi}{2}=5\pi^2a^3$$

〈解説〉解答参照。

2014年度　実施問題

【中高共通】

【1】次の問いに答えなさい。

1　命題「nが自然数ならば，n^2-n+41は素数である。」が偽であることを示すための反例を1つあげなさい。

2　$1^{2013}+2^{2013}+3^{2013}+4^{2013}+5^{2013}$の1の位の数字を求めなさい。

3　$a(b^3-c^3)+b(c^3-a^3)+c(a^3-b^3)$を因数分解しなさい。

4　20分ごとに分裂して，個数が2倍に増える細菌がある。この細菌5個が，10万個以上になるのは何時間後か，求めなさい。ただし，$\log_{10}2=0.3010$とし，答えは整数で求めなさい。

5　2次関数$f(x)=x^2-4ax+4a^2+4a-1$がある。
　　$-3<x<1$であるすべてのxに対し，$f(x)$の値が常に正であるための定数aの値の範囲を求めなさい。

6　4個のさいころを同時に投げるとき，出る目の数の種類をNとする。次の確率を求めなさい。
　(1)　N＝1となる確率を求めなさい。
　(2)　N＝4となる確率を求めなさい。
　(3)　N＝3となる確率を求めなさい。

7　ある学年で数学の小テストを行ったところ，男子15人の得点の平均値は10点，分散は18，女子30人の得点の平均値は13点，分散は15であった。この学年の得点の平均値と分散を求めなさい。

(☆☆☆☆◎◎◎)

【2】四角形ABCDにおいて，AD//BC，AB＝4，BC＝7，CD＝3，DA＝5であるとき，次の問いに答えなさい。

1　cos∠ABCの値を求めなさい。

2　頂点Aから辺BCに垂線AHを下ろすとき，AHの長さを求めなさい。

3　四角形ABCDの面積を求めなさい。

(☆☆☆◎◎◎)

【3】空間の4点(1, 2, 5), (0, 1, 2), (1, 0, 1), (x, 1, 4)が同じ平面上にあるとき，xの値を求めなさい。

(☆☆☆◎◎◎◎)

【4】3つの曲線　$y=\cos x$, $y=4\cos x$, $y=\dfrac{1}{\cos x}$について，次の問いに答えなさい。

1　$0 \leqq x \leqq \pi$において，2つの曲線$y=4\cos x$と$y=\dfrac{1}{\cos x}$の交点の座標を求めなさい。

2　不定積分$\displaystyle\int \dfrac{dx}{\cos x}$を求めなさい。

3　$0 \leqq x \leqq \pi$において，上の3つの曲線で囲まれた部分の面積を求めなさい。

(☆☆☆☆◎◎◎)

【中学校】

【1】円周角と中心角の関係を見いだしていく授業を行う。点Pが次の図(i)や(ii)のような位置にある場合について，それぞれ

　　$\angle APB = \dfrac{1}{2} \angle AOB$

が成り立つことを，中学校3年生にわかるように証明しなさい。

（ⅰ）
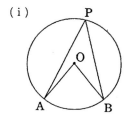

（ⅱ）
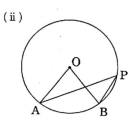

(☆☆☆◎◎◎)

【2】第3項が12，第6項が27である等差数列$\{a_n\}$と，初項から第n項までの和S_nが$S_n=2n^2-n$で表される数列$\{b_n\}$がある。次の問いに答えなさい。

1　数列$\{a_n\}$と数列$\{b_n\}$の一般項を，それぞれ求めなさい。

2　数列$\{a_n\}$にも数列$\{b_n\}$にも現れる数を順に並べてできる数列$\{c_n\}$は，どのような数列か，答えなさい。

3　数列$\{c_n\}$の初項から第n項までの和がはじめて1000を超えるときの，nの値を求めなさい。

(☆☆☆☆◎◎◎)

【3】A，B2種類の製品を製造する工場がある。これらの製品を製造するには，原料α，βが必要で，A，Bを1kg製造するために必要な原料の量と，原料の在庫量は次の表の通りである。

また，A，B1kgあたりの利益は，それぞれ2万円，1万円である。原料の在庫量の範囲で，最大の利益を得るには，A，Bをそれぞれ何kg製造すればよいか求めなさい。また，最大の利益も求めなさい。

	製品A	製品B	在庫
原料 α	30 kg	10 kg	900 kg
原料 β	10 kg	20 kg	800 kg

(☆☆☆◎◎◎)

【4】座標平面上において，放物線$y=x^2$に接線を引くとき，次の問いに答えなさい。

1　点(0，-4)から放物線に引いた接線の方程式を求めなさい。

2　放物線の下側の部分に含まれる任意の点から，放物線に引くことができる接線は，必ず2本存在することを証明しなさい。

(☆☆☆☆◎◎◎)

【高等学校】

【1】数学Aの授業において，次の定理の証明を生徒に考えさせることにした。下の問いに答えなさい。

定理　$\triangle ABC$の$\angle A$の二等分線と辺BCとの交点Pは，辺BCをAB：ACに内分する。

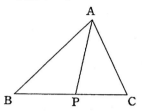

定理を証明するため，生徒に補助線を引くことを促した場合，予想される補助線の引き方を2つ，適切に説明し，それぞれの引き方で，定理を生徒にわかるように証明しなさい。

ただし生徒は，中学校で学んだ図形の性質と，線分の内分・外分についてのみ，理解しているものとする。

(☆☆☆◎◎◎)

【2】次の条件によって定められる数列$\{a_n\}$がある。下の問いに答えなさい。

　　$a_1 = 4$，$2a_{n+1}^2 = a_n^3$，$a_n > 0$

1　$b_n = \log_2 a_n$とおく。数列$\{b_n\}$の漸化式を導きなさい。

2　数列$\{a_n\}$の一般項を求めなさい。

(☆☆☆◎◎◎)

【3】複素数平面と2次曲線について，次の問いに答えなさい。ただし，x，y，x'，y'は実数とする。

1　複素数平面上で，点$z = x + yi$を原点を中心として角θだけ回転した点$z' = x' + y'i$を，x，y，θで表しなさい。(結果のみでよい。)

2　設問1を利用して，2次曲線の回転移動を考える。

座標平面上で，直交座標に関する方程式で表された双曲線

$x^2-3y^2=2$

を原点を中心として$\dfrac{\pi}{3}$だけ回転して得られる双曲線を，直交座標に関する方程式で表しなさい。

(☆☆☆☆◎◎◎)

解答・解説

【中高共通】

【1】1 （例） $n=41$ 2 5   3 $(b-c)(c-a)(a-b)(a+b+c)$

　4 5時間後   5 $a\leqq-2-\sqrt{2}$ ，$a>\dfrac{1}{4}$ 6 (1) $\dfrac{1}{216}$

　(2) $\dfrac{5}{18}$ (3) $\dfrac{5}{9}$ 7 平均値…12点　分散…18

〈解説〉1 nが41の倍数のとき，n^2-n+41は41で割り切れるから素数ではない。

2 1^{2013}，5^{2013}の1の位の数字は，それぞれ1，5である。nを自然数とすると，2^nの1の位の数字は，2→4→8→6を繰り返す。同様に，3^n，4^nは，それぞれ3→9→7→1，4→6を繰り返す。よって，2013＝503・4＋1より，2^{2013}，3^{2013}の1の位の数字は，それぞれ2，3である。また，2013＝1006・2＋1より，4^{2013}の1の位の数字は4である。1＋2＋3＋4＋5＝15であるから，求める1の位の数字は，5となる。

3 $a(b^3-c^3)+b(c^3-a^3)+c(a^3-b^3)=-(b-c)a^3+(b^3-c^3)a-bc(b^2-c^2)=$
$-(b-c)a^3+(b-c)(b^2+bc+c^2)a-bc(b-c)(b+c)$
$=(b-c)\{-a^3+(b^2+bc+c^2)a-bc(b+c)\}$
$=(b-c)\{(a-c)b^2+(a-c)cb-a(a^2-c^2)\}$
$=(b-c)(a-c)\{b^2+cb-a(a+c)\}$
$=(b-c)(a-c)\{(b-a)c+b^2-a^2\}$
$=(b-c)(a-c)(b-a)(a+b+c)$

189

$=(a-b)(b-c)(c-a)(a+b+c)$

4　細菌1個のn時間後の個数は2^{3n}個である。条件より，$5 \times 2^{3n} \geqq 10^5$

$2^{3n-1} \geqq 10^4$　　　両辺の常用対数をとると，$\log_{10} 2^{3n-1} \geqq \log_{10} 10^4$

$(3n-1) \log_{10} 2 \geqq 4$　　　$n \geqq \dfrac{1}{3}\left(\dfrac{4}{\log_{10} 2}+1\right)=4.7\cdots$　　　これを満たす最小の

nは，$n=5$　　　よって，5時間後。

5　$f(x)=(x-2a)^2+4a-1$　　　(i)　$2a<-3$　　　すなわち，$a<-\dfrac{3}{2}$のと

き$f(-3)\geqq 0$となればよい。$f(-3)=(-3)^2-4a\cdot(-3)+4a^2+4a-1=$

$4a^2+16a+8=4(a^2+4a+2)\geqq 0$　　　$a\leqq -2-\sqrt{2}$，$-2+\sqrt{2}\leqq a$

$a<-\dfrac{3}{2}$より，$a\leqq -2-\sqrt{2}$　　　(ii)　$-3\leqq 2a<1$　　　すなわち，

$-\dfrac{3}{2}\leqq a<\dfrac{1}{2}$のとき$f(2a)>0$となればよい。$f(2a)=4a-1>0$　　　$a>\dfrac{1}{4}$

$-\dfrac{3}{2}\leqq a<\dfrac{1}{2}$より，$\dfrac{1}{4}<a<\dfrac{1}{2}$　　　(iii)　$1\leqq 2a$　　　すなわち，$a\geqq\dfrac{1}{2}$の

とき$f(1)\geqq 0$となればよい。$f(1)=1^2-4a\cdot 1+4a^2+4a-1=4a^2\geqq 0$

これは常に成り立つから，$a\geqq\dfrac{1}{2}$

(i)〜(iii)より，$a\leqq -2-\sqrt{2}$，$a>\dfrac{1}{4}$

6　(1)　すべて同じ目が出るから，$\dfrac{6}{6^4}=\dfrac{1}{216}$

(2)　すべて異なる目が出るから，$\dfrac{{}_6P_4}{6^4}=\dfrac{6\cdot 5\cdot 4\cdot 3}{6\cdot 6\cdot 6\cdot 6}=\dfrac{5}{18}$

(3)　同じ目が1組2個出る場合である。同じ目の選び方は${}_6C_1$通り，残り
の2種類の目の選び方は${}_5C_2$通りあるから，求める確率は，

$\dfrac{{}_6C_1 \times {}_5C_2 \times \dfrac{4!}{2!1!1!}}{6^4}=\dfrac{6\times 10\times 12}{6^4}=\dfrac{5}{9}$

7　平均値は，$\dfrac{15\times 10+30\times 13}{15+30}=\dfrac{540}{45}=12$〔点〕　　　男子の得点の2

乗の和をx，女子の得点の2乗の和をyとすると，男子の分散から，

$\dfrac{x}{15}-10^2=18$　　　よって，$x=1770$　　　女子の分散から，$\dfrac{y}{30}-13^2=15$

よって，$y=5520$　　　したがって，学年の分散は，$\dfrac{x+y}{15+30}-12^2=$

$$\frac{1770+5520}{45}-144=18$$

【2】1　頂点Aを通り，辺DCに平行な直線と辺BCとの交点をEとすると，
AE＝3，BE＝2　△ABEにおいて，余弦定理より，
$$\cos\angle ABC=\frac{4^2+2^2-3^2}{2\cdot4\cdot2}=\frac{11}{16}$$

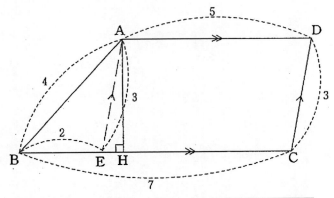

2　$0°<\angle ABC<180°$より，$\sin\angle ABC=\sqrt{1-\cos^2\angle ABC}$

$$=\sqrt{1-\left(\frac{11}{16}\right)^2}=\frac{3\sqrt{15}}{16}\qquad よって，AH=AB\sin\angle ABC=4\cdot\frac{3\sqrt{15}}{16}$$

$$=\frac{3\sqrt{15}}{4}$$

3　四角形ABCDは台形だから，面積は，$\frac{1}{2}(5+7)\cdot\frac{3\sqrt{15}}{4}=\frac{9\sqrt{15}}{2}$

〈解説〉解答参照。

【3】与えられた4点を順にA，B，C，Pとすると，3点A，B，Cの定める
平面上に点Pがある。$\overrightarrow{AP}=(x-1,\ -1,\ -1)$，$\overrightarrow{AB}=(-1,\ -1,$
$-3)$，$\overrightarrow{AC}=(0,\ -2,\ -4)$であり，$\overrightarrow{AP}=s\overrightarrow{AB}+t\overrightarrow{AC}$となる実数$s$，$t$が
あるから，$(x-1,\ -1,\ -1)=s(-1,\ -1,\ -3)+t(0,\ -2,\ -4)$
$(x-1,\ -1,\ -1)=(-s,\ -s-2t,\ -3s-4t)$　成分を比較して，

$x-1=-s$, $-1=-s-2t$, $-1=-3s-4t$　　これを解いて，$s=-1$,

$t=1$, $x=2$　　よって，$x=2$

〈解説〉解答参照。

【4】1　交点のx座標を求める。$4\cos x=\dfrac{1}{\cos x}$　　$\cos^2 x=\dfrac{1}{4}$　　$\cos x=\pm\dfrac{1}{2}$

$\cos x=\dfrac{1}{2}$のとき，$0\leqq x\leqq\pi$ より，$x=\dfrac{\pi}{3}$　　$\cos x=-\dfrac{1}{2}$のとき，$0\leqq x$

$\leqq\pi$ より，$x=\dfrac{2}{3}\pi$　　　よって，交点の座標は，$\left(\dfrac{\pi}{3},\ 2\right)$, $\left(\dfrac{2}{3}\pi,\ -2\right)$

2　$\displaystyle\int\dfrac{dx}{\cos x}=\int\dfrac{\cos x}{\cos^2 x}dx=\int\dfrac{\cos x}{1-\sin^2 x}dx$　　ここで，$\sin x=t$とおくと，

$\cos x\,dx=dt$　　よって，$\displaystyle\int\dfrac{\cos x}{1-\sin^2 x}dx=\int\dfrac{dt}{1-t^2}=\int\dfrac{dt}{(1+t)(1-t)}$

$=\dfrac{1}{2}\displaystyle\int\left(\dfrac{1}{1+t}+\dfrac{1}{1-t}\right)dt=\dfrac{1}{2}(\log|1+t|-\log|1-t|)+C$

$=\dfrac{1}{2}\log\left|\dfrac{1+t}{1-t}\right|+C=\dfrac{1}{2}\log\left|\dfrac{1+\sin x}{1-\sin x}\right|+C$　(Cは積分定数)

3　3つの曲線で囲まれた部分は，点$\left(\dfrac{\pi}{2},\ 0\right)$に関して対称であるから，

求める面積は，区間$\left[0,\ \dfrac{\pi}{2}\right]$における3つの曲線で囲まれた部分の面積

を2倍すればよい。よって，求める面積Sは，

$S=2\left\{\displaystyle\int_0^{\frac{\pi}{3}}\left(\dfrac{1}{\cos x}-\cos x\right)dx+\int_{\frac{\pi}{3}}^{\frac{\pi}{2}}(4\cos x-\cos x)dx\right\}$

$\quad=2\left\{\left[\dfrac{1}{2}\log\left|\dfrac{1+\sin x}{1-\sin x}\right|-\sin x\right]_0^{\frac{\pi}{3}}+\left[3\sin x\right]_{\frac{\pi}{3}}^{\frac{\pi}{2}}\right\}$

$\quad=2\left\{\dfrac{1}{2}\log\dfrac{2+\sqrt{3}}{2-\sqrt{3}}-\dfrac{\sqrt{3}}{2}+3\left(1-\dfrac{\sqrt{3}}{2}\right)\right\}$

$\quad=2\left\{\dfrac{1}{2}\log(2+\sqrt{3})^2+3-2\sqrt{3}\right\}$

$\quad=2\{\log(2+\sqrt{3})+3-2\sqrt{3}\}$

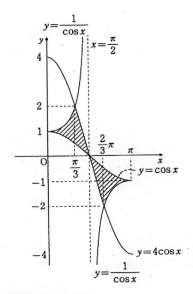

〈解説〉解答参照。

【中学校】

【1】 (i) 直径POKをひく。△OPAにおいて，OP＝OAだから∠OPA＝∠OAP …① また，三角形の外角の性質より，∠AOK＝∠OPA＋∠OAP …② ①，②より，∠AOK＝2∠OPA …③ 同様に，△OPBについて考えると，∠BOK＝2∠OPB …④ ∠AOB＝∠AOK＋∠BOKなので，③，④より，∠AOB＝2(∠OPA＋∠OPB)＝2∠APB したがって，∠APB＝$\frac{1}{2}$∠AOB

（ⅰ）

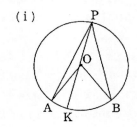

(ii) 　直径POKをひく。△OPAと△OPBは二等辺三角形だから，それぞれの底角を$\angle x$，$\angle y$とすると，三角形の外角の性質より，△OPA において，$\angle AOK=2\angle x$ …①　　△OPBにおいて，$\angle BOK=2\angle y$ …②　$\angle AOB=\angle BOK-\angle AOK$なので，①，②より，$\angle AOB=2(\angle y-\angle x)=2\angle APB$　　したがって，$\angle APB=\dfrac{1}{2}\angle AOB$

(ⅱ)

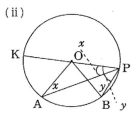

〈解説〉解答参照。

【2】1　数列$\{a_n\}$の初項をa，公差をdとすると，$a_3=a+2d=12$，$a_6=a+5d=27$　　これを解いて，$a=2$，$d=5$　　よって，一般項$a_n=2+(n-1)\cdot5=5n-3$　　数列$\{b_n\}$について，$n=1$のとき，$b_1=S_1=2\cdot1^1-1=1$　$n\geqq2$のとき，$b_n=S_n-S_{n-1}=2n^2-n-\{2(n-1)^2-(n-1)\}=4n-3$　　$n=1$のとき，$b_1=4\cdot1-3=1$より，$n=1$のときも成り立つ。よって，一般項は，$b_n=4n-3$

2　数列$\{a_n\}$の第n項と，数列$\{b_n\}$の第m項が等しいとすると，$5n-3=4m-3$ …(A)　　$5n=4m$　　5と4は互いに素であるから，kを整数として，$n=4k$，$m=5k$と表せる。よって，(A)を満たす最初の自然数の組は$(m,\ n)=(5,\ 4)$となり，数列$\{c_n\}$の初項は，$5\cdot4-3=17$である。また，等差数列$\{a_n\}$の$4k$番目(kは自然数)が，数列$\{c_n\}$の項になるので，$\{c_n\}$も等差数列となり，公差は$\{a_n\}$の公差の4倍，すなわち20となる。よって，$\{c_n\}$は初項17，公差20の等差数列である。

3　設問2の結果より，$c_n=17+(n-1)\cdot20=20n-3$　　よって，数列$\{c_n\}$は，すべての項が正の単調増加数列であるから，初項から第n項までの和も正の値をとりながら，単調に増加する。数列$\{c_n\}$の初項から第n項までの和は，$\dfrac{n}{2}\{2\times17+(n-1)\cdot20\}=n(10n+7)$　　条件より，

$n(10n+7)>1000$　　$9(10\cdot9+7)=873$，$10(10\cdot10+7)=1070$より，条件を満たす最小の整数nは，$n=10$となる。よって，nは10である。

〈解説〉解答参照。

【3】製品Aを$x$kg，製品Bを$y$kg製造するとする。このとき，$x\geqq0$，$y\geqq0$，$30x+10y\leqq900$，$10x+20y\leqq800$の条件の下で，$2x+y$の最大値を求めればよい。上の連立不等式の表す領域は，図の斜線部分(境界線を含む)で，$2x+y=k$とおくと，$y=-2x+k$は傾きが-2の直線を表す。図より，この直線が点$(20,30)$を通るとき，kの値は最大となる。よって，A＝20，B＝30となり，また，そのときの利益は，$2\cdot20+30=70$〔万円〕となる。よって，製品Aを20kg，製品Bを30kg製造すればよい。最大の利益は70万円である。

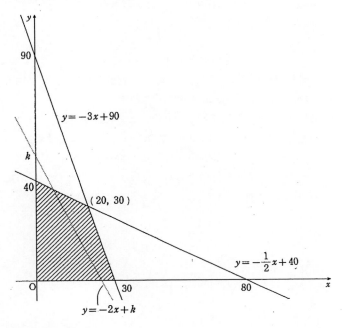

〈解説〉解答参照。

【4】1　$f(x)＝x^2$とおくと，$f'(x)＝2x$　　放物線上の接点の座標を$(t,\ t^2)$とおくと，この点における接線の方程式は，$y－t^2＝2t(x－t)$　　$y＝2tx－t^2$　これが点$(0,\ －4)$を通るので，$－4＝－t^2$　　$t＝±2$　　よって，求める接線の方程式は，$y＝4x－4,\ y＝－4x－4$

2　放物線の下側の部分に含まれる任意の点の座標を$(a,\ b)$とおくと，$b＜a^2$　…①が成り立つ。ところで，設問1の考察と，放物線上の接点$(t,\ t^2)$における接線の方程式$y＝2tx－t^2$　…②が点$(a,\ b)$を通ることから，$b＝2ta－t^2$　　すなわち，$t^2－2at＋b＝0$を得る。これをtについての2次方程式とみなしたときの判別式Dは，$D＝(－2a)^2－4・1・b＝4a^2－4b＝4(a^2－b)$　　①より，$D＞0$　　ゆえに，x座標が異なる2つの接点が存在する。また，②より，接点のx座標が異なれば接線も異なることがわかる。したがって，放物線の下側の部分に含まれる任意の点から引くことのできる接線は，必ず2本存在することが示された。

〈解説〉解答参照。

【高等学校】

【1】(例1)　＜補助線の引き方＞　点Cを通り，直線APに平行な直線を引き，辺ABのAを越える延長線との交点をDとする。
　　＜証明＞　AP//DCより，錯角は等しいから，∠PAC＝∠ACD　…①
また，同位角も等しいから，∠BAP＝∠ADC　…②　　仮定より，
∠PAC＝∠BAP　…③　　①，②，③より，∠ACD＝∠ADC　　よって，
△ACDはAC＝ADの二等辺三角形である。…④　　ところで，AP//DCより，BP：PC＝BA：AD　　ゆえに，④より，BP：PC＝AB：AC

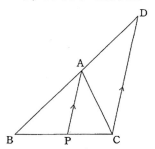

(例2) ＜補助線の引き方＞ 点Pから辺AB，ACに垂線PD，PEをそれ
ぞれ引く。

＜証明＞ △ABPと△ACPは高さが等しいため，面積比は，△ABP：
△ACP＝BP：CP …① 一方，△ADPと△AEPにおいて，直角三角
形の斜辺と1つの鋭角がそれぞれ等しいから，△ADP≡△AEP よっ
て，DP＝EP ゆえに，△ABP：△ACP＝$\frac{1}{2}$×AB×DP：$\frac{1}{2}$×AC×
EP＝AB：AC …② したがって，①，②より，BP：CP＝AB：AC

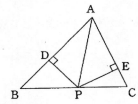

〈解説〉解答参照。

【2】1 $2a_{n+1}{}^2＝a_n{}^3$の両辺は正だから，2を底とする対数をとると，

$\log_2 2a_{n+1}{}^2＝\log_2 a_n{}^3$ $2\log_2 a_{n+1}＝3\log_2 a_n-1$ ここで，$b_n＝\log_2 a_n$とお

くと，$2b_{n+1}＝3b_n-1$ よって，$b_{n+1}＝\frac{3}{2}b_n-\frac{1}{2}$が導かれる。

2 $b_{n+1}＝\frac{3}{2}b_n-\frac{1}{2}$を変形すると，$b_{n+1}-1＝\frac{3}{2}(b_n-1)$ よって，数列

$\{b_n-1\}$は，初項$b_1-1＝\log_2 a_1-1＝\log_2 4-1＝1$，公比$\frac{3}{2}$の等比数列だか

ら，$b_n-1＝1\cdot\left(\frac{3}{2}\right)^{n-1}$ したがって，$b_n＝\left(\frac{3}{2}\right)^{n-1}+1$ $b_n＝\log_2 a_n$

より，$a_n＝2^{b_n}＝2^{\left(\frac{3}{2}\right)^{n-1}+1}$

〈解説〉解答参照。

【３】１　$z'=x'+y'i=(x+yi)(\cos\theta+i\sin\theta)$　　　２　双曲線$x^2-3y^2=2$　…①上

の任意の点の座標を$(x,\ y)$，この点を原点を中心として$\dfrac{\pi}{3}$だけ回転し

た点の座標を$(x',\ y')$とおくと，設問１より，$x'+y'i=(x+yi)\Big(\cos\dfrac{\pi}{3}+$

$i\sin\dfrac{\pi}{3}\Big)$が成り立つ。すなわち，$x'+y'i=(x+yi)\Big(\dfrac{1}{2}+\dfrac{\sqrt{3}}{2}i\Big)=\Big(\dfrac{1}{2}x-\dfrac{\sqrt{3}}{2}y\Big)$

$+\Big(\dfrac{\sqrt{3}}{2}x+\dfrac{1}{2}y\Big)i$　　　$x,\ y,\ x',\ y'$は実数であることに注意して，$x'=\dfrac{1}{2}x$

$-\dfrac{\sqrt{3}}{2}y,\ y'=\dfrac{\sqrt{3}}{2}x+\dfrac{1}{2}y$　　　ここで，これを$x,\ y$の連立方程式として解

くと，$x=\dfrac{x'+\sqrt{3}\,y'}{2},\ y=\dfrac{-\sqrt{3}\,x'+y'}{2}$　　　ところで，$(x,\ y)$は双曲線①

上の点だから，$\Big(\dfrac{x'+\sqrt{3}\,y'}{2}\Big)^2-3\Big(\dfrac{-\sqrt{3}\,x'+y'}{2}\Big)^2=2$

$(x')^2-\sqrt{3}\,x'y'+1=0$　　　したがって，求める方程式は，$x^2-\sqrt{3}\,xy+1$

$=0$

〈解説〉１　z'は$z=x+yi$を原点を中心として角θだけ回転した点だから，

$z'=x'+y'i=(x+yi)(\cos\theta+i\sin\theta)$

２　解答参照。

2013年度 実施問題

【中高共通】

【1】次の問いに答えなさい。

1 $(2x+y)^8$を展開したとき，x^5y^3の係数を求めなさい。

2 $\sqrt{504n}$が自然数になるような最小の自然数nを求めなさい。

3 次の(1)，(2)の方程式，(3)の不等式を解きなさい。

  (1) $|x-1|+2|3-x|=8$

  (2) $\sqrt{2x-5}-\sqrt{2x-3}=\sqrt{x+2}-\sqrt{3x-10}$

  (3) $\dfrac{x+9}{x^2-x+2}<2$

4 1辺の長さがaである正八面体がある。この正八面体に内接する球の体積を求めなさい。

5 aは定数とする。関数$f(x)=ax^2-ax+1$ $(-2\leqq x\leqq2)$の最小値が$\dfrac{1}{2}$のとき，aの値を求めなさい。

6 △ABCにおいて，BCを1：5に内分する点をP，ABを3：2に内分する点をQとし，APとCQの交点をRとするとき，下の問いに答えなさい。

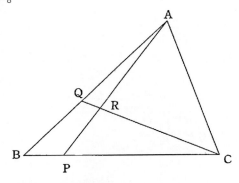

  (1) CR：RQを求めなさい。

  (2) △AQRの面積は，△ABCの面積の何倍か求めなさい。

7 $53^x=81$, $477^y=9$ のとき，$\dfrac{4}{x}-\dfrac{2}{y}$ の値を求めなさい。

8 A，B，C，D，E，Fの6人の男子と，G，H，Iの3人の女子の計9人がいる。この9人を，任意に3人ずつの3つのグループに分けるとき，次の事象の確率を求めなさい。

(1) AとBが同じグループになる。

(2) AとBが同じグループで，Cがそれとは違うグループになる。

(3) Aが男子2人，女子1人のグループに入る。

9 $x=1+\sqrt{3}$ のとき，$\dfrac{x^3+x^2-x+1}{x^2-2x+2}$ の値を求めなさい。

(☆☆☆◎◎◎)

【2】3辺の長さがAB＝5，BC＝7，CA＝3の△ABCがある。∠BACの二等分線が△ABCの外接円と交わる点をD，ADとBCの交点をEとするとき，次の問いに答えなさい。

1 DEの長さを求めなさい。

2 $\cos\angle$ABDの値を求めなさい。

(☆☆☆◎◎◎)

【3】a，a'，b，b'は有理数で，$\sqrt{m}$ が無理数のとき

$$a+b\sqrt{m}=a'+b'\sqrt{m}$$

が成り立つならば，

$$a=a', \quad b=b'$$

であることを証明しなさい。

(☆☆☆◎◎◎)

【中学校】

【1】展開の公式(または因数分解の公式)

$$(a+b)(a-b)=a^2-b^2$$

が成立することを，図形の面積を用いて説明しなさい。また，この式の有用性が実感できる例を具体的に書きなさい。

(☆☆☆◎◎◎)

【2】 座標平面上の3点O(0，0)，A(4，1)，B(2，4)とするとき，次の問い
に答えなさい。

1 △OABの垂心Pの座標を求めなさい。

2 △OABの外心Qの座標を求めなさい。

3 △OABの重心をRとするとき，QP=3QRであることを証明しなさい。

(☆☆☆◎◎◎)

【3】 初項100，公差−7の等差数列において，初項から第n項までの和を
S_nとするとき，次の問いに答えなさい。

1 S_nが最大になるときのnの値を求めなさい。

2 S_nが初めて負になるときのnの値を求めなさい。

(☆☆☆◎◎◎)

【4】 2つの関数$f(x)=x^3+2x^2-1$，$g(x)=3x^2+2x-1$　がある。
$h(x)=\dfrac{1}{2}\{f(x)+g(x)+|f(x)-g(x)|\}$とするとき，定積分$\displaystyle\int_{-1}^{1}h(x)dx$の値を
求めなさい。

(☆☆☆◎◎◎)

【高等学校】

【1】 関数$f(x)=\sqrt{3x-4}$を，導関数の定義に従って微分しなさい。

(☆☆☆◎◎◎)

【2】 座標空間内の3点A(1，0，0)，B(0，−2，0)，C(0，0，2)を通る平
面をαとし，原点Oから平面αに下ろした垂線の足をHとする。次の
問いに答えなさい。

1 $\overrightarrow{\mathrm{OH}}=\overrightarrow{\mathrm{OA}}+s\overrightarrow{\mathrm{AB}}+t\overrightarrow{\mathrm{AC}}$とおくとき，$s$，$t$の値を求めなさい。

2 点Hの座標と，垂線OHの長さを求めなさい。

(☆☆☆◎◎◎)

【3】 数列$\{a_n\}$は，$a_1=3$，$a_n=\dfrac{4a_{n-1}+1}{a_{n-1}+4}$ $(n=2, 3\cdots)$ を満たすとする。次の問いに答えなさい。

1　$b_n=\dfrac{a_n-1}{a_n+1}$とおくとき，数列$\{b_n\}$は等比数列であることを証明しなさい。なお，初項と公比も明らかにしなさい。

2　$\displaystyle\lim_{n\to\infty}a_n$を求めなさい。

(☆☆☆◎◎◎)

【4】 曲線$C：x=\cos2\theta$，$y=\cos3\theta\left(-\dfrac{\pi}{2}\leqq\theta\leqq\dfrac{\pi}{2}\right)$ がある。次の問いに答えなさい。

1　yをxの式で表しなさい。

2　設問1での結果を$y=f(x)$とするとき，関数$y=f(x)$の増減を調べて，グラフの概形をかきなさい。

3　曲線Cと直線$y=0$で囲まれた部分を，x軸の周りに1回転して得られる図形の体積を求めなさい。

(☆☆☆◎◎◎)

解答・解説

【中高共通】

【1】 1　1792　　2　14　　3　(1)　$x=-\dfrac{1}{3}$, 5　　(2)　$x=7$

(3)　$x<-1$, $x>\dfrac{5}{2}$　　4　$\dfrac{\sqrt{6}}{27}\pi a^3$　　5　$a=2$, $-\dfrac{1}{12}$

6　(1)　25：3　　(2)　$\dfrac{9}{140}$倍　　7　-2　　8　(1)　$\dfrac{1}{4}$　　(2)　$\dfrac{3}{14}$

(3)　$\dfrac{15}{28}$　　9　$\dfrac{7}{4}(2+\sqrt{3})$

〈解説〉1　二項定理より，$(A+B)^n=\displaystyle\sum_{r=0}^{n}{}_nC_rA^rB^{n-r}$　（nは自然数）なので，

$(2x+y)^8$の$x^5 \cdot y^3$の係数は，$_8C_5 \cdot 2^5 = \dfrac{8 \cdot 7 \cdot 6}{3 \cdot 2} \cdot 2^5 = 1792$

2　504を素因数分解すると，$504 = 2^3 \cdot 3^2 \cdot 7 = (2 \cdot 3)^2 \cdot 2 \cdot 7$

$\sqrt{504n}$ が自然数となるような最小のnは，$2 \cdot 7 = 14$

3　(1)　(i)　$x < 1$のとき，$x - 1 < 0$，$3 - x > 0$より，

$-(x - 1) + 2(3 - x) = 8$

$-3x = 1$

$x = -\dfrac{1}{3}$　これは，$x < 1$に適する。

(ii)　$1 \leqq x \leqq 3$のとき，$x - 1 \geqq 0$，$3 - x \geqq 0$より，

$(x - 1) + 2(3 - x) = 8$　　　$-x = 3$

$x = -3$　　　これは，$1 \leqq x \leqq 3$でないので不適。

(iii)　$x > 3$のとき，$x - 1 > 0$，$3 - x < 0$より，

$(x - 1) - 2(3 - x) = 8$　　　$3x = 15$

$x = 5$　　　これは，$x > 3$に適する。

(i)～(iii)より，$x = -\dfrac{1}{3}$，5

(2)　$\sqrt{2x - 5} - \sqrt{2x - 3} = \sqrt{x + 2} - \sqrt{3x - 10}$

$\Rightarrow$　両辺を2乗して，

$(2x - 5) + (2x - 3) - 2\sqrt{(2x - 5)(2x - 3)}$

$= (x + 2) + (3x - 10) - 2\sqrt{(x + 2)(3x - 10)}$

$4x - 8 - 2\sqrt{(2x - 5)(2x - 3)} = 4x - 8 - 2\sqrt{(x + 2)(3x - 10)}$

$\sqrt{(2x - 5)(2x - 3)} = \sqrt{(x + 2)(3x - 10)}$

$\Rightarrow$　両辺を2乗して，

$(2x - 5)(2x - 3) = (x + 2)(3x - 10)$

$4x^2 - 16x + 15 = 3x^2 - 4x - 20$

$x^2 - 12x + 35 = 0$

$(x - 5)(x - 7) = 0$

$x = 5, 7$

ここで，$x = 5$を元の式に代入すると，

(左辺)$= \sqrt{2 \cdot 5 - 5} - \sqrt{2 \cdot 5 - 3} = \sqrt{5} - \sqrt{7}$

(右辺)$= \sqrt{5 + 2} - \sqrt{3 \cdot 5 - 10} = \sqrt{7} - \sqrt{5}$

(左辺)≠(右辺)となるので，$x=5$は不適。

$x=7$を元の式に代入すると，

(左辺)$=\sqrt{2\cdot7-5}-\sqrt{2\cdot7-3}=3-\sqrt{11}$

(右辺)$=\sqrt{7+2}-\sqrt{3\cdot7-10}=3-\sqrt{11}$

(左辺)=(右辺)となるので，$x=7$は適する。

∴　$x=7$

(3)　$x^2-x+2=\left(x-\dfrac{1}{2}\right)^2+\dfrac{7}{4}>0$より，

$\dfrac{x+9}{x^2-x+2}<2$　⇔　$x+9<2(x^2-x+2)$

$2x^2-3x-5>0$

$(2x-5)(x+1)>0$

$x<-1,\ \dfrac{5}{2}<x$

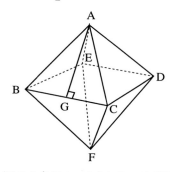

図のようにA〜Gをとり，内接球の中心をOとする。

$AG=\sqrt{a^2-\left(\dfrac{a}{2}\right)^2}=\dfrac{\sqrt{3}}{2}a$

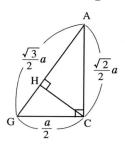

$OG = \dfrac{a}{2}$ より，

$$OA = \sqrt{\left(\dfrac{\sqrt{3}}{2}a\right)^2 - \left(\dfrac{a}{2}\right)^2} = \dfrac{\sqrt{2}}{2}a$$

点Oから AG に下ろした垂線の足を H とすると，内接円の半径は OH となる。

△OAG において，

$$\dfrac{1}{2} \cdot \dfrac{a}{2} \cdot \dfrac{\sqrt{2}}{2}a = \dfrac{1}{2} \cdot \dfrac{\sqrt{3}}{2}a \cdot OH$$

$$OH = \dfrac{\sqrt{6}}{6}a$$

求めるのは半径が $\dfrac{\sqrt{6}}{6}a$ の球の体積より，

$$\dfrac{4}{3}\pi \cdot \left(\dfrac{\sqrt{6}}{6}a\right)^3 = \dfrac{4}{3} \cdot \dfrac{\sqrt{6}}{36}\pi a^3 = \dfrac{\sqrt{6}}{27}\pi a^3$$

5 $f(x) = a\left(x - \dfrac{1}{2}\right)^2 - \dfrac{a}{4} + 1$

(i) $a > 0$ のとき，$-2 \leqq x \leqq 2$ から，$x = \dfrac{1}{2}$ のとき最小値をとるので，

$$-\dfrac{a}{4} + 1 = \dfrac{1}{2}$$

$a = 2$　$a > 0$ より適する。

(ii) $a < 0$ のとき，$-2 \leqq x \leqq 2$ から，$x = -2$ のとき最小値をとるので，

$f(-2) = 4a + 2a + 1 = \dfrac{1}{2}$

$a = -\dfrac{1}{12}$　　$a < 0$ より適する。

(iii) $a = 0$ のとき，$f(x) = 1$ となり，最小値が $\dfrac{1}{2}$ にはならないので不適。

(i)〜(iii)より，$a = 2,\ -\dfrac{1}{12}$

6 (1)　$CR : RQ = s : (1-s)$ とおくと，

$$\overrightarrow{AR} = \dfrac{3}{5}s\overrightarrow{AB} + (1-s)\overrightarrow{AC}$$

また，$\overrightarrow{AR} = t\overrightarrow{AP}$ より，

$$\overrightarrow{AR} = t\left(\dfrac{5}{6}\overrightarrow{AB} + \dfrac{1}{6}\overrightarrow{AC}\right) = \dfrac{5}{6}t\overrightarrow{AB} + \dfrac{1}{6}t\overrightarrow{AC}$$

$\overrightarrow{AB}$ ， $\overrightarrow{AC}$ は一次独立より，

$$\begin{cases} \dfrac{3}{5}s=\dfrac{5}{6}t \\ 1-s=\dfrac{1}{6}t \end{cases}$$

$s=\dfrac{25}{28}$, $t=\dfrac{18}{28}$

よって，$CR:RQ=\dfrac{25}{28}:\dfrac{3}{28}=25:3$

(2) △ABCの面積をSとすると，

△ACQ$=\dfrac{3}{5}$S

△AQR$=\dfrac{3}{28}\cdot$△ACQ$=\dfrac{3}{28}\cdot\dfrac{3}{5}S=\dfrac{9}{140}$S

よって $\dfrac{9}{140}$ 倍

7　$53^{x}=81$

$x=\log_{53}81=\dfrac{\log_{3}81}{\log_{3}53}=\dfrac{4}{\log_{3}53}$

$477^{y}=9$

$y=\log_{477}9=\dfrac{\log_{3}9}{\log_{3}477}=\dfrac{2}{\log_{3}(3^{2}\cdot53)}=\dfrac{2}{2+\log_{3}53}$ より，

$\dfrac{4}{x}-\dfrac{2}{y}=\dfrac{4}{\dfrac{4}{\log_{3}53}}-\dfrac{2}{\dfrac{2}{2+\log_{3}53}}$

$\qquad=\log_{3}53-(2+\log_{3}53)$

$\qquad=-2$

8　(1)　全事象は，

${}_9C_3\cdot{}_6C_3\cdot{}_3C_3\cdot\dfrac{1}{3!}=\dfrac{9\cdot8\cdot7}{3\cdot2}\cdot\dfrac{6\cdot5\cdot4}{3\cdot2}\cdot1\cdot\dfrac{1}{3\cdot2}=280[通り]$

A，Bと同じグループに入る人の選び方は，${}_7C_1[通り]$

残りの6人を3人の2グループに分ける分け方は，

${}_6C_3\cdot{}_3C_3\cdot\dfrac{1}{2}=\dfrac{6\cdot5\cdot4}{3\cdot2}\cdot\dfrac{1}{2}=10[通り]$

よって，求める確率は，

$\dfrac{7\times10}{280}=\dfrac{1}{4}$

(2)　A，Bと同じグループに入る人の選び方は，${}_6C_1[通り]$

Cと同じグループに入る人の選び方は，${}_5C_2 = \dfrac{5 \cdot 4}{2} = 10$[通り]

よって，求める確率は，

$\dfrac{6 \times 10}{280} = \dfrac{3}{14}$

(3) Aと同じグループになる男子1人，女子1人の選び方は，

${}_5C_1 \times {}_3C_1 = 15$[通り]

残り6人を3人の2グループに分ける分け方は，(1)より，10[通り]

よって，求める確率は，

$\dfrac{15 \times 10}{280} = \dfrac{15}{28}$

9 $x = 1 + \sqrt{3}$ から，$(x-1)^2 = 3$

よって，

$$\begin{aligned}
\frac{x^3 + x^2 - x + 1}{x^2 - 2x + 2} &= \frac{x(x-1)^2 + 3x^2 - 2x + 1}{(x-1)^2 + 1} \\
&= \frac{3x^2 + x + 1}{4} \\
&= \frac{3(x-1)^2 + 7x - 2}{4} \\
&= \frac{7x + 7}{4} \\
&= \frac{7(x+1)}{4}
\end{aligned}$$

$x = 1 + \sqrt{3}$ だから，求める値は，$\dfrac{7(2 + \sqrt{3})}{4}$

【2】 1 $\dfrac{49}{8}$ 2 $\dfrac{1}{7}$

〈解説〉

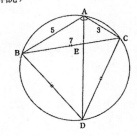

1　△ABCで余弦定理より，

$\cos\angle BAC = \dfrac{5^2+3^2-7^2}{2\cdot 5\cdot 3} = -\dfrac{1}{2}$ より，　$\angle BAC = 120°$

△ABC＝△ABE＋△AECより，

$\dfrac{1}{2}\cdot 5\cdot 3\sin 120° = \dfrac{1}{2}\cdot 5\cdot AE\sin 60° + \dfrac{1}{2}\cdot 3AE\sin 60°$ より，

$AE = \dfrac{15}{8}$

BE：EC＝AB：AC＝5：3より，　$BE = \dfrac{35}{8}$，　$CE = \dfrac{21}{8}$

△ABE∽△CDEより，

AE：BE＝CE：DE

$\dfrac{15}{8}:\dfrac{35}{8} = \dfrac{21}{8}:DE$

$3:7 = \dfrac{21}{8}:DE$

$3DE = \dfrac{147}{8}$

$DE = \dfrac{49}{8}$

2　$AD = AE + ED = \dfrac{15}{8} + \dfrac{49}{8} = 8$

また，円周角の性質から，$\angle DBC = \angle BCD = 60°$

さらに，円に内接する四角形の性質より，$\angle BDC = 60°$

ゆえに，△BDCは1辺の長さが7の正三角形になる。

△ABDで余弦定理より，

$\cos\angle ABD = \dfrac{5^2+7^2-8^2}{2\cdot 5\cdot 7} = \dfrac{1}{7}$

【3】$a + b\sqrt{m} = a' + b'\sqrt{m}$　…(*)

与式より，$(b-b')\sqrt{m} = a'-a$

ここで，$b \neq b'$と仮定すると，$b-b' \neq 0$より，

$\sqrt{m} = \dfrac{a'-a}{b-b'}$

ここで，a，a'，b，b'が有理数であるから，これらの差と商で表されている右辺の $\dfrac{a'-a}{b-b'}$ は有理数である。

一方，左辺は仮定より，無理数である。

有理数と無理数は等しくなることはないので，これは矛盾である。

よって，$b \neq b'$と仮定したことが誤りであるので，$b = b'$

これを(*)に代入すると，$a = a'$が導かれる。

よって，(*)が成立すれば$a = a'$，$b = b'$であることが，背理法により示された。

〈解説〉「命題を否定すると矛盾が生じる」ことを示す証明法が背理法である。本問題では，$b = b'(b - b' = 0)$を否定，

つまり$b \neq b'(b - b' \neq 0)$と仮定すると，有理数が無理数と等しくなるという矛盾が生じてしまうことを示せばよい。

【中学校】

【1】

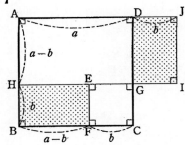

$a > b > 0$とする。

図のようにA～Jの点を定める。

1辺がaの正方形ABCDの面積a^2から1辺がbの正方形EFCGの面積b^2を引くと，長方形HBFEと長方形JDGIが合同になるため，正方形の面積の差$a^2 - b^2$が，横$a + b$，縦$a - b$の長方形AHIJの面積に等しくなる。

例　$31 \times 29 = (30 + 1)(30 - 1) = 900 - 1 = 899$や，$66^2 - 34^2 = (66 + 34)(66 - 34) = 100 \times 32 = 3200$のように変形することで計算が容易になる。

〈解説〉四角形DGIJを考えることができるかが，ポイントになる。

【2】 1 $\left(\dfrac{18}{7}, \dfrac{12}{7} \right)$　　2 $\left(\dfrac{12}{7}, \dfrac{23}{14} \right)$

3　重心の座標は，$\left(\dfrac{0 + 2 + 4}{3}, \dfrac{0 + 1 + 4}{3} \right) = \left(2, \dfrac{5}{3} \right)$である。

$$\overrightarrow{QR} = \left(2 - \frac{12}{7},\ \frac{5}{3} - \frac{23}{14}\right) = \left(\frac{2}{7},\ \frac{1}{42}\right)$$

$$\overrightarrow{QP} = \left(\frac{18}{7} - \frac{12}{7},\ \frac{12}{7} - \frac{23}{14}\right) = \left(\frac{6}{7},\ \frac{1}{14}\right) = 3\left(\frac{3}{7},\ \frac{1}{42}\right) = 3\overrightarrow{QR}$$

よって，$\overrightarrow{QP} = 3\overrightarrow{QR}$

すなわち，QP＝3QRが示された。

〈解説〉1

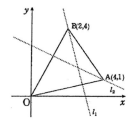

垂心は，頂点から対辺に引いた垂線の交点である。直線OAの傾きは$\frac{1}{4}$であるから，点Bを通り，傾きが－4の直線をl_1とすると，その方程式は，

$$y - 4 = -4(x - 2)$$

$$y = -4x + 12 \quad \cdots ①$$

同様に，直線OBの傾きは2であるから，点Aを通り，傾きが$-\frac{1}{2}$の直線をl_2とすると，その方程式は，

$$y - 1 = -\frac{1}{2}(x - 4)$$

$$y = -\frac{1}{2}x + 3 \quad \cdots ②$$

垂心の座標は，l_1とl_2の交点だから，①，②を連立させて解くと，

$$P\left(\frac{18}{7},\ \frac{12}{7}\right)$$

2　外心は，各辺の垂直二等分線の交点より，OAの中点$\left(2,\ \frac{1}{2}\right)$を通り，傾きが－4の直線を$l_3$とすると，その方程式は，

$$y - \frac{1}{2} = -4(x - 2)$$

$$y = -4x + \frac{17}{2} \quad \cdots ③$$

OBの中点(1，2)を通り，傾きが$-\dfrac{1}{2}$の直線をl_4とすると，その方程式は，

$y-2=-\dfrac{1}{2}(x-1)$

$y=-\dfrac{1}{2}x+\dfrac{5}{2}$ $\cdots$④

外心はl_3とl_4の交点より，③，④を連立させて解くと，$Q\left(\dfrac{12}{7},\ \dfrac{23}{14}\right)$

〈別解〉外心は，3点O，A，Bを通る円の中心であるから，3点O，A，Bを通る円の方程式を$x^2+y^2+lx+my+n=0$とおくと，

点Oを通ることより，$n=0$ $\cdots$⑤

点Aを通ることより，$4l+m+n=-17$ $\cdots$⑥

点Bを通ることより，$2l+4m+n=-20$ $\cdots$⑦

⑤～⑦を連立させて解くと，

$l=-\dfrac{24}{7},\ m=-\dfrac{23}{7},\ n=0$

よって，点O，A，Bを通る円の方程式は，

$x^2+y^2-\dfrac{24}{7}x-\dfrac{23}{7}y=0$

$\left(x-\dfrac{12}{7}\right)^2+\left(y-\dfrac{23}{14}\right)^2=\left(\dfrac{12}{7}\right)^2+\left(\dfrac{23}{14}\right)^2$より，$Q\left(\dfrac{12}{7},\ \dfrac{23}{14}\right)$

3　解答参照。

【3】1　$n=15$　　2　$n=30$

〈解説〉1　一般項をa_nとすると，

$a_n=100-7(n-1)=-7n+107$

a_nはnが増加するとともに減少するが，$a_n>0$のときは，S_nは増加していく。S_nが減少に転ずるのは，$\{a_n\}$は等差数列だから，$a_n<0$となる項のうち最大のa_nを加えたときである。$a_n<0$となるnの範囲は，

$a_n=-7n+107<0$より，

$n>\dfrac{107}{7}=15.2\cdots$

すなわち，S_nが最大となるときのnの値は，$n=15$である。

2　$S_n=\dfrac{n}{2}\{2\cdot100-7(n-1)\}$

$=\dfrac{n}{2}(207-7n)$

題意を満たすnは，$207-7n<0$となる最小のnである。

$207-7n<0$より，

$n>\dfrac{207}{7}=29.5\cdots$

すなわち，$n=30$である。

【4】$\dfrac{5}{12}$

〈解説〉$f(x)-g(x)=(x^3+2x^2-1)-(3x^2+2x-1)$

$\qquad\qquad\qquad=x^3-x^2-2x$

$\qquad\qquad\qquad=x(x+1)(x-2)$より，

$-1\leqq x\leqq 0$のとき，$f(x)-g(x)\geqq 0$　つまり，$|f(x)-g(x)|=f(x)-g(x)$

$0\leqq x\leqq 1$のとき，$f(x)-g(x)\leqq 0$　つまり，$|f(x)-g(x)|=g(x)-f(x)$

よって，$\begin{cases} h(x)=f(x) & -1\leqq x\leqq 0 \\ \qquad\quad g(x) & 0\leqq x\leqq 1 \end{cases}$

したがって，

$\displaystyle\int_{-1}^{1}h(x)dx=\int_{-1}^{0}f(x)dx+\int_{0}^{1}g(x)dx$

$\displaystyle\qquad\qquad=\int_{-1}^{0}(x^3+2x^2-1)dx+\int_{0}^{1}(3x^2+2x-1)dx$

$\displaystyle\qquad\qquad=\left[\dfrac{1}{4}x^4+\dfrac{2}{3}x^3-x\right]_{-1}^{0}+\left[x^3+x^2-x\right]_{0}^{1}$

$\qquad\qquad=\left[\left(\dfrac{1}{4}\cdot 0+\dfrac{2}{3}\cdot 0-0\right)-\left(\dfrac{1}{4}(-1)^4+\dfrac{2}{3}(-1)^3-(-1)\right)\right]$

$\qquad\qquad\quad+\{(1^3+1^2-1)-(0^3+0^2-0)\}$

$\qquad\qquad=\dfrac{5}{12}$

【高等学校】

【1】$\displaystyle\lim_{h\to 0}\dfrac{\sqrt{3(x+h)-4}-\sqrt{3x-4}}{h}=\lim_{h\to 0}\dfrac{\{3(x+h)-4\}-(3x-4)}{h(\sqrt{3(x+h)-4}+\sqrt{3x-4})}$

$\displaystyle\qquad\qquad\qquad\qquad\qquad\quad=\lim_{h\to 0}\dfrac{3h}{h(\sqrt{3(x+h)-4}+\sqrt{3x-4})}$

$\displaystyle\qquad\qquad\qquad\qquad\qquad\quad=\lim_{h\to 0}\dfrac{3}{\sqrt{3(x+h)-4}+\sqrt{3x-4}}$

$$= \frac{3}{2\sqrt{3x-4}}$$

〈解説〉 $f(x)$ の導関数の定義は，$f'(x) = \lim_{h \to 0} \dfrac{f(x+h)-f(x)}{h}$ である。

【2】 1 $s = \dfrac{1}{6}$ $t = \dfrac{1}{6}$ 2 点Hの座標…$\left(\dfrac{2}{3}, \ -\dfrac{1}{3}, \ \dfrac{1}{3}\right)$

OHの長さ…$\dfrac{\sqrt{6}}{3}$

〈解説〉 1 $\overrightarrow{AB} = (-1, \ -2, \ 0)$ $\overrightarrow{AC} = (-1, \ 0, \ 2)$ だから，

$\overrightarrow{OH} = (1, \ 0, \ 0) + s(-1, \ -2, \ 0) + t(-1, \ 0, \ 2) = (1-s-t, \ -2s, \ 2t)$

ここで，$\overrightarrow{OH} \perp \overrightarrow{AB}$ かつ $\overrightarrow{OH} \perp \overrightarrow{AC}$ だから，

$\overrightarrow{OH} \cdot \overrightarrow{AB} = (1-s-t) \cdot (-1) + (-2s) \cdot (-2) + 2t \cdot 0$

$\qquad\qquad = -1 + 5s + t = 0 \quad \cdots ①$

$\overrightarrow{OH} \cdot \overrightarrow{AC} = (1-s-t) \cdot (-1) + (-2s) \cdot 0 + 2t \cdot 2$

$\qquad\qquad = -1 + s + 5t = 0 \quad \cdots ②$

①，②を解いて，

$s = \dfrac{1}{6}, \ t = \dfrac{1}{6}$

2 $\overrightarrow{OH} = (1-s-t, \ -2s, \ 2t) = \left(1 - \dfrac{1}{6} - \dfrac{1}{6}, \ -2 \cdot \dfrac{1}{6}, \ 2 \cdot \dfrac{1}{6}\right)$

$\qquad = \left(\dfrac{2}{3}, \ -\dfrac{1}{3}, \ \dfrac{1}{3}\right)$

すなわち，$H\left(\dfrac{2}{3}, \ -\dfrac{1}{3}, \ \dfrac{1}{3}\right)$

また，$OH = |\overrightarrow{OH}| = \sqrt{\left(\dfrac{2}{3}\right)^2 + \left(-\dfrac{1}{3}\right)^2 + \left(\dfrac{1}{3}\right)^2} = \dfrac{\sqrt{6}}{3}$

【3】 1 $n \geqq 2$ のとき与えられた漸化式を用いて，

$a_n - 1 = \dfrac{4a_{n-1}+1}{a_{n-1}+4} - 1 = \dfrac{3a_{n-1}-3}{a_{n-1}+4}$

$a_n + 1 = \dfrac{4a_{n-1}+1}{a_{n-1}+4} + 1 = \dfrac{5a_{n-1}+5}{a_{n-1}+4}$ となる。

よって，

$$b_n=\frac{a_n-1}{a_n+1}=\frac{\dfrac{3a_{n-1}-3}{a_{n-1}+4}}{\dfrac{5a_{n-1}+5}{a_{n-1}+4}}=\frac{3}{5}\cdot\frac{a_{n-1}-1}{a_{n-1}+1}=\frac{3}{5}b_n-1$$

これは数列$\{b_n\}$が公比$\dfrac{3}{5}$の等比数列であることを示している。

なお初項は，　$b_1=\dfrac{a_1-1}{a_1+1}=\dfrac{3-1}{3+1}=\dfrac{1}{2}$

2　$\displaystyle\lim_{n\to\infty}a_n=1$

〈解説〉1　解答参照。

2　$b_n=\dfrac{1}{2}\left(\dfrac{3}{5}\right)^{n-1}$より，$b_n<1$　$b_n=\dfrac{a_n-1}{a_n+1}$より，$a_n=\dfrac{1+b_n}{1-b_n}$

ところで，$\displaystyle\lim_{n\to\infty}b_n=0$だから，

$\displaystyle\lim_{n\to\infty}a_n=\lim_{n\to\infty}\frac{1+b_n}{1-b_n}=1$

【4】1　$y=(2x-1)\sqrt{\dfrac{x+1}{2}}$

2　$y'=2\sqrt{\dfrac{x+1}{2}}+(2x-1)\dfrac{1}{2}\left(\dfrac{x+1}{2}\right)^{-\frac{1}{2}}\cdot\dfrac{1}{2}$

$\qquad=\sqrt{2}\sqrt{x+1}+\dfrac{2x-1}{4}\cdot\dfrac{\sqrt{2}}{\sqrt{x+1}}$

$\qquad=\dfrac{\sqrt{2}}{4}\cdot\dfrac{4(x+1)+(2x-1)}{\sqrt{x+1}}$

$\qquad=\dfrac{3\sqrt{2}}{4}\cdot\dfrac{2x+1}{\sqrt{x+1}}$

$y'=0$とすると，$x=-\dfrac{1}{2}$

$-\dfrac{\pi}{2}\leqq\theta\leqq\dfrac{\pi}{2}$より，$-1\leqq x\leqq1$だから，

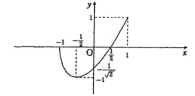

さらに$y＝0$とすると，$x＝\dfrac{1}{2}$，-1であるから，関数$y＝f(x)$の概形は前の図のとおり。

x	-1	$\cdots$	$-\dfrac{1}{2}$	$\cdots$	1
y'	✕	$-$	0	$+$	
y	0	↘	-1	↗	1

3 $\dfrac{27}{32}\pi$

〈解説〉1 $x＝\cos2\theta＝2\cos^2\theta-1$より，$\cos^2\theta＝\dfrac{x+1}{2}$

$-\dfrac{\pi}{2}\leqq\theta\leqq\dfrac{\pi}{2}$より，$\cos\theta\geqq0$だから，$\cos\theta＝\sqrt{\dfrac{x+1}{2}}$ $\cdots(*)$

また，$y＝\cos3\theta＝\cos2\theta\cos\theta-\sin2\theta\sin\theta$

$\qquad＝(2\cos^2\theta-1)\cos\theta-2\sin\theta\cos\theta\sin\theta$

$\qquad＝2\cos^3\theta-\cos\theta-2\sin^2\theta\cos\theta$

$\qquad＝2\cos^3\theta-\cos\theta-2(1-\cos^2\theta)\cos\theta$

$\qquad＝4\cos^3\theta-3\cos\theta$

これに$(*)$を代入して，

$y＝4\left(\sqrt{\dfrac{x+1}{2}}\right)^3-3\sqrt{\dfrac{x+1}{2}}$

$\quad＝4\cdot\dfrac{x+1}{2}\sqrt{\dfrac{x+1}{2}}-3\sqrt{\dfrac{x+1}{2}}$

$\quad＝(2x-1)\sqrt{\dfrac{x+1}{2}}$

2 解答参照。

3

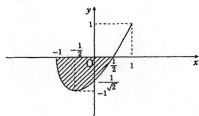

求める図形の体積は，前の図の斜線部分をx軸のまわりに1回転したものだから，

$$\pi \int_{-1}^{\frac{1}{2}} y^2 dx = \pi \int_{-1}^{\frac{1}{2}} \left\{ (2x-1)\sqrt{\frac{x+1}{2}} \right\}^2 dx$$

$$= \frac{\pi}{2} \int_{-1}^{\frac{1}{2}} (4x^2-4x+1)(x+1)dx$$

$$= \frac{\pi}{2} \int_{-1}^{\frac{1}{2}} (4x^3-3x+1)dx$$

$$= \frac{\pi}{2} \left[x^4 - \frac{3}{2}x + x \right]_{-1}^{\frac{1}{2}}$$

$$= \frac{\pi}{2} \left[\left\{ \left(\frac{1}{2}\right)^4 - \frac{3}{2}\left(\frac{1}{2}\right)^2 + \frac{1}{2} \right\} - \left\{ (-1)^4 - \frac{3}{2}\cdot(-1)^2 + (-1) \right\} \right]$$

$$= \frac{27}{32} \pi$$

2012年度 実施問題

【中高共通】

【1】次の問いに答えなさい。

1 正多面体について，次の問いに答えなさい。

(1) 正多面体の1つに正十二面体がある。これ以外の正多面体をすべて書きなさい。

(2) 正十二面体の頂点の数と辺の数を求めなさい。

2 779と1501の最大公約数を求めなさい。

3 $x+\dfrac{1}{x}=3$のとき，次の式の値を求めなさい。

ただし，$x>1$とする。

(1) $x-\dfrac{1}{x}$

(2) $x^3+\dfrac{1}{x^3}$

4 次の数を小さい方から順に並べなさい。

(1) $\sqrt{2}$, $\sqrt[3]{5}$, $\sqrt[4]{6}$, $\sqrt[6]{7}$

(2) $\log_5 2$, $\log_2 3$, $\log_4 8$, 1

5 中心角の大きさが等しい扇形OABと扇形OCDがあり，次の図のように重なっている。弧ABの長さが10πcm，弧CDの長さが4πcm，線分ACの長さが10cmであるとき，∠AOBの大きさと図の斜線部の面積を求めなさい。

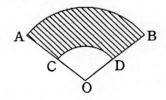

6 次の問いに答えなさい。

(1) 次の資料は，ある中学校の1年生の16人について，1か月に読んだ本の冊数を調べたものである。

$$4 \quad 2 \quad 3 \quad 6 \quad 1 \quad 1 \quad 2 \quad 9$$
$$3 \quad 3 \quad 0 \quad 1 \quad 4 \quad 0 \quad 1 \quad 8$$

この資料について，平均値，中央値，標準偏差を求めなさい。

ただし，標準偏差は小数第3位を四捨五入して，小数第2位まで求めなさい。

(2) 資料の分布の特徴を1つの数値で表すとき，平均値よりも中央値の方が適切な場合があるが，それは資料の分布がどのようになっているときか，書きなさい。

7　四角形ABCDは円に内接し，AB＝$\sqrt{6}$，AD＝2，
∠ADB＝60°，∠DBC＝45°のとき，次の問いに答えなさい。

(1) BDの長さを求めなさい。

(2) CDの長さを求めなさい。

(3) 四角形ABCDの面積を求めなさい。

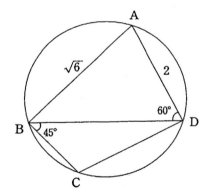

8　2つのグループA，Bがあり，Aは男子3人と女子2人，Bは男子2人と女子2人で構成されている。この2つのグループA，Bを合わせた9人から無作為に4人選ぶとき，次の確率を求めなさい。

(1) 2つのグループから，それぞれ男子も女子も選ばれる確率

(2) 2つのグループから，それぞれ女子が少なくとも1人は選ばれる確率

(☆☆☆◎◎◎)

【2】 x, yについての連立方程式 $\begin{cases} ax-y=a \\ 4x-ay=a+2 \end{cases}$ を解きなさい。

(☆☆☆◎◎◎)

【3】 AB＝4, BC＝3, ∠ABC＝90°の直角三角形がある。辺AB上を動く点Pに対し，斜辺AC上に∠BPC＝∠APQとなる点Qをとる。次の問いに答えなさい。

1 ∠AQP＝90°のとき，PQの長さを求めなさい。

2 AP＝3のとき，PQの長さを求めなさい。

(☆☆☆◎◎◎)

【中学校】

【1】 平方根を含む式の計算において，$\sqrt{2}+\sqrt{3}$ を $\sqrt{5}$ と答えた生徒がいた。この生徒に対し，間違いに気付かせるためにどのように説明すればよいか，具体的に書きなさい。

(☆☆◎◎◎◎)

【2】 2次関数$f(x)＝x^2-ax+a^2$(aは定数)について，次の問いに答えなさい。

1 $0\leqq x\leqq 2$における$f(x)$の最小値をmとするとき，mをaを用いて表しなさい。

2 $0\leqq x\leqq 2$における$f(x)$の最小値が27となるようなaの値を求めなさい。

(☆☆☆◎◎◎◎)

【3】 座標平面半に直線$l：x-3y-3＝0$と2点A(-1, 2)，B(4, 2)がある。直線l上を動く点Pについて，次の問いに答えなさい。

1 ∠APB＝90°となる点Pの座標を求めなさい。

2 AP＋PBが最小となる点Pの座標を求めなさい。

(☆☆☆◎◎◎◎)

【４】数列1，1＋2，1＋2＋3，1＋2＋3＋4，……の一般項をa_nとするとき，次の問いに答えなさい。

1　a_{100}の値を求めなさい。

2　$a_1＋a_2＋a_3＋……＋a_{100}$の値を求めなさい。

3　$\dfrac{1}{a_1}＋\dfrac{1}{a_2}＋\dfrac{1}{a_3}＋……＋\dfrac{1}{a_{100}}$の値を求めなさい。

(☆☆☆◎◎◎)

【高等学校】

【１】△ABCにおいて，外接円の半径をRとすると

$$\dfrac{a}{\sin A}＝2R$$

が成り立つことを示しなさい。

ただし，A＜90°の場合のみでよい。

(☆☆☆◎◎◎)

【２】nを正の整数とする。$y＝nx$と$y＝x^2$で囲まれる部分(境界も含む)に含まれる格子点の個数をN_nとするとき，次の問いに答えなさい。

1　N_1，N_2，N_3を求めなさい。

2　N_nをnを用いて表しなさい。

(☆☆☆☆◎◎◎)

【３】関数$f(x)＝xe^{-\frac{1}{2}x^2}$について，次の問いに答えなさい。

1　曲線$y＝f(x)$のグラフの変曲点の座標を求めなさい。

2　曲線$y＝f(x)$のグラフをかきなさい。

ただし，$\lim\limits_{n\to\pm\infty}f(x)＝0$は用いてよい。

(☆☆☆◎◎◎)

【４】曲線$4x^2＋9y^2－36＝0$について，次の問いに答えなさい。

1　曲線の概形をかきなさい。

2　曲線によって囲まれた部分の面積を積分を使って求めなさい。なお，計算の途中過程が分かるように書きなさい。

(☆☆☆◎◎◎)

解答・解説

【中高共通】

【1】 1 (1) 正四面体，正六面体(または立方体)，正八面体，正二十面体

(2) 頂点の数 20個，辺の数 30本　　2 19　　3 (1) $\sqrt{5}$

(2) 18　　4 (1) $\sqrt[6]{7}$, $\sqrt{2}$, $\sqrt[4]{6}$, $\sqrt[3]{5}$　　(2) $\log_5 2$, 1, $\log_4 8$,

$\log_2 3$　　5　∠AOBの大きさ 108°$\left(\text{または} \dfrac{3}{5}\pi\right)$　　斜線部の面積

70π cm²　　6 (1) 平均値 3冊，中央値 2.5冊，標準偏差 2.60冊

(2) 例：資料の中に極端にとび離れた数値がみられるとき。

7 (1) $1+\sqrt{3}$　　(2) 2　　(3) $2+\sqrt{3}$　　8 (1) $\dfrac{4}{21}$　　(2) $\dfrac{61}{126}$

〈解説〉1 (1) 各面が合同な正多角形で，各頂点の接する面の数が等しい凸多面体を正多面体という。正多面体は5種類しかないことが知られている。

(2) 正十二面体は各面が正五角形であり，頂点は3つの面に接する。したがって頂点の数は$5 \times 12 \times \dfrac{1}{3} = 20$。辺は2つの面に接するため，辺の数は$5 \times 12 \times \dfrac{1}{2} = 30$。

2 779を素因数分解すると，2，3，5，7，11で割り切れないことは明らか。13，17でも割り切れないことが確認できる。実際，779＝19×41である。したがって，779と1501の公約数を求める際には，1501が19または41で割り切れるか確かめればよい。すると，1501＝19×79とわかる。よって，最大公約数は，19。

3 (1) $x + \dfrac{1}{x} = 3$

$\left(x + \dfrac{1}{x}\right)^2 = 3^2$

$x^2 + 2 + \dfrac{1}{x^2} = 9$

$$x^2 - 2 + \frac{1}{x^2} = 5$$

$$\left(x - \frac{1}{x}\right)^2 = 5$$

$x > 1$ から，$x - \frac{1}{x} > 0$ であり。

$$x - \frac{1}{x} = \sqrt{5}$$

(2) $x^3 + \frac{1}{x^3} = \left(x + \frac{1}{x}\right)^3 - 3 \cdot x \cdot \frac{1}{x} \cdot \left(x + \frac{1}{x}\right)$

$= 3^3 - 3 \cdot 3$

$= 18$

4　(1)　4つの数をそれぞれ12乗すると，

$\left(\sqrt{2}\right)^{12} = 2^6 = 64$

$\left(\sqrt[3]{5}\right)^{12} = 5^4 = 625$

$\left(\sqrt[4]{6}\right)^{12} = 6^3 = 216$

$\left(\sqrt[6]{7}\right)^{12} = 7^2 = 49$

よって，小さい方から順に並べると，

49，64，216，625

すなわち，$\sqrt[6]{7}$，$\sqrt{2}$，$\sqrt[4]{6}$，$\sqrt[3]{5}$　　となる。

(2)　$\log_5 2 < 1$

$1 < \log_4 8 = \frac{1}{2}\log_2 8 = \log_2 2\sqrt{2} < \log_2 3$

よって，$\log_5 2$，1，$\log_4 8$，$\log_2 3$　と並べればよい。

5　$CO = r$，$\angle AOB = \theta$ [rad] とおくと，与えられた条件から，

$\theta(10 + r) = 10\pi$

$\theta r = 4\pi$

これらを連立して解いて，

$r = \dfrac{20}{3}$，$\theta = \dfrac{3}{5}\pi$

斜線部の面積は，

$$\frac{\frac{3\pi}{5}}{2\pi}\left\{\pi\left(10 + \frac{20}{3}\right)^2 - \pi \cdot \left(\frac{20}{3}\right)^2\right\} = \frac{3}{10} \cdot \pi \cdot 10 \cdot \left(\frac{2 \cdot 20}{3} + 10\right)$$

$= 70\pi$ (cm²)

6 (1) 平均値は,

$$\frac{4+2+3+6+1+1+2+9+3+3+0+1+4+0+1+8}{16}=3(冊)$$

冊数を小さい方から順に並べると,

0, 0, 1, 1, 1, 1, 2, 2, 3, 3, 3, 4, 4, 6, 8, 9

中央値は小さい方から数えて8人目と9人目の冊数の平均,つまり2と3の平均をとって,2.5(冊)

それぞれが読んだ本の数と平均値との差の2乗							
1	1	0	9	4	4	1	36
0	0	9	4	1	9	4	25

それぞれの生徒が読んだ本の冊数について平均値との差の2乗をとって,標準偏差は,

$$\sqrt{\frac{1+1+0+9+4+4+1+36+0+0+9+4+1+9+4+25}{16}}$$

$$=\frac{3}{2}\sqrt{3}$$

$$=2.60(冊)$$

7 (1) 正弦定理より,

$$\frac{AB}{\sin\angle ADB}=\frac{AD}{\sin\angle ABD}$$

$$\frac{\sqrt{6}}{\sin 60°}=\frac{2}{\sin\angle ABD}$$

$$\sin\angle ABD=\frac{\sqrt{2}}{2}$$

$$\angle ABD=45°$$

$$\angle DAB=180°-(60°+45°)=75°$$

また,

$$\frac{BD}{\sin\angle DAB}=\frac{AB}{\sin\angle ADB}$$

$$BD=\frac{\sqrt{6}}{\frac{\sqrt{3}}{2}}\cdot\frac{\sqrt{2}+\sqrt{6}}{4}$$

$$=1+\sqrt{3}$$

(2)　円に内接する四角形の性質から，

$$\angle BCD = 180° - \angle DAB = 105°$$

正弦定理より，

$$\frac{BD}{\sin\angle BCD} = \frac{CD}{\sin\angle CBD}$$

$$CD = \frac{1+\sqrt{3}}{\frac{\sqrt{2}+\sqrt{6}}{4}} \cdot \frac{1}{\sqrt{2}} = 2$$

(3)　$\angle CDB = 180° - (45° + 105°) = 30°$ であるから，求める面積は，

$$\triangle ABD + \triangle CBD = \frac{1}{2}AD \cdot BD \cdot \sin\angle ADB + \frac{1}{2}CD \cdot BD \cdot \sin\angle CDB$$

$$= \frac{1}{2} \cdot 2 \cdot (1+\sqrt{3}) \cdot \frac{\sqrt{3}}{2} + \frac{1}{2} \cdot 2 \cdot (1+\sqrt{3}) \cdot \frac{1}{2}$$

$$= \frac{(1+\sqrt{3})^2}{2}$$

$$= 2+\sqrt{3}$$

8　(1)　Aグループの男子，女子，Bグループの男子，女子からそれぞれ1人ずつのみ選ばれる。求める確率は，

$$\frac{{}_3C_1 \cdot {}_2C_1 \cdot {}_2C_1 \cdot {}_2C_1}{{}_9C_4} = \frac{4}{21}$$

(2)　Aグループの女子から1人も選ばれない選び方は ${}_7C_4$ 通りで，この中には男子のみが選ばれる場合も含まれる。Bグループについても同様。また，男子のみから4人を選ぶ選び方は ${}_5C_4$ 通り。求める確率は，全確率から「女子が選ばれるとしても片方のグループからのみである確率」を引いたもの。すなわち，

$$1 - \frac{2 \cdot {}_7C_4 - {}_5C_4}{{}_9C_4} = \frac{61}{126}$$

【2】$a \neq \pm 2$ のとき　$x = \dfrac{a+1}{a+2}$, $y = \dfrac{-a}{a+2}$

　　$a=2$ のとき　$2x - y = 2$ を満たすすべての x, y の値

　　$a=-2$ のとき　解なし

〈解説〉
$$\begin{cases} ax-y=a & \cdots① \\ 4x-ay=a+2 & \cdots② \end{cases}$$

まず，yを消去する。①×a－②より，

$(a^2-4)x=a^2-a-2$

$(a-2)(a+2)x=(a-2)(a+1)$ $\cdots③$

ここで，aの値で場合分けする。

(i)$a≠±2$のとき

③の両辺を$(a-2)(a+2)$で割ると，$x=\dfrac{a+1}{a+2}$

この値を①に代入して，

$y=\dfrac{-a}{a+2}$

(ii)$a=2$のとき

③は，$0x=0$となり，連立方程式の解は，$2x-y=2$を満たすすべてのx，yの値。

(iii)$a=-2$のとき

③は，$0x=-4$となり，連立方程式の解はなし。

(i)～(iii)より，

$a≠±2$のとき $x=\dfrac{a+1}{a+2}$，$y=\dfrac{-a}{a+2}$

$a=2$のとき $2x-y=2$を満たすすべてのx，yの値

$a=-2$のとき 解なし

【3】1 $\dfrac{21}{10}$ 2 $\dfrac{3\sqrt{10}}{5}$

〈解説〉1 △ABC∽△CBP∽△AQPである。△ABC：△CBP＝4：3であるから，

BP＝BC×$\dfrac{3}{4}$＝$\dfrac{9}{4}$，したがって，AP＝$\dfrac{7}{4}$

さらに△ABC∽△AQPから，

PQ＝AP×$\dfrac{3}{5}$＝$\dfrac{7}{4}$×$\dfrac{3}{5}$＝$\dfrac{21}{20}$

2 点Qから辺ABに下ろした垂線の足をHとし，PH＝xとする。

△ABC∽△AHQであるから，

QH＝AH×$\dfrac{3}{4}$＝$\dfrac{3(3-x)}{4}$

△CBP∽△QHPより，PH：QH＝1：3

よって，$x : \dfrac{3(3-x)}{4} = 1 : 3$

$x = \dfrac{3}{5}$

ここで再び△CBP∽△QHPより，PH：PQ＝PB：PC＝1：$\sqrt{10}$

$PQ = \dfrac{3\sqrt{10}}{5}$

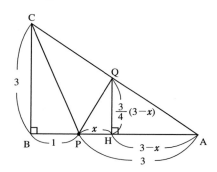

【中学校】

【1】〈解答例1〉

$\sqrt{2} + \sqrt{3} = \sqrt{5}$ の両辺を2乗すると，$2 + 2\sqrt{6} + 3 = 5$ となることから，$2\sqrt{6} = 0$ が導かれてしまい，矛盾が発生することに気づかせる。

〈解答例2〉

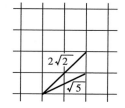

長さ$2\sqrt{2}$ の線分と$\sqrt{5}$ の線分をノートの格子に書かせて，$\sqrt{2} + \sqrt{3}$ よりも小さい$2\sqrt{2}$ ですら$\sqrt{5}$ より大きいことを気づかせる。

【2】1 $a<0$のとき $m=a^2$

　　　　$0\leqq a<4$のとき $m=\dfrac{3}{4}a^2$

　　　　$4\leqq a$のとき $m=a^2-2a+4$

　　　2 $a=-3\sqrt{3}$, $1+2\sqrt{6}$

〈解説〉1 与式を平方完成して,

$$f(x)=\left(x-\dfrac{a}{2}\right)^2+\dfrac{3}{4}a^2$$

頂点の座標は$\left(\dfrac{a}{2},\ \dfrac{3}{4}a^2\right)$

(i) $\dfrac{a}{2}<0$ すなわち $a<0$のとき $m=f(0)=a^2$

(ii) $0\leqq\dfrac{a}{2}<2$ すなわち $0\leqq a<4$のとき $m=f\left(\dfrac{a}{2}\right)=\dfrac{3}{4}a^2$

(iii) $2\leqq\dfrac{a}{2}$ すなわち $4\leqq a$のとき $m=f(2)=a^2-2a+4$

(i)〜(iii)より

$a<0$のとき $m=a^2$

$0\leqq a<4$のとき $m=\dfrac{3}{4}a^2$

$4\leqq a$のとき $m=a^2-2a+4$

2 最小値が27になるaの値は,

(i) $a<0$

(ii) $4\leqq a$

の範囲にそれぞれ1つずつある。

(i) $a<0$のとき

$a^2=27$

$a<0$より $a=-3\sqrt{3}$

(ii) $4\leqq a$のとき

$a^2-2a+4=27$

$a^2-2a-23=0$

$a=1\pm2\sqrt{6}$

$4\leqq a$より $a=1+2\sqrt{6}$

(i), (ii)より

$a=-3\sqrt{3}$,　$1+2\sqrt{6}$

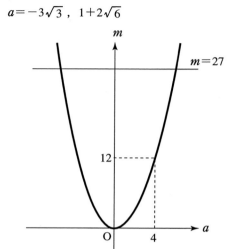

【３】 1　$\left(\dfrac{3}{2},\ -\dfrac{1}{2}\right)$, $(3,\ 0)$　　2　$(3,\ 0)$

〈解説〉 1　$x-3y-3=0$

$y=\dfrac{1}{3}x-1$

直線l上の点Pを$\left(t,\ \dfrac{1}{3}t-1\right)$とおく。

$\overrightarrow{\mathrm{AP}}=\left(t+1,\ \dfrac{1}{3}t-3\right)$,　$\overrightarrow{\mathrm{BP}}=\left(t-4,\ \dfrac{1}{3}t-3\right)$

$\overrightarrow{\mathrm{AP}}\cdot\overrightarrow{\mathrm{BP}}=(t+1)(t-4)+\left(\dfrac{1}{3}t-3\right)^{2}$

$=\dfrac{10}{9}t^{2}-5t+5$

$\angle\mathrm{APB}=90°$より，$\overrightarrow{\mathrm{AP}}\cdot\overrightarrow{\mathrm{BP}}=0$であるから，

$\dfrac{10}{9}t^{2}-5t+5=0$

$10t^{2}-45t+45=0$

$2t^{2}-9t+9=0$

$(2t-3)(t-3)=0$

よって，$t=\dfrac{3}{2}$，3

求める点Pの座標は$\left(\dfrac{3}{2}t,\ -\dfrac{1}{2}\right)$，(3，0)

2　直線lに関して点Bと対称な点をC$(p,\ q)$とする。AP＋PB＝AP＋PCであるから，AP＋BPが最小になるのはAP＋PCが最小，すなわち，3点A，P，Cが一直線上に並ぶときである。まず，点Cの座標を求める。BC⊥lから，傾きの積は－1となる。したがって，

$$\dfrac{1}{3}\cdot\dfrac{q-2}{p-4}=-1\quad\cdots①$$

また，線分BCの中点$\left(\dfrac{p+4}{2},\ \dfrac{q+2}{2}\right)$が$l$上にあるから，

$$\dfrac{p+4}{2}-3\left(\dfrac{q+2}{2}\right)-3=0\quad\cdots②$$

①，②から　$p=5,\ q=-1$　∴　C(5，－1)

点Aと点Cの座標から，直線ACの方程式は，

$$y-2=\dfrac{-1-2}{5-(-1)}\{x-(-1)\}$$

すなわち　$y=-\dfrac{1}{2}x+\dfrac{3}{2}$

この方程式と直線lの方程式から2種類の交点を求めると，

$(x,\ y)=(3,\ 0)$

よって，求める点Pの座標は　(3，0)

【4】1　5050　　2　171700　　3　$\dfrac{200}{101}$

〈解説〉1　$a_{100}=1+2+3+\cdots\cdots+100$

これは初項が1，公差が1の等差数列の和であるから，

$$a_{100}=\dfrac{100(100+1)}{2}$$

$$=5050$$

2　$a_n=\dfrac{n(n+1)}{2}$であるから

$$a_1+a_2+\cdots\cdots+a_{100}=\sum_{k=1}^{100}\dfrac{k(k+1)}{2}$$

$$=\dfrac{1}{2}\cdot\dfrac{100\cdot101\cdot201}{6}+\dfrac{1}{2}\cdot\dfrac{100\cdot101}{2}$$

$=169175+2525$

$=171700$

3　$\dfrac{1}{a_1}+\dfrac{1}{a_2}+\cdots\cdots+\dfrac{1}{a_{100}}=\displaystyle\sum_{k=1}^{100}\dfrac{2}{k(k+1)}$

$=2\times\displaystyle\sum_{k=1}^{100}\left(\dfrac{1}{k}-\dfrac{1}{k+1}\right)$

$=2\times\left\{\left(\dfrac{1}{1}-\dfrac{1}{2}\right)+\left(\dfrac{1}{2}-\dfrac{1}{3}\right)+\left(\dfrac{1}{3}-\dfrac{1}{4}\right)+\cdots\cdots+\left(\dfrac{1}{100}-\dfrac{1}{101}\right)\right\}$

$=2\times\left(1-\dfrac{1}{101}\right)$

$=\dfrac{200}{101}$

【高等学校】

【1】　$\dfrac{a}{\sin A}=2R$ が成り立つことを示す。

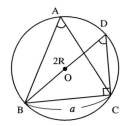

上図のように点Bと中点Oを通る直径BDをおく。円周角の定理より，

$\angle BDC=\angle A,\ \angle BCD=90°$

よって

$\sin A=\sin\angle BDC=\dfrac{BC}{BD}=\dfrac{a}{2R}$

したがって　$\dfrac{a}{\sin A}=2R$ が示された。

【2】　1　$N_1=2,\ N_2=4,\ N_3=8$　　　2　$N_n=\dfrac{1}{6}(n+1)(n^2-n+6)$

〈解説〉1　○$n=1$のとき

$y=x,\ y=x^2$となり，図より，

$N_1=1+1=2$

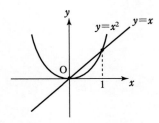

○$n=2$のとき

$y=2x$, $y=x^2$となり，図より，

$N_2=1+2+1=4$

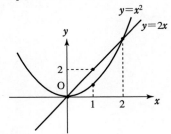

○$n=3$のとき

$y=3x$, $y=x^2$となり，図より，

$N_3=1+3+3+1=8$

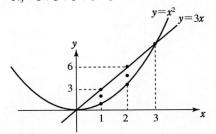

2　$y=nx$と$y=x^2$の共有点のx座標は，方程式：$nx=x^2$

を解いて，$x=n$, 0

ここで，$x=k$　（kは整数，$0≦k≦n$）のときの格子点の個数を考える。

y座標が，k^2以上かつnk以下の整数であればいいから，その数は，

$nk-k^2+1$ となる。よって求める格子点の個数 N_n は，

$$N_n=\sum_{k=0}^{n}(nk-k^2+1)$$

$$=1+\sum_{k=1}^{n}(nk-k^2+1)$$

$$=1+n\sum_{k=1}^{n}k-\sum_{k=1}^{n}k^2+\sum_{k=1}^{n}1$$

$$=1+n\cdot\frac{1}{2}n(n+1)-\frac{1}{6}n(n+1)(2n+1)+n$$

$$=\frac{1}{6}(n+1)(n^2-n+6)$$

$$\therefore\quad N_n=\frac{1}{6}(n+1)(n^2-n+6)$$

【3】1 $\left(-\sqrt{3},\ -\sqrt{\dfrac{3}{e^3}}\right),\ (0,\ 0),\ \left(\sqrt{3},\ \sqrt{\dfrac{3}{e^3}}\right)$

2

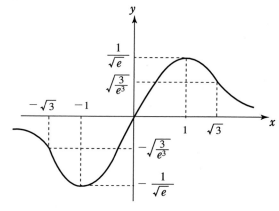

〈解説〉1 $f'(x)=e^{-\frac{1}{2}x^2}+xe^{-\frac{1}{2}x^2}\cdot(-x)$

$$=(1-x^2)e^{-\frac{1}{2}x^2}$$

$$=(1-x)(1+x)e^{-\frac{1}{2}x^2}$$

$$f''(x)=(-2x)\cdot e^{-\frac{1}{2}x^2}+(-x^2+1)\cdot e^{-\frac{1}{2}x^2}\cdot(-x)$$

$$=(x^3-3x)\cdot e^{-\frac{1}{2}x^2}$$

$$=x(x+\sqrt{3}\,)(x-\sqrt{3}\,)e^{-\frac{1}{2}x^2}$$

$f''(x)=x(x+\sqrt{3}\,)(x-\sqrt{3}\,)e^{-\frac{1}{2}x^2}$が符号変化する点が変曲点であるから，求める変曲点は，

$$\left(-\sqrt{3}\,,\ -\sqrt{\frac{3}{e^3}}\right),\ (0,\ 0),\ \left(\sqrt{3}\,,\ \sqrt{\frac{3}{e^3}}\right)$$

2

x	$\cdots$	$-\sqrt{3}$	$\cdots$	-1	$\cdots$	0	$\cdots$	1	0	$\sqrt{3}$	$\cdots$
$f'(x)$	$-$	$-$	$-$	0	$+$	$+$	$+$	0	$-$	$-$	$-$
$f''(x)$	$-$	0	$+$	$+$	$+$	0	$-$	$-$	$-$	0	$+$
$f(x)$	↘	$-\sqrt{\frac{3}{e^3}}$	↘		↗	0	↗	$\frac{1}{\sqrt{3}}$	↘	$\sqrt{\frac{3}{e^3}}$	↘

$\lim\limits_{n\to\pm\infty}f(x)=0$であることと，表から，グラフは以下のようになる。

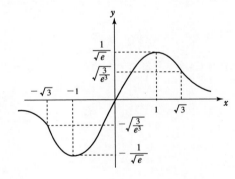

【４】1

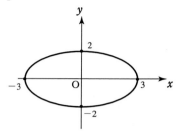

2　6π

〈解説〉1　$4x^2+9y^2=36$ を変形すると，$\dfrac{x^2}{9}+\dfrac{y^2}{4}=1$ となる。よって曲線は楕円であり，概形は次の図のようになる。

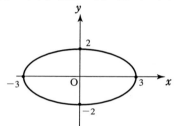

2　$4x^2+9y^2=36$ を y について解くと，$y^2=\dfrac{4}{9}(9-x^2)$ となる。図形の対称性から第1象限の面積を求めて4倍すればよいため，$y=\dfrac{2}{3}\sqrt{9-x^2}$ のみ考えれば十分。

$$4\int_0^3 |y|\,dx=4\int_0^3 \dfrac{2}{3}\sqrt{9-x^2}\,dx=\dfrac{8}{3}\int_0^3 \sqrt{9-x^2}\,dx \quad \cdots ①$$

ここで $x=3\sin\theta$ とおく。

$$\dfrac{dx}{d\theta}=3\cos\theta$$

x	0	→	3
θ	0	→	$\dfrac{\pi}{2}$

よって①は

$$\frac{8}{3}\int_{0}^{\frac{\pi}{2}}\sqrt{9-9\sin^2\theta}\cdot 3\cos\theta d\theta$$

$$=8\int_{0}^{\frac{\pi}{2}}3\cos^2\theta d\theta$$

$$=24\int_{0}^{\frac{\pi}{2}}\frac{\cos 2\theta+1}{2}d\theta$$

$$=24\left[\frac{\frac{1}{2}\sin 2\theta+\theta}{2}\right]_{0}^{\frac{\pi}{2}}$$

$$=24\cdot\frac{\pi}{4}$$

$$=6\pi$$

ゆえに求める面積は　6π

【中高共通】

【1】次の問いに答えなさい。

1　$p^2+q^2=r^2$を満たす3つの自然数の組$(p,\ q,\ r)$をピタゴラス数という。

例えば，$(1+3+5+7)+9=(1+3+5+7+9)$は$4^2+3^2=5^2$であることより，ピタゴラス数$(3,\ 4,\ 5)$を見つけることができる。$(3,\ 4,\ 5)$の他に，$p,\ q,\ r$の最大公約数が1であるピタゴラス数$(p,\ q,\ r)$を3つ求めなさい。

ただし，$p<q<r$とする。

2　$\sqrt{\dfrac{2+\sqrt{3}}{2}}$の整数部分を$a$，少数部分を$b$とするとき，次の式の値を求めなさい。

(1)　a

(2)　$2b^2+\dfrac{1}{2b^2}$

3　A，B，C，Dの4種類の果物から重複を許して8個買うとき，次の問いに答えなさい。ただし，どの種類の果物も少なくとも1個は買うものとする。

(1)　買い方は全部で何通りあるか，求めなさい。

(2)　Aが3個以上となる買い方は何通りあるか，求めなさい。

4　整式$P(x)$をx^2+2で割ると$3x-4$余り，$x-1$で割ると2余るという。このとき，$P(x)$を$(x^2+2)(x-1)$で割ったときの余りを求めなさい。

5　関数$y=2\sin x+2\cos x-2\sin x\cos x(0\leqq x<2\pi)$について，次の問いに答えなさい。

(1)　$t=\sin x+\cos x$とするとき，yをtの式で表しなさい。

(2)　yの最大値と最小値を求めなさい。また，そのときのxの値を求めなさい。

6 数列 $\dfrac{2}{1}$, $\dfrac{2}{2}$, $\dfrac{4}{2}$, $\dfrac{2}{3}$, $\dfrac{4}{3}$, $\dfrac{6}{3}$, $\dfrac{2}{4}$, $\dfrac{4}{4}$, $\dfrac{6}{4}$, $\dfrac{8}{4}$, …

について，次の問いに答えなさい。

(1) 第30項を求めなさい。

(2) 初項から第500項までのうち，約分すると $\dfrac{1}{2}$ になる項は全部で何個あるか，求めなさい。

(3) 初項から第500項までの和をSとするとき，$n \leqq S < n+1$ を満たす自然数 n の値を求めなさい。

(☆☆☆◎◎◎)

【2】△ABCにおいて，

$(\sin A + \sin B):(\sin B + \sin C):(\sin C + \sin A) = 5:4:6$ が成り立つとき，次の問いに答えなさい。

1 ∠Aの大きさを求めなさい。

2 △ABCの内接円の半径が1のとき，△ABCの面積Sと外接円の半径R を求めなさい。

(☆☆☆◎◎◎)

【3】4次方程式 $x^4 - 2x^3 - 2x^2 + 1 - k = 0$ が異なる4つの実数解をもつとき，次の問いに答えなさい。

1 k のとり得る値の範囲を求めなさい。

2 4つの実数解のうち，最大のものを α とするとき，α のとり得る値の範囲を求めなさい。

(☆☆☆◎◎◎)

【中学校】

【1】相似比が1：2である三角形の面積の比は1：4になることを，中学3年生にわかるように，次の図を用いて，2通りの方法で説明しなさい。

なお，次の図において△OABと△OA′B′は相似で，その相似比は1：2である。

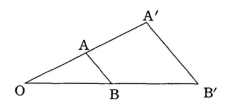

(☆☆☆◎◎◎)

【２】放物線$y=\frac{1}{2}x^2$と，点$(0，-2)$を通り傾きmの直線が，異なる2点P，Qで交わっている。このとき，次の問いに答えなさい。

1　mのとり得る値の範囲を求めなさい。

2　定点A$(0，4)$に対し，△APQの重心をGとする。mの値を変化させたときの点Gの軌跡を求めなさい。

(☆☆☆◎◎◎)

【３】次の図のように，線分ABを直径とする円Oがあり，円周上の点Cにおける円Oの接線と，線分ABの延長線との交点をDとする。

BD＝1，CD＝3であるとき，下の問いに答えなさい。

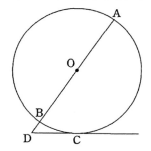

1　円Oの半径rを求めなさい。

2　線分ACの長さを求めなさい。

3　△ABCの面積を求めなさい。

(☆☆☆◎◎◎)

【4】座標平面上に円O：$x^2+y^2=4$と2点A(4，2)，B(−6，2)がある。次の問いに答えなさい。

1　点Aから円Oに接線を2本引くとき，2つの接点を通る直線l_1の方程式を求めなさい。

2　点Bから円Oに接線を2本引き，2つの接点を通る直線をl_2とするとき，2直線l_1，l_2のなす角θを求めなさい。

(☆☆☆◎◎◎)

【高等学校】

【1】相似比が1：2である三角形の面積の比は1：4になることを，入学当初の高校1年生にわかるように，次の図を用いて，2通りの方法で説明しなさい。

なお，次の図において△OABと△OA′B′は相似で，その相似比は1：2である。

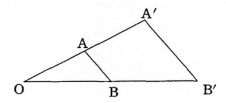

(☆☆☆◎◎◎)

【2】点Oを中心とする半径が1の円周上に，3点A，B，Cがあり，$3\overrightarrow{OA}+5\overrightarrow{OB}+4\overrightarrow{OC}=\overrightarrow{0}$を満たしている。このとき，次の問いに答えなさい。

1　△OAB，△OBC，△OCAの面積の比を求めなさい。

2　線分BCの長さを求めなさい。

(☆☆☆◎◎◎)

【3】A，Bの2つの容器があり，Aには濃度10％の食塩水が1kg，Bには水が1kg入っている。Bから200gをAに移し，よくかき混ぜた後，200gをBに戻し，よくかき混ぜる。これを1回として，この操作を繰り返す。次の問いに答えなさい。

1　n回目の操作終了時におけるA，B中の食塩の量をそれぞれx_ng，y_ngとするとき，x_{n+1}をx_n，y_nを用いて表しなさい。

2　$x_n - y_n$をnを用いて表しなさい。

3　A，Bの食塩水の濃度の差が，初めて0.001％以下になるのは何回目の操作を終えたときか，求めなさい。

　　ただし，$\log_{10}2 = 0.3010$，$\log_{10}3 = 0.4771$とする。

(☆☆☆◎◎◎)

【4】曲線C：$y = x + \sin x (0 \leq x \leq \pi)$と直線$l$：$y = x$について，次の問いに答えなさい。

1　曲線C上の点P(t，$t + \sin t$)を通り直線lに垂直な直線が，lと交わる点をH，原点をOとする。このとき，線分PHの長さと線分OHの長さをそれぞれ求めなさい。

2　曲線Cと直線lで囲まれた部分を，直線lの周りに1回転させてできる立体の体積Vを求めなさい。

(☆☆☆◎◎◎)

解答・解説

【中高共通】

【1】1　(5，12，13), (7，24，25), (9，40，41)　　2　(1) 1　　(2) 4
3　(1) 35通り　　(2) 10通り　　4　$x^2 + 3x - 2$　　5　(1) $y = -t^2 + 2t + 1$　($-\sqrt{2} \leq t \leq \sqrt{2}$)　　(2) 最大値　2　($x = 0$，$\frac{\pi}{2}$のとき)

最小値 $-2\sqrt{2}-1$ $(x=\dfrac{5\pi}{4}$のとき$)$　6　(1)　$\dfrac{4}{8}$　　(2)　7個

(3)　527

〈解説〉1　ピタゴラス数の求め方の一例を紹介する。

$(x+1)^2=x^2+2x+1$

より，$2x+1$が平方数となればよい。

① 　$2x+1=5^2$のとき　$x=12$となり

　$13^2=12^2+5^2$

　が成り立つ。

② 　$2x+1=7^2$のとき　$x=24$となり

　$25^2=24^2+7^2$

　が成り立つ。

③ 　$2x+1=9^2$のとき　$x=40$となり

　$41^2=40^2+9^2$

　が成り立つ。

2　(1)　$\sqrt{\dfrac{2+\sqrt{3}}{2}}=\sqrt{\dfrac{4+2\sqrt{3}}{4}}$

$$=\dfrac{\sqrt{3}+1}{2}$$

であり，$2<\sqrt{3}+1<3$

より，$\sqrt{3}+1$の整数部分は2である。

よって　$\dfrac{\sqrt{3}+1}{2}$の整数部分は1である。

(2)　(1)より

$b=\dfrac{\sqrt{3}+1}{2}-1$

$=\dfrac{\sqrt{3}-1}{2}$

である。また，

$\dfrac{1}{b}=\dfrac{2}{\sqrt{3}-1}$

$=\sqrt{3}+1$

である。以上から

$$2b^2+\frac{1}{2b^2} =\left(\sqrt{2}\,b+\frac{1}{\sqrt{2}\,b}\right)^2-2$$

$$=\left(\frac{\sqrt{6}-\sqrt{2}}{2}+\frac{\sqrt{6}+\sqrt{2}}{2}\right)^2-2$$

$$=\sqrt{6}\,^2-2$$

$$=6-2$$

$$=4$$

3 (1)　どの種類の果物も少なくとも1個は買うものとする並べ方のパターンは，

(1, 1, 1, 5)…①　(1, 1, 2, 4)…②　(1, 1, 3, 3)…③

(1, 2, 2, 3)…④　(2, 2, 2, 2)…⑤　の5パターンである。

それぞれのパターンの並べ方は，

①のとき　$\dfrac{4!}{3!1!}=4$(通り)　②のとき　$\dfrac{4!}{2!1!1!}=12$(通り)

③のとき　$\dfrac{4!}{2!2!}=6$(通り)　④のとき　$\dfrac{4!}{2!1!1!}=12$(通り)

⑤のとき　1(通り)

以上より　すべての並べ方は　$4+12+6+12+1=35$(通り)

(2)　(1)のパターンの①～④を考えればよい。

また，Aを3以上の1つの数字で固定して，他の3つの並べ方を考えればよい。

①のとき　(1, 1, 1, 5)　1通り
$$\hspace{9.5em}\downarrow$$
$$\hspace{9.3em}\text{A}$$

②のとき　(1, 1, 2, 4)　$\dfrac{3!}{2!1!}=3$通り
$$\hspace{9.5em}\downarrow$$
$$\hspace{9.3em}\text{A}$$

③のとき　(1, 1, 3, 3)　$\dfrac{3!}{2!1!}=3$通り
$$\hspace{9.5em}\downarrow$$
$$\hspace{9.3em}\text{A}$$

④のとき　(1, 2, 2, 3)　$\dfrac{3!}{2!1!}=3$通り
　　　　　　　　　↓
　　　　　　　　　A

以上より,

$1+3+3+3=10$

10通り

4　条件より

$P(x)=Q_1(x)(x^2+2)+(3x-4)$　…①

$P(x)=Q_2(x)(x-1)+2$　…②

と表される。

$P(x)=R(x)(x-1)(x^2+2)+ax^2+bx+c$　…③とおく。

ただし,　$Q_1(x)$,　$Q_2(x)$,　$R(x)$はxの整式を表す。

②より　$P(1)=2$　③に代入すると

$a+b+c=2$　…④

③を変形すると

$P(x)=R(x)(x-1)(x^2+2)+a(x^2+2)+(bx+c-2a)$

$P(x)=\{R(x)(x-1)+a\}(x^2+2)+(bx-2a+c)$

①より　$3x-4=bx+c-2a$

これより　$b=3$

$-2a+c=-4$　…⑤

④⑤より　$a=1$,　$c=-2$

よって

$P(x)$を$(x^2+2)(x-1)$で割ったときの余りは

x^2+3x-2

5　(1)　$t=\sin x+\cos x$

両辺を2乗すると

$t^2=(\sin x+\cos x)^2$

$\quad=\sin^2 x+\cos^2 x+2\sin x\cos x$

$t^2=1+2\sin x\cos x$

$2\sin x\cos x=t^2-1$

∴　$y=2\sin x+2\cos x-2\sin x\cos x$

$$=2t-(t^2-1)$$
$$=-t^2+2t+1$$

また　tの範囲を考えると，

$t=\sin x+\cos x$

$\quad=\sqrt{2}\sin\left(x+\dfrac{\pi}{4}\right)$　なので

$0\leqq x<2\pi$　より

$\dfrac{\pi}{4}\leqq x+\dfrac{\pi}{4}<2\pi+\dfrac{\pi}{4}$

$\Rightarrow\quad-\sqrt{2}\leqq\sin\left(x+\dfrac{\pi}{4}\right)\leqq\sqrt{2}$

$\therefore\quad-\sqrt{2}\leqq t\leqq\sqrt{2}$

以上より　$y=-t^2+2t+1\quad(-\sqrt{2}\leqq t\leqq\sqrt{2})$

(2)　$y=-t^2+2t+1\quad(-\sqrt{2}\leqq t\leqq\sqrt{2})$

$\qquad=-(t^2-2t)+1$

$\qquad=-(t-1)^2+2$

この関数のグラフをかくと

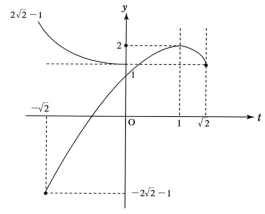

となるので，

最大値は　$t=1$のとき　2

$t=1$

$$\sqrt{2}\sin\left(x+\frac{\pi}{4}\right)=1$$

$$\sin\left(x+\frac{\pi}{4}\right)=\frac{1}{\sqrt{2}}$$

$$x=0,\ \frac{\pi}{2}$$

最小値は $t=-\sqrt{2}$ のとき $-2\sqrt{2}-1$

$$t=-\sqrt{2}$$

$$\sqrt{2}\sin\left(x+\frac{\pi}{4}\right)=-\sqrt{2}$$

$$\sin\left(x+\frac{\pi}{4}\right)=-1$$

$$x=\frac{5\pi}{4}$$

以上より

y は

最大値 2 $\left(x=0,\ \frac{\pi}{2}\right)$

最小値 $-2\sqrt{2}-1$ $\left(x=\frac{5\pi}{4}\right)$

6 分母が同じものを1つの群と考える。

$$\frac{2}{1}\ \bigg|\ \frac{2}{2},\ \frac{4}{2}\ \bigg|\ \frac{2}{3},\ \frac{4}{3},\ \frac{6}{3}\ \bigg|\ \frac{2}{4},\ \frac{4}{4},\ \frac{6}{4},\ \frac{8}{4}\ \bigg|\ \frac{2}{5},\ \frac{4}{5}\cdots\cdots$$

1群　　2群　　　3群　　　　　　　4群　　　　　5群

(1) 分母がnである分数はn個あるので，

$$1+2+\cdots\cdots+n=\frac{1}{2}n(n+1)\leqq30$$

$n=7$のとき $\frac{1}{2}n(n+1)=28$

第28項が $\frac{14}{7}$ よって第30項は $\frac{4}{8}$

(2) $\frac{1}{2}n(n+1)\leqq500$

$n=31$のとき $\frac{1}{2}n(n+1)=496$

第496項が $\frac{62}{31}$ よって第500項が $\frac{8}{32}$

分母が4の倍数のときに，その群の中に約分して $\frac{1}{2}$ になるのが1個ある。第500項までには，

$\frac{2}{4}$, $\frac{4}{8}$, $\frac{6}{12}$, $\frac{8}{16}$, $\frac{10}{20}$, $\frac{12}{24}$, $\frac{14}{28}$ の7つ

(3)　m群l番目の一般項は　$\dfrac{2l}{m}$　$\left(例\quad 3群2番目は \frac{4}{3}\right)$

m群にある数の和は

$$\sum_{l=1}^{m} \frac{2l}{m} = \frac{2}{m} \sum_{l=1}^{m} l = \frac{2}{m} \times \frac{1}{2} m(m+1) = m+1$$

初項から第500項までの和は，(2)より31群までの和と32群1～4番の和を足したものである。

31群までの和は

$$\sum_{k=1}^{31} (k+1) = \frac{1}{2} \times 31 \times 32 + 31 = 527$$

32群1～4番の和は

$$\frac{2}{32} + \frac{4}{32} + \frac{6}{32} + \frac{8}{32} = \frac{20}{32} = \frac{5}{8}$$

初項から第500項までの和は

$S = 527 + \dfrac{5}{8}$　よって　$n = 527$

【2】1　120°　　2　面積　$5\sqrt{3}$　　　半径　$\dfrac{14}{3}$

〈解説〉1　条件より

$\sin A + \sin B = 5k$　…①　　$\sin B + \sin C = 4k$　…②　　$\sin C + \sin A = 6k$　…③

$(k > 0)$　とおく。

①③より

$\sin A + \sin B = 5k$

$-) \sin A + \sin C = 6k$

$\sin B - \sin C = -k$　$\Rightarrow$　$\sin B = \sin C - k$　…④

④を②に代入すると　$2\sin C = 5k$　$\sin C = \dfrac{5}{2}k$

同様に　$\sin B = \dfrac{3}{2}k$, $\sin A = \dfrac{7}{2}k$

よって　$\sin A : \sin B : \sin C = 7 : 3 : 5$　…⑤

⑤と，正弦定理　$\dfrac{a}{\sin A}=\dfrac{b}{\sin B}=\dfrac{c}{\sin C}$　より

$a:b:c=7:3:5$

$a=7l,\ b=3l,\ c=5l\ \ (l>0)$とおく。

余弦定理より

$$\cos A=\dfrac{(3l)^2+(5l)^2-(7l)^2}{2\cdot 3l\cdot 5l}=-\dfrac{1}{2}$$

$0°<A<180°$　より　$A=120°$

2　△ABCの内接円の半径が1より

$$S=\dfrac{1}{2}\cdot 1\cdot(7l+3l+5l)=\dfrac{15}{2}l\quad\cdots①$$

また　$S=\dfrac{1}{2}\cdot 3l\cdot 5l\cdot\sin120°=\dfrac{15\sqrt{3}}{4}l^2\quad\cdots②$

①②より　$\dfrac{15}{2}l=\dfrac{15\sqrt{3}}{4}l^2$

$l>0$より　両辺lで割り　$\dfrac{15}{2}=\dfrac{15\sqrt{3}}{4}l$　$l=\dfrac{2\sqrt{3}}{3}$

①に代入し，$S=\dfrac{15}{2}\cdot\dfrac{2\sqrt{3}}{3}=5\sqrt{3}$　$S=5\sqrt{3}$

正弦定理　$\dfrac{a}{\sin A}=2R$　より

$R=\dfrac{1}{2}\cdot(a\div\sin A)=\dfrac{1}{2}\cdot\left(\dfrac{14\sqrt{3}}{3}\div\dfrac{\sqrt{3}}{2}\right)=\dfrac{14}{3}$

$R=\dfrac{14}{3}$

$S=5\sqrt{3}$　$R=\dfrac{14}{3}$

【3】1　$\dfrac{13}{16}<k<1$　　2　$\dfrac{3+\sqrt{6}}{2}<\alpha<1+\sqrt{3}$

〈解説〉1　$x^4-2x^3-2x^2+1-k=0$　$\cdots①$

$x^4-2x^3-2x^2+1=k$

$f(x)=x^4-2x^3-2x^2+1$　とする。

$f'(x)=4x^3-6x^2-4x$

　　　$=2x(2x+1)(x-2)$

$f'(x)＝0$とすると　$x＝-\dfrac{1}{2}$, 0, 2

増減表は

x	$\cdots$	$-\dfrac{1}{2}$	$\cdots$	0	$\cdots$	2	$\cdots$
$f'(x)$	$-$	0	$+$	0	$-$	0	$+$
$f(x)$	$\searrow$	$\dfrac{13}{16}$	$\nearrow$	1	$\searrow$	-7	$\nearrow$

$$y ＝ x^4-2x^3-2x^2+1$$

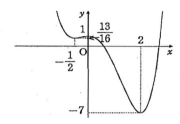

①の方程式の実数解は，$y＝f(x)$と$y＝k$のグラフの共有点のx座標であるから，共有点の個数が4個になるkの範囲が，異なる4つの実数解をもつときである。

グラフより　$\dfrac{13}{16}＜k＜1$

2　$k＝1$のとき　①は　$x^4-2x^3-2x^2＝0$

$x^2(x^2-2x-2)＝0$

$x＝0$, $1\pm\sqrt{3}$

$k＝\dfrac{13}{16}$のとき　①は　$x^4-2x^3-2x^2+\dfrac{13}{16}＝0$

$\left(x+\dfrac{1}{2}\right)^2\left(x^2-3x+\dfrac{3}{4}\right)＝0$

$x＝-\dfrac{1}{2}$, $\dfrac{3\pm\sqrt{6}}{2}$

以上より，αのとり得る値は

$$\dfrac{3+\sqrt{6}}{2}＜\alpha＜1+\sqrt{3}$$

【中学校】

【1】〈方法1〉1：4　　〈方法2〉1：4

〈解説〉① 辺A′B′の中点をMとする。点A，B，Mはそれぞれ辺OA′，OB′，A′B′の中点である。

中点連結定理より

$BM = \dfrac{1}{2}OA'$　$AM = \dfrac{1}{2}OB'$　$AB = \dfrac{1}{2}A'B'$

よって　$OA = AA' = BM$，$OB = BB' = AM$，$A'M = MB' = AB$

これより

$\triangle OAB \equiv \triangle AA'M \equiv \triangle BMB' \equiv \triangle MBA$

$\triangle OA'B' = \triangle OAB + \triangle AA'M + \triangle BMB' + \triangle MBA$

よって　$\triangle OAB : \triangle OA'B' = 1 : 4$

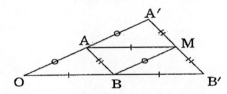

② 点Aより辺OBに垂線をひき，その交点をHとする。

同様に，点A′より辺OB′に垂線をひき，その交点をH′とする。

$\triangle OAH \backsim \triangle OA'H'$ で相似比は1：2であるから

$A'H' = 2AH$

$\triangle OA'B' = \dfrac{1}{2} \cdot OB' \cdot A'H' = \dfrac{1}{2} \cdot 2OB \cdot 2AH$

$= 4 \cdot \dfrac{1}{2}OB \cdot AH = 4\triangle OAB$

よって　$\triangle OAB : \triangle OA'B' = 1 : 4$

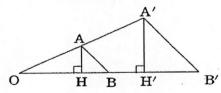

【２】１　$m<-2$,　$m>2$

２　放物線　$y=\dfrac{3}{2}x^2$の$x<-\dfrac{4}{3}$または$x>\dfrac{4}{3}$の部分

〈解説〉１　点$(0,　-2)$を通る傾きmの直線は,

$y=mx-2$　…①

と表せる。

①と$y=\dfrac{x^2}{2}$　…②　が異なる2点で交わるためには,

①を②に代入　$\dfrac{x^2}{2}=mx-2$

$x^2-2mx+4=0$　…③

③の判別式をDとおくと

$\dfrac{D}{4}=m^2-4$

このDがD$>$0を満たせばよいので

$m^2-4>0$

$m>2$　$m<-2$

２　Pのx座標をα,　Qのx座標をβとおくと,

$P(\alpha,　m\alpha-2)$,　$Q(\beta,　m\beta-2)$とおける。

また, このα,　βは③の解なので,

解と係数の関係より

$\begin{cases} \alpha+\beta=2m　…④ \\ \alpha\beta=4　…⑤ \end{cases}$

を満たす。

点Gは△APQの重心なので

$G(x,　y)$とおくと

$\begin{cases} x=\dfrac{0+\alpha+\beta}{3} \\ y=\dfrac{4+m\alpha-2+m\beta-2}{3} \end{cases}$

$\Rightarrow$ $\begin{cases} x = \dfrac{\alpha + \beta}{3} \\ y = \dfrac{m(\alpha + \beta)}{3} \end{cases}$

④より

$m = \dfrac{\alpha + \beta}{2}$

$\therefore$ $\begin{cases} x = \dfrac{\alpha + \beta}{3} & \cdots ⑥ \\ y = \dfrac{(\alpha + \beta)^2}{6} & \cdots ⑦ \end{cases}$

⑥, ⑦より α と β を消去すると

$y = \dfrac{3}{2}x^2$

また, ④, ⑥より $x = \dfrac{\alpha + \beta}{3} = \dfrac{2}{3}m$

1より $m > 2$, $m < -2$ なので

$x > \dfrac{4}{3}$, $x < -\dfrac{4}{3}$

以上より 点Gの軌跡は放物線 $y = \dfrac{3}{2}x^2$ の $x > \dfrac{4}{3}$, $x < -\dfrac{4}{3}$ の部分

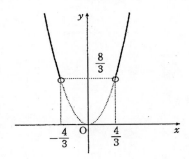

【３】1　$r=4$　　2　$AC=\dfrac{12\sqrt{10}}{5}$　　3　$\triangle ABC=\dfrac{48}{5}$

〈解説〉1　直線DCは円Oの接線なので

　$\angle OCD=90°$

　△OCDにおいて，三平方の定理より

　$OC^2+CD^2=OD^2$

　$r^2+3^2=(r+1)^2$

　$r=4$

　[別解]

　方べきの定理より

　$DB \cdot DA=DC^2$

　$1 \cdot (2r+1)=3^2$

　$r=4$

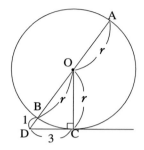

2　△ODCは直角三角形なので

　$\cos\angle ODC=\dfrac{DC}{DO}=\dfrac{3}{5}$

　また

　△ADCにおいて，余弦定理より

　$AC^2=DA^2+DC^2-2 \cdot DA \cdot DC \cdot \cos\angle ODC$

　　$=9^2+3^2-2 \cdot 9 \cdot 3 \cdot \dfrac{3}{5}$

　　$=\dfrac{288}{5}$

　$AC>0$より　$AC=\sqrt{\dfrac{288}{5}}=\dfrac{12\sqrt{10}}{5}$

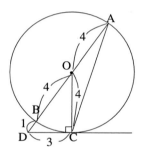

3　$\angle ACB$は直径に対する円周角なので

　$\angle ACB=90°$

　△ABCにおいて三平方の定理より

　$BC^2+AC^2=AB^2$

　$BC^2+\dfrac{288}{5}=8^2$

　$BC^2=64-\dfrac{288}{5}$

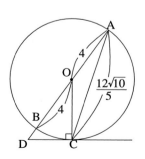

$$= \frac{32}{5}$$

$$BC > 0 \text{より} \quad BC = \sqrt{\frac{32}{5}} = \frac{4\sqrt{10}}{5}$$

$$\therefore \quad \triangle ABC = \frac{1}{2} \cdot BC \cdot AC$$

$$= \frac{1}{2} \cdot \frac{4\sqrt{10}}{5} \cdot \frac{12\sqrt{10}}{5}$$

$$= \frac{48}{5}$$

【4】 1　$y = -2x + 2$　　2　$\theta = 45°$

〈解説〉1　点Aから円Oに引いた2本の接線と円Oとの接点をそれぞれ
P(x_1, y_1), Q(x_2, y_2)とおく。

P, Qを通る　円O：$x^2 + y^2 = 4$　の接線は，それぞれ

$$\begin{cases} x_1 x + y_1 y = 4 \\ x_2 x + y_2 y = 4 \end{cases} \quad \text{とかける。}$$

この2つの直線はA(4, 2)を通るので

$$\begin{cases} 4x_1 + 2y_1 = 4 \\ 4x_2 + 2y_2 = 4 \end{cases}$$

となる。

これらは　$4x + 2y = 4$　がP(x_1, y_1), Q(x_2, y_2)を通ることを表している。

$\therefore$　l_1の方程式は　$4x + 2y = 4$

$\therefore$　$y = -2x + 2$

2　l_1と同様に

$l_2 : y = 3x + 2$

l_1とx軸のなす角をθ_1

l_2とx軸のなす角をθ_2

とおくと，右の図より

$\theta = \theta_1 - \theta_2$

またl_1とl_2の傾きがそれぞれ-2と3
なので

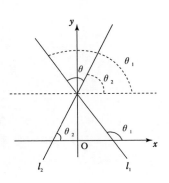

$$\begin{cases} \tan\theta_1 = -2 \\ \tan\theta_2 = 3 \end{cases}$$

$$\therefore\quad \tan\theta = \tan(\theta_1 - \theta_2)$$

$$= \frac{\tan\theta_1 - \tan\theta_2}{1 + \tan\theta_1 + \tan\theta_2}$$

$$= \frac{-2 - 3}{1 + (-2)\cdot 3}$$

$$= 1$$

$$\therefore\quad \theta = 45°$$

【高等学校】

【１】〈方法1〉1：4　　　〈方法2〉1：4

〈解説〉〈方法1〉辺A′B′の中点をMとする。点A，B，Mはそれぞれ辺OA′，OB′，A′B′の中点である。

中点連結定理より

$$BM = \frac{1}{2}OA' \quad AM = \frac{1}{2}OB' \quad AB = \frac{1}{2}A'B'$$

よって　OA＝AA′＝BM，OB＝BB′＝AM，A′M＝MB′＝AB

これより

$$\triangle OAB \equiv \triangle AA'M \equiv \triangle BMB' \equiv \triangle MBA$$

$$\triangle OA'B' = \triangle OAB + \triangle AA'M + \triangle BMB' + \triangle MBA$$

よって　△OAB：△OA′B′＝1：4

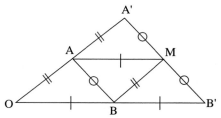

〈方法2〉点Aより辺OBに垂線をひき，その交点をHとする。

同様に，点A′より辺OB′に垂線をひき，その交点をH′とする。

△OAH∽△OA′H′で相似比は1：2であるから

A′H′=2AH

$$\triangle OA'B'=\frac{1}{2}\cdot OB'\cdot A'H'=\frac{1}{2}\cdot 2OB\cdot 2AH$$

$$=4\cdot\frac{1}{2}OB\cdot AH=4\triangle OAB$$

よって　$\triangle OAB:\triangle OA'B'=1:4$

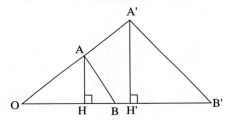

【2】1　4：3：5　2　$BC=\dfrac{3\sqrt{10}}{5}$

〈解説〉1　次図のように，直線BOと直線ACの交点をDとする。与式から

$$5\overrightarrow{OB}=-3\overrightarrow{OA}-4\overrightarrow{OC}$$

$$\overrightarrow{OB}=-\frac{1}{5}(3\overrightarrow{OA}+4\overrightarrow{OC})$$

$$=-\frac{7}{5}\left(\frac{3\overrightarrow{OA}+4\overrightarrow{OC}}{7}\right)$$

より，　$\overrightarrow{OD}=\dfrac{3\overrightarrow{OA}+4\overrightarrow{OC}}{7}$　とおくと

$$\overrightarrow{OB}=-\frac{7}{5}\overrightarrow{OD}$$

と表される。△ODA＝20Sとおくと，あとの図のように，他の三角形の面積もSを用いて表される。

△OAB＝28S

△OBC＝21S

△OCA＝35S

であることから，

△OAB：△OBC：△OCA＝28S：21S：35S

　　　　　　　　　　　　　＝4：3：5

となる。

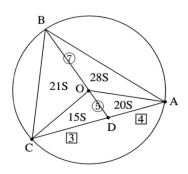

2　$|\overrightarrow{BC}|^2 = |\overrightarrow{OC} - \overrightarrow{OB}|^2$

$\qquad = |\overrightarrow{OC}|^2 - 2\overrightarrow{OC} \cdot \overrightarrow{OB} + |\overrightarrow{OB}|^2$

$\qquad = 1 - 2\overrightarrow{OB} \cdot \overrightarrow{OC} + 1$

$\qquad = 2 - 2\overrightarrow{OB} \cdot \overrightarrow{OC} \quad \cdots ①$

より，$\overrightarrow{OB} \cdot \overrightarrow{OC}$を求める。与式より，

$-3\overrightarrow{OA} = 5\overrightarrow{OB} + 4\overrightarrow{OC}$

$9|\overrightarrow{OA}|^2 = 25|\overrightarrow{OB}|^2 + 40\overrightarrow{OB} \cdot \overrightarrow{OC} + 16|\overrightarrow{OC}|^2$

$9 = 25 + 40\overrightarrow{OB} \cdot \overrightarrow{OC} + 16$

$\overrightarrow{OB} \cdot \overrightarrow{OC} = -\dfrac{4}{5}$

①に代入すると，

$|\overrightarrow{BC}|^2 = 2 - 2 \times \left(-\dfrac{4}{5}\right)$

$\qquad = \dfrac{18}{5}$

$\overrightarrow{BC} = \sqrt{\dfrac{18}{5}}$

$\qquad = \dfrac{3\sqrt{10}}{5}$

【3】1　$x_{n+1}=\dfrac{1}{6}\left(5x_n+y_n\right)$　　2　$x_n-y_n=100\left(\dfrac{2}{3}\right)^n$　　3　23回目

〈解説〉1　まず，Bから$200g$　Aに移す際に入っている食塩の量は

$\dfrac{y_n}{1000}\times200=\dfrac{1}{5}y_n$

と表される。よって移した後のAに入っている食塩の量は，食塩水$1200g$に対して

$x_n+\dfrac{1}{5}y_n$

と表されて，Bに$200g$移すと

$x_{n+1}=\dfrac{x_n+\dfrac{1}{5}y_n}{1200}\times1000$

$=\dfrac{1}{6}\left(5x_n+y_n\right)$

と表される。

2　まず，y_{n+1}をx_nとy_nを用いて表す。

Bから$200g$　Aに移した後のBに残っている食塩の量は，

$\dfrac{y_n}{1000}\times800=\dfrac{4}{5}y_n$

と表される。また，よくかき混ぜた後　Aから$200g$　Bに移す際に入っている食塩の量は

$\dfrac{x_n+\dfrac{1}{5}y_n}{1200}\times200=\dfrac{1}{6}\left(x_n+\dfrac{4}{5}y_n\right)$

であるから，

$y_{n+1}=\dfrac{4}{5}y_n+\dfrac{1}{6}\left(x_n+\dfrac{1}{5}y_n\right)$

$=\dfrac{1}{6}\left(x_n+5y_n\right)$

と表される。ここで(1)から，

$x_{n+1}=\dfrac{5}{6}\left(x_n+\dfrac{1}{5}y_n\right)$

であり，

$$x_{n+1} - y_{n+1} = \frac{5}{6}\left(x_n + \frac{1}{5}y_n\right) - \frac{1}{6}(x_n + 5y_n)$$
$$= \frac{2}{3}(x_n - y_n)$$

となり，$n=0$のとき，

$$x_1 - y_1 = \frac{2}{3}(x_0 - y_0)$$
$$= \frac{2}{3} \times 100$$

から，$\{x_n - y_n\}$は初項$\frac{2}{3} \times 100$　公比$\frac{2}{3}$の等比数列となる。

よって，$x_n - y_n = 100\left(\frac{2}{3}\right)^n$

3　n回目の操作終了時におけるA，Bの食塩水の濃度の差は，x_n，y_nを用いて，

$$\frac{x_n}{1000} \times 100 - \frac{y_n}{1000} \times 100$$
$$= \frac{x_n}{10} - \frac{y_n}{10}$$

と表される。0.001％以下より，

$$\frac{x_n}{10} - \frac{y_n}{10} \leqq 0.001$$

$$x_n - y_n \leqq 0.01$$

$$100\left(\frac{2}{3}\right)^n \leqq 0.01$$

$$\left(\frac{2}{3}\right)^n \leqq \frac{1}{10000}$$

両辺に底10の対数をとって，

$$n\log_{10}\left(\frac{2}{3}\right) \leqq \log_{10}\frac{1}{10000}$$

$$n(\log_{10}2 - \log_{10}3) \leqq -4$$

$$n(0.3010 - 0.4771) \leqq -4$$

$$-0.1761n \leqq -4$$

$n \geqq \dfrac{4}{0.1761}$

$n \geqq 22.7\cdots$

以上から，23回目で濃度の差が0.001％以下となる。

【4】1　$PH = \dfrac{\sin t}{\sqrt{2}}$，$OH = \sqrt{2}\left(t + \dfrac{\sin t}{2}\right)$　　2　$\dfrac{\sqrt{2}}{4}\pi^2$

〈解説〉1　$P(t,\ t+\sin t)$　$l : x - y = 0$　より

$PH = \dfrac{|t - (t + \sin t)|}{\sqrt{1^2 + (-1)^2}}$

$\quad = \dfrac{|-\sin t|}{\sqrt{2}}$

ここで，$0 \leqq t \leqq \pi$　より，$\sin t \geqq 0$なので

$PH = \dfrac{\sin t}{\sqrt{2}}$

となる。また，

$OH^2 = OP^2 - PH^2$

$\quad = t^2 + (t + \sin t)^2 - \left(\dfrac{\sin t}{\sqrt{2}}\right)^2$

$\quad = 2\left(t + \dfrac{\sin t}{\sqrt{2}}\right)^2$

$OH = \sqrt{2}\left(t + \dfrac{\sin t}{\sqrt{2}}\right)$

2　$OH = u$，$PH = h(u)$とすると，

$u = \sqrt{2}\left(t + \dfrac{\sin t}{2}\right)$

$\dfrac{du}{dt} = \sqrt{2} + \dfrac{\cos t}{\sqrt{2}}$

u	0	→	$\sqrt{2}x$
t	0	→	x

より，

$V = x \displaystyle\int_0^{\sqrt{2}\pi} \{h(u)\}^2 du$

$\quad = x \displaystyle\int_0^{\pi} \dfrac{\sin^2 t}{2} \dfrac{du}{dt} dt$

259

$$=x \int_0^\pi \frac{\sin^2 t}{2}\left(\sqrt{2}+\frac{\cos t}{\sqrt{2}}\right)dt$$

$$=\frac{\sqrt{2}}{2}\pi \int_0^\pi \sin^2 t\,dt+\frac{\sqrt{2}}{4}\pi \int_0^\pi \sin^2 t\cos t\,dt$$

$$=\frac{\sqrt{2}}{2}\pi \int_0^\pi \frac{1-\cos^2 t}{2}dt+\frac{\sqrt{2}}{4}\pi\left[\frac{\sin^3 t}{3}\right]_0^\pi$$

$$=\frac{\sqrt{2}}{2}\pi\left[\frac{t}{2}-\frac{\sin^2 t}{2}\right]_0^\pi$$

$$=\frac{\sqrt{2}}{2}\pi \times \frac{\pi}{2}$$

$$=\frac{\sqrt{2}}{4}\pi^2$$

2010年度　実施問題

【中高共通】

【1】次の問いに答えなさい。

次の[　ア　]～[　エ　]にあてはまる数を，それぞれ書きなさい。

分母が12で，分子が1より大きく12より小さい自然数である分数

$$\frac{2}{12}, \frac{3}{12}, \frac{4}{12}, \frac{5}{12}, \cdots\cdots, \frac{11}{12}$$

のうち，約分して分子を1にできる分数は[　ア　]個あり，約分して分子を1にできる分数の総和は[　イ　]である。

また，分母が1200で，分子が1より大きく1200より小さい自然数である分数

$$\frac{2}{1200}, \frac{3}{1200}, \frac{4}{1200}, \frac{5}{1200}, \cdots\cdots, \frac{1199}{1200}$$

のうち，約分して分子を1にできる分数は[　ウ　]個あり，約分して分子を1にできる分数の総和は[　エ　]である。

(☆☆☆☆☆◎◎◎◎)

【2】次の不等式を解きなさい。

(1)　$\sqrt{x^2+6x+9}+\sqrt{4x^2}>5$

(2)　$\cos 2x+5\sin x+2>0 (0\leqq x<2\pi)$

(☆☆☆☆☆◎◎◎◎)

【3】関数 $y=4^x-2^{x+\frac{3}{2}}+7(-1\leqq x\leqq 2)$ の最大値と最小値を求めなさい。また，そのときの x の値を求めなさい。

(☆☆☆☆☆◎◎◎◎)

【4】4人がじゃんけんを1回するとき，次の問いに答えなさい。

(1)　1人だけが勝つ確率を求めなさい。

(2)　勝つ人数の期待値を求めなさい。

(☆☆☆☆☆○○○)

【５】不等式$x^2+y^2-6x-8y+24\leqq0$の表す領域をDとする。

点(x, y)を領域D上の点とするとき，次の問いに答えなさい。

(1)　$x+y$の最大値と最小値を求めなさい。また，そのときのxとyの値を求めなさい。

(2)　x^2+y^2の最大値と最小値を求めなさい。また，そのときのxとyの値を求めなさい。

(☆☆☆☆☆○○○○)

【６】平面上に4点O，A，B，Cがある。$\overrightarrow{OA}+\overrightarrow{OB}+2\overrightarrow{OC}=\overrightarrow{0}$，OA＝4，OB＝2，OC＝$\sqrt{5}$であるとき，次の問いに答えなさい。

1　内積$\overrightarrow{OA}\cdot\overrightarrow{OB}$の値を求めなさい。

2　△ABCの面積を求めなさい。

(☆☆☆○○○)

【７】$x\geqq0$でつねに不等式$2x^3-3kx^2+k^2+2k-2\geqq0$が成り立つように，定数$k$の値の範囲を定めなさい。

(☆☆☆☆○○○)

【中学校】

【１】xについての2次方程式$ax^2+bx+c=0(a, b, c$は実数の定数で，$a\neq0)$の解は，

$$x=\frac{-b\pm\sqrt{b^2-4ac}}{2a}$$

であることを示しなさい。

(☆☆○○○○)

【2】「方程式0.2(0.3x−1)＝0.4を解きなさい。」という問題について，ある生徒は次のように解答した。

(ある生徒の解答)

両辺に10をかけて

$2(3x−10)＝4$

$6x−20＝4$

$6x＝24$

$x＝4$　　　答$x＝4$

この生徒に対しどのような指導をするか，次の2点について具体的に書きなさい。

① 解答が間違いであることに気付かせるための方法

② 正答に導くための手順

(☆☆☆◎◎◎◎)

【3】放物線$y＝x^2−6x+1$と直線$y＝2x+k$が2点P，Qで交わり，P，Q間の距離が$6\sqrt{5}$であるとき，定数kの値を求めなさい。

(☆☆☆☆◎◎◎◎)

【4】数列　2，5，9，14，20，……の一般項をa_nとするとき，次の問いに答えなさい。

1　a_nを求めなさい。

2　$\displaystyle\sum_{k=1}^{n} a_k$を求めなさい。

3　無限級数$\displaystyle\sum_{k=1}^{\infty} \frac{1}{a_k}$の収束，発散を調べ，収束する場合はその和を求めなさい。

(☆☆☆◎◎◎)

【5】図のように，2つの円O，O′が2点A，Bで交わり，円O′は円Oの中心を通る。円O上の点をC，円O′上の点をDとする。3点C，B，Dがこの順に一直線上にあるとき，次の問いに答えなさい。

1　△ACDが二等辺三角形であることを証明しなさい。

2　円O，O′の半径をそれぞれ4，6とし，3点A，O，Cが一直線上にあるとき，BCの長さを求めなさい。

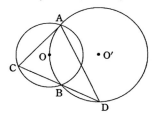

(☆☆☆◎◎◎◎)

【高等学校】

【1】等式　$_nC_r \cdot r = n \cdot _{n-1}C_{r-1}$　について，次の問いに答えなさい。

1　等式が成り立つことを証明しなさい。

2　この式の両辺が等しくなることを，日常の数え上げの場面における具体例をあげて説明しなさい。

(☆☆☆◎◎◎)

【2】「不等式$(x-1)^2 > 0$を解きなさい。」という問題について，ある生徒は次のように解答した。

(ある生徒の解答)

2乗をはずして，

$x-1 > 0$

−1を移項して，

$x > 1$　　　　　　答　$x > 1$

この生徒に対しどのような指導をするか，次の2点について具体的に書きなさい。

①　解答が間違いであることに気付かせるための方法

②　正答に導くための手順

(☆☆◎◎◎)

【3】A，E，Oは2次正方行列であり，Eは単位行列，Oは零行列とする。このとき，次の問いに答えなさい。

1 $A^2-4A+4E=O$のとき，$A-E$は逆行列をもつことを示しなさい。

2 $A^2-4A+4E=O$のとき，$A-2E$は逆行列をもたないことを示しなさい。

3 $A^3-5A-E=O$のとき，$A+2E$は逆行列をもつかどうかを調べなさい。

(☆☆☆◎◎◎)

【4】楕円C_1：$3x^2+y^2-1=0$と放物線C_2：$y^2-2x+a=0$について，次の問いに答えなさい。ただし，aは実数の定数とする。

1 楕円C_1について，焦点の座標を求めなさい。また，長軸，短軸の長さを求めなさい。

2 放物線C_2について，焦点の座標および準線の方程式を求めなさい。

3 楕円C_1と放物線C_2が異なる4点で交わるような定数aの値の範囲を求めなさい。

(☆☆☆☆◎◎◎)

【5】曲線C：$y=2\log x+3$に原点Oから接線lをひく。このとき，次の問いに答えなさい。

1 接線lの方程式を求めなさい。

2 曲線C，接線l，およびx軸で囲まれる部分の面積Sを求めなさい。

(☆☆☆◎◎◎◎)

解答・解説

【中高共通】

【1】 ア　4　　イ　$\dfrac{5}{4}$　　ウ　28　　エ　$\dfrac{881}{400}$

〈解説〉ア　2，3，4，6の4個

イ　$\dfrac{2}{12}+\dfrac{3}{12}+\dfrac{4}{12}+\dfrac{6}{12}=\dfrac{15}{12}=\dfrac{5}{4}$

ウ　$1200=2^4\times5^2\times3$より，約数は　$5\times3\times2=30$　（個）あるので，

$30-2=28$　（個）

エ　すべての約数の和は，$(1+2+2^2+2^3+2^4)(1+5+5^2)(1+3)=3844$

より，分数の総和は，$\dfrac{3844-1201}{1200}=\dfrac{2643}{1200}=\dfrac{881}{400}$

【2】 (1)　$x<-2$，$x>\dfrac{2}{3}$　　(2)　$0\leqq x<\dfrac{7}{6}\pi$，$\dfrac{11}{6}\pi<x<2\pi$

〈解説〉(1)　$\sqrt{x^2+6x+9}=|x+3|$　$\sqrt{4x^2}=2|x|$　より，$|x+3|+2|x|>5$

i)　$x<-3$のとき，$-(x+3)-2x>5$　$-3x>8$　$x<-\dfrac{8}{3}$　∴　$x<-3$

ii)　$-3\leqq x<0$のとき，$x+3-2x>5$　$-x>2$　$x<-2$

∴　$-3\leqq x<-2$

iii)　$0\leqq x$のとき，$x+3+2x>5$　$3x>2$　$x>\dfrac{2}{3}$　∴　$x>\dfrac{2}{3}$

i)，ii)，iii)より，$x<-2$，$x>\dfrac{2}{3}$

(2)　$\cos2x=1-2\sin^2x$　より，$1-2\sin^2x+5\sin x+2>0$

$2\sin^2x-5\sin x-3<0$

$(2\sin x+1)(\sin x-3)<0$　$\sin x-3<0$　より，

$2\sin x+1>0$　$\sin x>-\dfrac{1}{2}$　∴　$0\leqq x<\dfrac{7}{6}\pi$，$\dfrac{11}{6}\pi<x<2\pi$

【3】 最大値　$23-8\sqrt{2}$　$(x=2のとき)$　　最小値　5　$(x=\dfrac{1}{2}のとき)$

〈解説〉$2^x=t$とおくと，$-1\leqq x\leqq2$より，$2^{-1}\leqq t\leqq2^2$

tの範囲は，$\dfrac{1}{2}\leqq t\leqq4$　$y=t^2-2^{\frac{3}{2}}t+7=t^2-2\sqrt{2}\,t+7=(t-\sqrt{2})^2+5$

266

よって，$t=\sqrt{2}$ （$x=\frac{1}{2}$）のとき，最小値5

$t=4$ （$x=2$）のとき，最大値$23-8\sqrt{2}$

【4】(1) $\frac{4}{27}$　(2) $\frac{28}{27}$

〈解説〉(1) 誰が何で勝つかで12通りあるので，求める確率は，$\frac{12}{3^4}=\frac{4}{27}$

(2) 2人だけが勝つのは，${}_4C_2\times 3=18$（通り）　3人が勝つのは，${}_4C_3\times 3=$ 12（通り）あるので，求める期待値は，$1\times\frac{12}{81}+2\times\frac{18}{81}+3\times\frac{12}{81}+4\times 0$ $=\frac{84}{81}=\frac{28}{27}$　※あいこになる確率は，すべて同じになるのが3通り，3 種類になるのが$\frac{4!}{2!1!1!}\times 3=36$（通り）あるので，$\frac{3+36}{3^4}=\frac{13}{27}$

【5】(1) 最大値 $7+\sqrt{2}$ （$x=\frac{6+\sqrt{2}}{2}$, $y=\frac{8+\sqrt{2}}{2}$ のとき）　最小 値 $7-\sqrt{2}$ （$x=\frac{6-\sqrt{2}}{2}$, $y=\frac{8-\sqrt{2}}{2}$ のとき）　(2) 最大値 36 （$x=\frac{18}{5}$, $y=\frac{24}{5}$のとき）　最小値 16 （$x=\frac{12}{5}$, $y=\frac{16}{5}$のとき）

〈解説〉$D：(x-3)^2+(y-4)^2\leqq 1$ より，中心(3, 4)，半径1の円の境界およ び内部が領域となる。

(1) $x+y=k$とおくと，これは直線を表すので，円の中心(3, 4)からの 距離が1になるときのy切片が最大値，最小値となる。$\frac{|3+4-k|}{\sqrt{1^2+1^2}}=1$ $|7-k|=\sqrt{2}$ ∴ $k=7\pm\sqrt{2}$

このとき，接点は，直線$y=x+1$上にあるので，連立して解くと， $\left(\frac{6\pm\sqrt{2}}{2}, \frac{8\pm\sqrt{2}}{2}\right)$ （複号同順）

よって，$x=\frac{6+\sqrt{2}}{2}$, $y=\frac{8+\sqrt{2}}{2}$のとき，最大値$7+\sqrt{2}$

$x=\frac{6-\sqrt{2}}{2}$, $y=\frac{8-\sqrt{2}}{2}$のとき，最小値$7-\sqrt{2}$

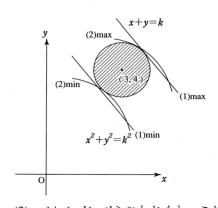

(2)　$x^2+y^2=k^2$　$(k>0)$とおくと，これは円を表すので，内(外)接する
ときの(円の半径)^{2}が最大(小)値となる。中心間の距離は$\sqrt{3^2+4^2}=5$なの
で，$k\pm1=5$　∴　$k=4,\ 6$

このとき，接点は，直線$y=\dfrac{4}{3}x$上にあるので，連立して解くと，

$\left(\dfrac{12}{5},\ \dfrac{16}{5}\right)$, $\left(\dfrac{18}{5},\ \dfrac{24}{5}\right)$

よって，$x=\dfrac{18}{5}$，$y=\dfrac{24}{5}$のとき，最大値$6^2=36$

$x=\dfrac{12}{5}$，$y=\dfrac{16}{5}$のとき，最小値$4^2=16$

【6】1　0　　2　4

〈解説〉1　$\overrightarrow{OC}=-\dfrac{\overrightarrow{OA}+\overrightarrow{OB}}{2}$　より，

$|\overrightarrow{OC}|^2=\dfrac{|\overrightarrow{OA}+\overrightarrow{OB}|^2}{4}=\dfrac{|\overrightarrow{OA}|^2+2\overrightarrow{OA}\cdot\overrightarrow{OB}+|\overrightarrow{OB}|^2}{4}=\dfrac{20+2\overrightarrow{OA}\cdot\overrightarrow{OB}}{4}$

$=5+\dfrac{1}{2}\overrightarrow{OA}\cdot\overrightarrow{OB}$　$|\overrightarrow{OC}|^2=5$　より，

$5+\dfrac{1}{2}\overrightarrow{OA}\cdot\overrightarrow{OB}=5$　∴　$\overrightarrow{OA}\cdot\overrightarrow{OB}=0$

2　1より，∠AOB$=90°$なので，△ABC$=\dfrac{1}{2}$OA・OB$=4$

【7】$k \leqq -1 - \sqrt{3}$, $1 \leqq k \leqq \sqrt{2}$

〈解説〉$f(x) = 2x^3 - 3kx^2 + k^2 + 2k - 2$ とおくと，$f'(x) = 6x^2 - 6kx = 6x(x-k)$ より，$y = f(x)$ のグラフは，$k = 0$ のときには単調に増加し，$k \neq 0$ のときには $x = 0$，k で極値をとる。

i) $k = 0$ のとき，$f(0) = -2$ より，題意を満たさない。

ii) $k < 0$ のとき，$f(0) \geqq 0$ となればよいので，$f(0) = k^2 + 2k - 2 \geqq 0$ これを解いて，$k \leqq -1 - \sqrt{3}$ ，$-1 + \sqrt{3} \leqq k$ ∴ $k \leqq -1 - \sqrt{3}$

iii) $k > 0$ のとき，$f(k) \geqq 0$ となればよいので，$f(k) = -k^3 + k^2 + 2k - 2 \geqq 0$ $(k^2 - 2)(k - 1) \leqq 0$ ∴ $1 \leqq k \leqq \sqrt{2}$

i), ii), iii)より，$k \leqq -1 - \sqrt{3}$ ，$1 \leqq k \leqq \sqrt{2}$

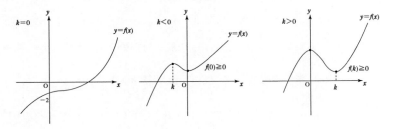

【中学校】

【1】 解説参照

〈解説〉$ax^2 + bx + c = 0$ $\quad a\left(x^2 + \dfrac{b}{a}x\right) + c = 0$ $\quad a\left\{\left(x + \dfrac{b}{2a}\right)^2 - \dfrac{b^2}{4a^2}\right\} + c = 0$

$a\left(x + \dfrac{b}{2a}\right)^2 = \dfrac{b^2 - 4ac}{4a}$ $\quad \left(x + \dfrac{b}{2a}\right)^2 = \dfrac{b^2 - 4ac}{4a^2}$ $\quad x + \dfrac{b}{2a} = \dfrac{\pm\sqrt{b^2 - 4ac}}{2a}$

よって，$x = \dfrac{-b \pm \sqrt{b^2 - 4ac}}{2a}$

【2】 ①② 解説参照

〈解説〉① $x = 4$ が解でないことを気付かせるために，もとの方程式に代入して成り立たないことを示す。$x = 4$ を代入すると，(左辺)は，$0.2 \times (0.3 \times 4 - 1) = 0.04$ (右辺)は，0.4 なので，等式は成り立たない。よって，$x = 4$ はこの方程式の解ではない。

② (左辺)を展開してから解くことを考える。　$0.06x-0.2=0.4$

$0.06x=0.6$　両辺に100をかけて　$6x=60$　$x=10$　答　$x=10$

【３】 $k=-6$

〈解説〉2点P，Qのx座標を，それぞれα，βとおく。$x^2-6x+1=2x+k$

$x^2-8x+1-k=0$　より，　$\alpha+\beta=8$，$\alpha\beta=1-k$

よって，$(\beta-\alpha)^2=(\alpha+\beta)^2-4\alpha\beta=4k+60$

$PQ=\sqrt{1+2^2}|\beta-\alpha|$より，$\sqrt{5}|\beta-\alpha|=6\sqrt{5}$　$|\beta-\alpha|^2=36$

$4k+60=36$　∴　$k=-6$

【４】 1　$a_n=\dfrac{1}{2}n(n+3)$　　2　$\dfrac{1}{6}n(n+1)(n+5)$　　3　$\dfrac{11}{9}$

〈解説〉1　$b_n=a_{n+1}-a_n$ とおくと，$b_1=3$，$b_n=n+2$ より，$n\geqq2$のとき，

$a_n=a_1+\displaystyle\sum_{k=1}^{n-1}b_k=2+\sum_{k=1}^{n-1}(k+2)=2+\dfrac{1}{2}n(n-1)+2(n-1)=\dfrac{1}{2}n(n+3)$

これは，$n=1$のときも成り立つので，$a_n=\dfrac{1}{2}n(n+3)$　$(n\geqq1)$

2　$\displaystyle\sum_{k=1}^{n}a_k=\sum_{k=1}^{n}\dfrac{1}{2}k(k+3)=\dfrac{1}{2}\cdot\dfrac{1}{6}n(n+1)(2n+1)+\dfrac{3}{2}\cdot\dfrac{1}{2}n(n+1)$

$=\dfrac{1}{6}n(n+1)(n+5)$

3　$a_k=\dfrac{k(k+3)}{2}$ より，

$\dfrac{1}{a_k}=\dfrac{2}{k(k+3)}=\dfrac{2}{3}\Big(\dfrac{1}{k}-\dfrac{1}{k+3}\Big)$

$S_n=\displaystyle\sum_{k=1}^{n}\dfrac{1}{a_k}$ とすると，

$S_n=\dfrac{2}{3}\Big(1-\dfrac{1}{4}\Big)+\dfrac{2}{3}\Big(\dfrac{1}{2}-\dfrac{1}{5}\Big)+\dfrac{2}{3}\Big(\dfrac{1}{3}-\dfrac{1}{6}\Big)+\dfrac{2}{3}\Big(\dfrac{1}{4}-\dfrac{1}{7}\Big)+\cdots$

$\cdots+\dfrac{2}{3}\Big(\dfrac{1}{n-3}-\dfrac{1}{n}\Big)+\dfrac{2}{3}\Big(\dfrac{1}{n-2}-\dfrac{1}{n+1}\Big)+\dfrac{2}{3}\Big(\dfrac{1}{n-1}-\dfrac{1}{n+2}\Big)+\dfrac{2}{3}$

$\Big(\dfrac{1}{n}-\dfrac{1}{n+3}\Big)=\dfrac{2}{3}\Big(1+\dfrac{1}{2}+\dfrac{1}{3}-\dfrac{1}{n+1}-\dfrac{1}{n+2}-\dfrac{1}{n+3}\Big)$

よって，$\displaystyle\lim_{n\to\infty}S_n=\lim_{n\to\infty}\dfrac{2}{3}\Big(\dfrac{11}{6}-\dfrac{1}{n+1}-\dfrac{1}{n+2}-\dfrac{1}{n+3}\Big)=\dfrac{11}{9}$

したがって，この無限級数は収束し，その和は $\dfrac{11}{9}$

【5】1　解説参照　　2　$\dfrac{8}{3}$

〈解説〉1　(証明)　∠ACD＝θとすると，∠AOB＝2θ　四角形AOBDは
円O′に内接しているので，∠ADB＝180°−2θ

△ACDにおいて，∠CAD＝180°−(θ＋180°−2θ)＝θ

よって，∠ACD＝∠CAD

したがって，△ACDは二等辺三角形である。

2　ACは円Oの直径より，AC＝8

∠ABD＝90°より，ADは円O′の直径となるので，AD＝12

△ACB∽△DCOより，BC：4＝8：12　∴　BC＝$\dfrac{8}{3}$

【高等学校】

【1】1　解説参照　　2　(例)　n人の中から，1つの班とその班長を決め
るとき，r人の班をまず作ってから班長を1人決めるのと，班長を先に1
人決めてから残りの班のメンバーを決めるのは同じ意味だから。

〈解説〉1　(証明)　(左辺)＝$\dfrac{n!}{r!(n-r)!}\cdot r$＝$\dfrac{n!}{(r-1)!(n-r)!}$

＝$\dfrac{n(n-1)!}{(r-1)!\{(n-1)-(r-1)\}!}$＝$n\cdot {}_{n-1}C_{r-1}$

よって，${}_nC_r\cdot r$＝$n\cdot {}_{n-1}C_{r-1}$　が成り立つ。

2　(左辺)は，n個の中からr個選び，その中から1個選ぶ組み合わせ。
(右辺)は，n個の中から1個選び，残りの$(n-1)$個の中から$(r-1)$個を選
ぶ組み合わせを表している。

【2】①　解説参照　　②　解説参照

〈解説〉①　$x>1$以外で不等式が成り立つ場合を示す。$x=-2$を不等式に
代入すると，(左辺)＝$(-3)^2=9>0$　より，不等式が成り立つので，解
答は間違いである。

②　グラフをかいて考える。$y=(x-1)^2$のグラフは，下に凸の放物線で，

$x=1$でy軸に接する。よって，$x=1$以外では$y>0$となるので，答えは，$x=1$以外の実数。

【３】１　解説参照　　２　解説参照　　３　解説参照

〈解説〉１　$A^2-4A+4E=O$　より，

$A^2-4A+3E=-E$　　　$(A-E)(A-3E)=-E$

よって，$(A-E)(3E-A)=E$

したがって，$A-E$は$3E-A$を逆行列としてもつ。

２　$A^2-4A+4E=O$　より，$(A-2E)^2=O$

$A-2E\neq O$　かつ　$A-2E$　が逆行列をもつとすると，$(A-2E)^{-1}(A-2E)=E$　しかし，$(A-2E)^{-1}(A-2E)^2=O$

よって，$A-2E=O$　これは，$A-2E\neq O$と矛盾するので，$A-2E$は逆行列をもたない。

３　$A^3-5A-E=O$　より，$A^3-5A-2E=-E$　$(A+2E)(A^2-2A-E)=-E$

よって，$(A+2E)(E+2A-A^2)=E$

したがって，$A+2E$は$E+2A-A^2$を逆行列としてもつ。

【４】１　焦点の座標　$\left(0,\ \pm\dfrac{\sqrt{6}}{3}\right)$　　　長軸の長さ　2

短軸の長さ　$\dfrac{2\sqrt{3}}{3}$　　　２　焦点の座標　$\left(\dfrac{a+1}{2},\ 0\right)$

準線の方程式　$x=\dfrac{a-1}{2}$　　　３　$-\dfrac{4}{3}<a<-\dfrac{2\sqrt{3}}{3}$

〈解説〉１　$3x^2+y^2-1=0$　より，$\dfrac{x^2}{\left(\dfrac{1}{\sqrt{3}}\right)^2}+y^2=1$　$a=\dfrac{1}{\sqrt{3}},\ b=1$とおくと，

焦点の座標は$(0,\ \pm\sqrt{b^2-a^2})$，長軸の長さは$2b$，短軸の長さは$2a$

よって，焦点の座標$\left(0,\ \pm\dfrac{\sqrt{6}}{3}\right)$，長軸の長さ2，短軸の長さ$\dfrac{2\sqrt{3}}{3}$

２　$y^2-2x+a=0$　より，$y^2=4\cdot\dfrac{1}{2}\left(x-\dfrac{a}{2}\right)$

よって，焦点の座標$\left(\dfrac{1}{2}+\dfrac{a}{2},\ 0\right)$，準線の方程式$x=-\dfrac{1}{2}+\dfrac{a}{2}=\dfrac{a-1}{2}$

3 $y^2=2x-a$を$3x^2+y^2-1=0$ に代入すると，$3x^2+2x-a-1=0$…①

楕円C_1と放物線C_2はx軸に関して対称なので，$-\dfrac{\sqrt{3}}{3}<x<\dfrac{\sqrt{3}}{3}$におい

て①が異なる2つの実数解をもてばよ

い。

$f(x)=3x^2+2x-a-1=0$ とすると，

i) $\dfrac{D}{4}>0$から，$1+3(1+a)=3a+4>0$

よって，$a>-\dfrac{4}{3}$

ii) $-\dfrac{\sqrt{3}}{3}<$軸$<\dfrac{\sqrt{3}}{3}$

  軸は$x=-\dfrac{1}{3}$より条件を満たす。

iii) $f\!\left(-\dfrac{\sqrt{3}}{3}\right)>0$, $f\!\left(\dfrac{\sqrt{3}}{3}\right)>0$から，

$f\!\left(-\dfrac{\sqrt{3}}{3}\right)=-\dfrac{2\sqrt{3}}{3}-a>0$

よって，$a<-\dfrac{2\sqrt{3}}{3}$

i), ii), iii)より，$-\dfrac{4}{3}<a<-\dfrac{2\sqrt{3}}{3}$

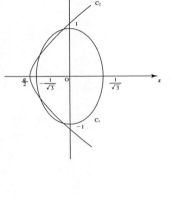

【5】 1 $y=2\sqrt{e}\,x$ 2 $\dfrac{(e-2)\sqrt{e}}{e^2}$

〈解説〉1 接点の座標を$(a,\ 2\log a+3)$とすると，$y'=\dfrac{2}{x}$より，接線の方

  程式は，$y-(2\log a+3)=\dfrac{2}{a}(x-a)$

  これが原点Oを通るので，

  $-2\log a-3=-2$ $\log a=-\dfrac{1}{2}$

  $\therefore\ a=e^{-\frac{1}{2}}$

  よって，$\dfrac{2}{a}=2e^{\frac{1}{2}}=2\sqrt{e}$

  したがって，$l:y=2\sqrt{e}\,x$

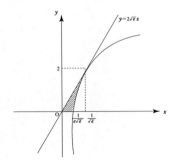

273

2　1より接点の座標は$\left(\dfrac{1}{\sqrt{e}},\ 2\right)$

なので，

$$S=\frac{1}{2}\cdot\frac{1}{\sqrt{e}}\cdot 2-\int_{\frac{1}{e\sqrt{e}}}^{\frac{1}{\sqrt{e}}}(2\log x+3)dx=\frac{1}{\sqrt{e}}-\Big[2x\log x+x\Big]_{\frac{1}{e\sqrt{e}}}^{\frac{1}{\sqrt{e}}}$$

$$=\frac{1}{\sqrt{e}}-\frac{2}{e\sqrt{e}}=\frac{(e-2)\sqrt{e}}{e^2}$$

2009年度　実施問題

【中高共通】

【 1 】 次の問いに答えなさい。

1　$3x + 5y = 2008$を満たす自然数x, yの組はいくつあるか，答えなさい。

2　a, b, c, x, y, zを実数とするとき，次の(1)，(2)の不等式を証明しなさい。また，等号が成り立つのはどのようなときか，答えなさい。

(1)　$(a^2 + b^2 + c^2)(x^2 + y^2 + z^2) \geqq (ax + by + cz)^2$

(2)　$a + 2b + 3c = 1$のとき，$a^2 + 2b^2 + 3c^2 \geqq \dfrac{1}{6}$

3　$\log_{10} 2 = 0.3010$，$\log_{10} 3 = 0.4771$とする。次の問いに答えなさい。

(1)　18^{22}は何桁の整数であるか，答えなさい。

(2)　18^{22}の最高位の数字を求めなさい。

4　A，Bの2人が階段上りのゲームをしている。ルールは，2人でじゃんけんをして，勝った人は2段上り，負けた人はそのままの位置にとどまり，もし，あいこの場合は2人とも1段ずつ上るものとする。最初の位置から10段だけ上ったところがゴールである。どちらかがゴールした時点でゲームは終了する。

　　ただし，9段目でじゃんけんに勝った場合は，その段にとどまりゴールできないものとする。このとき，6回のじゃんけん後，Aがゴールする確率を求めなさい。

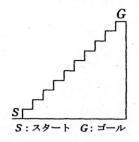

S：スタート　G：ゴール

（☆☆☆◎◎◎）

【２】実数全体の集合を全体集合とする。

　　その部分集合A＝{$x|x^2-x-6>0$}，B＝{$x|x^2-2kx-3k^2>0$}について，
A⊂Bを満たす実数kの値の範囲を求めなさい。

(☆☆☆◎◎◎)

【３】xに関する3次方程式$2x^3+3x^2-12x-k=0$は，異なる3つの実数解α，
β，γをもつものとする。$\alpha<\beta<\gamma$のとき，次の問いに答えなさい。
ただし，kは実数の定数とする。

1　kの値の範囲を求めなさい。

2　$-2<\beta<0$となるときα，γの値の範囲を求めなさい。

(☆☆☆◎◎◎)

【４】空間内の4点O，A，B，Cに対して，
$\overrightarrow{\mathrm{OA}}=\vec{a}$，$\overrightarrow{\mathrm{OB}}=\vec{b}$，$\overrightarrow{\mathrm{OC}}=\vec{c}$とする。

　　これらのベクトルが$|\vec{a}|=|\vec{b}|=|\vec{c}|=1$，$\vec{a}\cdot\vec{b}=\dfrac{1}{\sqrt{2}}$，

$\vec{b}\cdot\vec{c}=\dfrac{1}{\sqrt{2}}$，$\vec{c}\cdot\vec{a}=\dfrac{1}{3}$を満たすとき，次の問いに答えなさい。

1　点Cを通り△OABを含む平面に垂直な直線が，この平面と交わる点
をDとするとき，$\overrightarrow{\mathrm{CD}}$を$\vec{a}$，$\vec{b}$，$\vec{c}$を用いて表しなさい。

2　四面体OABCの体積を求めなさい。

(☆☆☆◎◎◎)

【中学校】

【１】平成19年4月24日に小学校6年生及び中学校3年生を対象に実施され
た「全国学力・学習状況調査」によれば，「知識・技能を活用する力
に課題がある」と指摘されている。

　　「2元1次連立方程式」の学習で学んだ知識・技能を実生活で活用す
る場面を想定した文章題をつくり，解答しなさい。

(☆☆☆◎◎◎)

【2】xの3次方程式$x^3+ax^2+bx+c=0$……(*)が，$-2-\sqrt{3}\,i$を解にもつとき，次の問いに答えなさい。ただし，a，b，cは実数の定数とする。

1　a，bをそれぞれcで表しなさい。

2　複素数平面上で，方程式(*)の3つの解を表す3点が正三角形をなすとき，a，b，cの値を求めなさい。

(☆☆☆◎◎◎)

【3】△ABCにおいて，AB＝3，BC＝7，CA＝5である。この三角形に内接する円の中心をIとし，AIの延長線とBCとの交点をDとするとき，次の問いに答えなさい。

1　△ABCの内接円の半径を求めなさい。

2　線分IDの長さを求めなさい。

3　辺AB上の点Sと辺AC上の点Tを結ぶ線分STによって△ABCの面積を2等分するとき，線分STの長さの最小値を求めなさい。

(☆☆☆◎◎◎)

【高等学校】

【1】平成17年に高等学校3年生約15万人を対象に実施された「教育課程実施状況調査」によれば，「日常の事象と数学との関連づけ」に関する課題が指摘されている。

　「2次関数の最大・最小」の学習で学んだ知識・技能を実生活で活用する場面を想定した文章題をつくり，解答しなさい。

(☆☆☆◎◎◎)

【2】2次の正方行列$A=\begin{pmatrix} x & x-2 \\ y & 2 \end{pmatrix}$が$A^2+A-6E=0$を満たすとき，次の問いに答えなさい。ただし，Eは単位行列，0は零行列である。

1　x，yの値を求めなさい。

2　$x<y$のとき，A^3+A^2-5A+Eを求めなさい。

(☆☆☆◎◎◎)

【３】$I_n = \int_0^{\frac{\pi}{2}} \cos^n 3x\, dx\,(n=0,\ 1,\ 2,\ 3,\ \cdots\cdots)$とおく。

次の問いに答えなさい。

1　I_0, I_1, I_2の値を求めなさい。

2　$\pi \geqq 2$のとき，I_nをI_{n-2}で表しなさい。

3　I_9, I_{10}の値を求めなさい。

(☆☆☆◎◎◎)

解答・解説

【中高共通】

【１】1　134組　　2　解説参照　　3　(1)　28桁　　(2)　4　$\dfrac{20}{729}$

〈解説〉1　$3x+5y=2008\cdots\cdots①$　　$x=1$, $y=401$は①の解

$3\cdot1+5\cdot401=2008\cdots\cdots②$　　①－②より　$3(x-1)+5(y-401)=0$

$3(x-1)=-5(y-401)\cdots\cdots③$

ここで，3と5は互いに素であるから，

$x-1$は5の倍数。$x-1=5n$（nは0以上の整数）とおける。

よって，$x=5n+1$　③に代入し，$y=-3n+401$

$x>0$, $y>0$より，$5n+1>0$, $-3n+401>0$

両方満たすnの範囲は$-\dfrac{1}{5}<n<\dfrac{401}{3}$

nは0以上の整数であるから，$0\leqq n\leqq133$

したがって，条件式を満たす自然数x, yの組は　134組

2　(1)　(左辺)－(右辺)

$=a^2x^2+a^2y^2+a^2z^2+b^2x^2+b^2y^2+b^2z^2+c^2x^2+c^2y^2+c^2z^2$

$-(a^2x^2+b^2y^2+c^2z^2+2abxy+2bcyz+2cazx)$

$=(a^2y^2-2abxy+b^2x^2)+(b^2z^2-2bcyz+c^2y^2)+(c^2x^2-2cazx+a^2z^2)$

$=(ay-bx)^2+(bz-cy)^2+(cx-az)^2\geqq0$

よって，$(a^2+b^2+c^2)(x^2+y^2+z^2)\geqq(ax+by+cz)^2$

等号成立は$ay-bx=0$かつ，$bz-cy=0$かつ，$cx-az=0$

すなわち，$ay=bx$　かつ，　$bz=cy$　かつ，$cx=az$

(2)　(1)において

$a=1$，$b=\sqrt{2}$，$c=\sqrt{3}$，$x=a$，$y=\sqrt{2}\,b$，$z=\sqrt{3}\,c$　とおく

$(1+2+3)(a^2+2b^2+3c^2)\geqq(a+2b+3c)^2$

両辺を6で割って，

$a^2+2b^2+3c^2\geqq\dfrac{1}{6}(a+2b+3c)^2$

$a+2b+3c=1\cdots$①であるから　$a+2b^2+3c^2\geqq\dfrac{1}{6}$

等号成立は$\sqrt{2}\,b=\sqrt{2}\,a$かつ，$\sqrt{3}\,c=\sqrt{6}\,b$かつ，$\sqrt{3}\,a=\sqrt{3}\,c$

すなわち，$a=b=c$

これと①より　$a=b=c=\dfrac{1}{6}$のとき

3　(1)　$\log_{10}18^{22}=22\log_{10}(3^2\cdot2)$

$=22(2\log_{10}3+\log_{10}2)$

$=22(2\times0.4771+0.3010)$

$=27.6144$

$27<\log_{10}18^{22}<28$であるから，

$\log_{10}10^{27}<\log_{10}18^{22}<\log_{10}10^{28}$

底10は1より大きいから，

$10^{27}<18^{22}<10^{28}$　ゆえに，18^{22}は28桁の整数

(2)　$18^{22}=10^{27.6144}=10^{27}\cdot10^{0.6144}$

ここで，$\log_{10}4=2\log_{10}2=0.6020$，$\log_{10}5=1-\log_{10}2=0.6990$

$\log_{10}4<0.6144<\log_{10}5$

$\log_{10}4<\log_{10}10^{0.6144}<\log_{10}5$

底10は1より大きいから，

$4<10^{0.6144}<5$

最高位の数字は　4

4　Aが，1回のじゃんけんで勝つ，負ける，あいこになる確率はいずれも$\dfrac{1}{3}$

(i)　5回終了時までに，勝ちが4回，あいこが1回で9段目にいて，6回

目をあいこでゴールする場合の確率は，

$$_5C_4\left(\frac{1}{3}\right)^4\cdot\frac{1}{3}\times\frac{1}{3}=\frac{5}{3^6}$$

(ii)　5回終了時までに，勝ちが4回，負けが1回で8段目にいて，6回目を勝ってゴールする場合の確率は，

$$_5C_4\left(\frac{1}{3}\right)^4\cdot\frac{1}{3}\times\frac{1}{3}=\frac{5}{3^6}$$

(iii)　5回終了時までに，勝ちが3回，あいこが2回で8段目にいて，6回目を勝ってゴールする場合の確率は，

$$_5C_3\left(\frac{1}{3}\right)^3\left(\frac{1}{3}\right)^2\times\frac{1}{3}=\frac{10}{3^6}$$

(i)，(ii)，(iii)は互いに排反であるから，$\dfrac{5}{3^6}+\dfrac{5}{3^6}+\dfrac{10}{3^6}=\dfrac{20}{729}$

(別解)

(i)　6回中5回勝ち1回負け　　(ii)　6回中4回勝ち2回あいこ　　ただし，(i)のうち，勝勝勝勝勝負は5回目でゴールするのでこれを除く

$$_6C_5\left(\frac{1}{3}\right)^5\left(\frac{1}{3}\right)+_6C_4\left(\frac{1}{3}\right)^4\left(\frac{1}{3}\right)^2-\left(\frac{1}{3}\right)^5\left(\frac{1}{3}\right)=\frac{5}{3^6}+\frac{15}{3^6}-\frac{1}{3^6}=\frac{20}{729}$$

【２】解説参照

〈解説〉Aについて$x^2-x-6>0$　　$(x+2)(x-3)>0$　　$x<-2,\ 3<x$

Bについて$x^2-2kx-3k^2>0$を考える

$(x+k)(x-3k)>0\cdots①$

(i)$k\geqq0$のとき$-k\leqq3k$であるから

①の解は　$x<-k,\ 3k<x$

$A\subset B$を満たすためには，

$-2\leqq-k$かつ，$3k\leqq3$

$k\geqq0$であるから　$0\leqq k\leqq1$

(ii)　$k<0$のとき$3k<-k$であるから

①の解は　$x<3k,\ -k<x$

$A\subset B$を満たすためには，

$-2\leqq3k$かつ，$-k\leqq3$

$k<0$であるから　$-\dfrac{2}{3}\leqq k<0$

(i), (ii)より，$-\dfrac{2}{3} \leqq k \leqq 1$

【3】1　$-7 < k < 20$

2　$\dfrac{-3-\sqrt{105}}{4} < \alpha < -2, \quad \dfrac{-3+\sqrt{105}}{4} < \gamma < \dfrac{5}{2}$

〈解説〉1　$2x^3 + 3x^2 - 12x = k$

$f(x) = 2x^3 + 3x^2 - 12x$ とおく

$f'(x) = 6x^2 + 6x - 12 = 6(x+2)(x-1)$

$f'(x) = 0$ とすると　$x = -2, \ 1$

x	$\cdots$	-2	$\cdots$	1	$\cdots$
$f'(x)$	$+$	0	$-$	0	$+$
$f(x)$	↗	20	↘	-7	↗

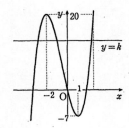

グラフより $y = f(x)$ と $y = k$ が異なる3点で交わる k を考えると，

$-7 < k < 20$

2　$f(-2) = 20$ である。

ここで，$f(x) = 20$ になる x は

$2x^3 + 3x^2 - 12x = 20$

$(x+2)^2(2x-5) = 0$

$x = -2(2重解), \ \dfrac{5}{2}$

$f(0) = 0$ である。

ここで，$f(x) = 0$ になる x は

$2x^3 + 3x^2 - 12x = 0$

$$x(2x^2+3x-12)=0$$

$$x=0, \quad \frac{-3\pm\sqrt{105}}{4}$$

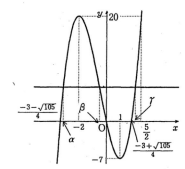

$y=f(x)$ と $y=k$ のグラフが異なる3点で交わり，そのうち，x座標が2番目に大きい点のx座標が-2と0の間にあればよいから，

グラフより，条件を満たす α，γ の範囲は

$$\frac{-3-\sqrt{105}}{4}<\alpha<-2, \quad \frac{-3+\sqrt{105}}{4}<\gamma<\frac{5}{2}$$

【４】1　解説参照　　2　$\dfrac{\sqrt{2}}{18}$

〈解説〉1　点Dは平面OAB上にあるから，

$$\overrightarrow{OD}=m\vec{a}+n\vec{b}\ (m,\ n\text{は実数})\text{とおける。}$$

$$\overrightarrow{CD}=\overrightarrow{OD}-\overrightarrow{OC}=m\vec{a}+n\vec{a}-\vec{c}\cdots\text{①}$$

$$\overrightarrow{CD}\perp\overrightarrow{OA}\ \text{より}\ \overrightarrow{CD}\cdot\overrightarrow{OA}=0$$

$$(m\vec{a}+n\vec{b}-\vec{c})\cdot\vec{a}=0$$

$$m\vec{a}\cdot\vec{a}+n\vec{b}\cdot\vec{a}-\vec{c}\cdot\vec{a}=0 \quad \text{条件を代入し}$$

$$m+\frac{1}{\sqrt{2}}n-\frac{1}{3}=0\cdots\text{②}$$

$$\overrightarrow{CD}\perp\overrightarrow{OB}\ \text{より}\ \overrightarrow{CD}\cdot\overrightarrow{OB}=0$$

$(m\vec{a}+n\vec{b}-\vec{c})\cdot\vec{b}=0$

$m\vec{a}\cdot\vec{b}+n\vec{b}\cdot\vec{b}-\vec{c}\cdot\vec{b}=0$　条件を代入し

$\dfrac{1}{\sqrt{2}}m+n-\dfrac{1}{\sqrt{2}}=0\cdots③$

②③より$m=-\dfrac{1}{3}$, $n=\dfrac{2\sqrt{2}}{3}$

①に代入し，$\vec{CD}=-\dfrac{1}{3}\vec{a}+\dfrac{2\sqrt{2}}{3}\vec{b}-\vec{c}$

2　この四面体の底面を△OABと考えると高さがCDにあたる。

CDの長さを求める。

$|\vec{CD}|^2=\vec{CD}\cdot\vec{CD}$

$=\left(-\dfrac{1}{3}\vec{a}+\dfrac{2\sqrt{2}}{3}\vec{b}-\vec{c}\right)\cdot\left(-\dfrac{1}{3}\vec{a}+\dfrac{2\sqrt{2}}{3}\vec{b}-\vec{c}\right)$

$=\dfrac{1}{9}\vec{a}\cdot\vec{a}+\dfrac{8}{9}\vec{b}\cdot\vec{b}+\vec{c}\vec{c}-\dfrac{4\sqrt{2}}{9}\vec{a}\cdot\vec{b}-\dfrac{4\sqrt{2}}{3}\vec{b}\cdot\vec{c}$

$+\dfrac{2}{3}\vec{c}\cdot\vec{a}$

$=\dfrac{4}{9}$

$|\vec{CD}|>0$より　$|\vec{CD}|=\dfrac{2}{3}$　∴　$CD=\dfrac{2}{3}$

次に，底面△OABの面積を求める。

$△OAB=\dfrac{1}{2}\sqrt{|\vec{a}|^2|\vec{b}|^2-(\vec{a}\cdot\vec{b})^2}$

$=\dfrac{1}{2}\sqrt{1^2\cdot1^2-\dfrac{1}{2}}$

$=\dfrac{\sqrt{2}}{4}$

(四面体OABCの体積)

$=\dfrac{1}{3}\cdot\dfrac{\sqrt{2}}{2}\cdot\dfrac{2}{3}$

$=\dfrac{\sqrt{2}}{18}$

283

【中学校】

【１】解説参照

〈解説〉文章題

　　例　ある店で，ノート1冊とボールペン1本を買いました。

　　定価どおりだと300円でしたが，ノートは半額，ボールペンは20％引きだったので，代金は186円でした。

　　ノート1冊とボールペン1本の定価をそれぞれ求めなさい。

　　解答

　　ノート1冊の定価をx円，ボールペン1本の定価をy円とする。

$$\begin{cases} x+y=300 \cdots ① \\ 0.5x+0.8y=186 \cdots ② \end{cases}$$

　　①×5－②×10

$$-3y=-360$$

$$y=120$$

　　①に代入し，$x=180$

$$\begin{cases} x=180 \\ y=120 \end{cases}$$

　　ノート1冊の定価　180円，ボールペン1本の定価　120円

【２】1　解説参照　　2　解説参照

〈解説〉1　実数係数の3次方程式において，共役な複素数$-2+\sqrt{3}\,i$も解であり，もう1つの解は実数であるからαとおく

　　解と係数の関係から，

$$\begin{cases} \alpha +(-2-\sqrt{3}\,i)+(-2+\sqrt{3}\,i)=-a \\ \alpha (-2-\sqrt{3}\,i)+(-2-\sqrt{3}\,i)(-2+\sqrt{3}\,i)+(-2+\sqrt{3}\,i)\alpha =b \\ \alpha (-2-\sqrt{3}\,i)(-2+\sqrt{3}\,i)=-c \end{cases}$$

$$a=-\alpha +4$$

$$b=-4\alpha +7$$

$$c=-7\alpha$$

　　これより，

$$a = \frac{1}{7}c + 4$$

$$b = \frac{4}{7}c + 7$$

2　複素数平面上で考えると

$\alpha = 1,\ -5$であるから，1により

$(a,\ b,\ c) = (3,\ 3,\ -7),\ (9,\ 27,\ 35)$

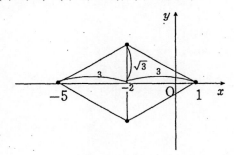

【3】1　$\dfrac{\sqrt{3}}{2}$　　2　$\dfrac{7}{8}$　　3　$\dfrac{3\sqrt{10}}{2}$

〈解説〉1　余弦定理より

$$\cos A = \frac{3^2 + 5^2 - 7^2}{2 \cdot 3 \cdot 5} = -\frac{1}{2}$$

$0° < A < 180°$だから，$A = 120°$

$$\triangle ABC = \frac{1}{2} \cdot 3 \cdot 5\sin 120° = \frac{15\sqrt{3}}{4}$$

内接円の半径をr，$\triangle ABC$の面積をSとすると，

$$S = \frac{1}{2}r(3 + 7 + 5)より$$

$$r = \frac{\sqrt{3}}{2}$$

内接円の半径　$\dfrac{\sqrt{3}}{2}$

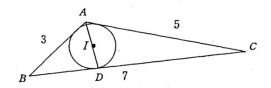

2　Iから辺ABに下ろした垂線の足をEとすると

$\triangle$AEIはEI$=\dfrac{\sqrt{3}}{2}$，$\angle$AEI$=90°$，$\angle$EAI$=60°$

の直角三角形であるから，AI$=1$

また，$\triangle$ABD$+\triangle$ADC$=\triangle$ABCより

$\dfrac{1}{2}\cdot 3\cdot$AD$\cdot\sin60°+\dfrac{1}{2}\cdot 5\cdot$ADsin$60°=\dfrac{15\sqrt{3}}{4}$

よって，AD$=\dfrac{15}{8}$

ID$=\dfrac{15}{8}-1=\dfrac{7}{8}$

3

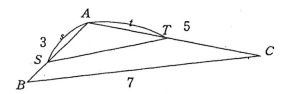

AS$=s$，AT$=t(0<s<3,\ 0<t<5)$とすると

$\triangle$AST$=\dfrac{1}{2}st\sin120°=\dfrac{15\sqrt{3}}{4}\times\dfrac{1}{2}$

$st=\dfrac{15}{2}$　よって　$t=\dfrac{15}{2s}\cdots$①

$\triangle$ASTにおいて余弦定理より

ST$^2=s^2+t^2-2st\cos120°$

$=s^2+t^2+st$

$=s^2+\dfrac{225}{4s^2}+\dfrac{15}{2}(\because$①より$)$

$$\geqq 2\sqrt{s^2\cdot\frac{225}{4s^2}}+\frac{15}{2}\quad\left(\because s^2>0,\ \frac{225}{4s^2}>0\quad\text{相加相乗平均の関係}\right)$$

$$=\frac{45}{2}\quad\left(\text{等号成立は}s^2=\frac{225}{4s^2}\text{すなわち}s=\frac{\sqrt{30}}{3}\right)$$

ST$>$0より　　STの最小値は$\dfrac{3\sqrt{10}}{2}\left(\text{AS}=\text{AT}=\dfrac{\sqrt{30}}{3}\text{のとき}\right)$

【高等学校】

【1】解説参照

〈解説〉文章題

　　例　長さ60mのロープで長方形の囲いをつくりたい。囲いの面積をできるだけ広くするには縦と横の長さをいくらにすればよいか。また，そのときの長方形の面積を求めなさい。

　　解答

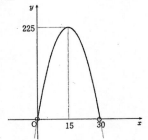

縦の長さをxmとする。横の長さは$(30-x)$mと表せる。

ただし，$x>0$，$30-x>0$より　$0<x<30\cdots$①

長方形の面積をym²とし，式をつくると

$y=x(30-x)$

$=-x^2+30x$

$=-(x-15)^2+225$

①の範囲で　$x=15$のとき　yは最大で，最大値225

よって，縦15m　横15mのとき　面積の最大値225m²

【２】１　解説参照　　２　解説参照

〈解説〉１　$A^2+A-6E=O$…①　ケーリー・ハミルトンの定理より

$A^2-(x+2)A+(2x+2y-xy)E=O$…②　②－①より

$-(x+3)A+(2x+2y-xy+6)E=O$

$(x+3)A=(2x+2y-xy+6)E$

(i)　$A≠kE(k$は実数)のとき

$x+3=0$　$2x+2y-xy+6=0$

よって　$x=-3$　$y=0$

(ii)　$A=kE(k$は実数)のとき

①に代入し　$k^2E+kE-6E=O$　$(k^2+k-6)E=O$

$E≠O$より　$k^2+k-6=0$　$k=-3,2$

$A=-3E,2E$

$A=-3E$は条件をみたすx,yが存在しないので不適

$A=2E$より　$x=2$　$y=0$

(i)(ii)より　$(x,y)=(-3,0),(2,0)$

２　１より　$(x,y)=(-3,0)$　すなわち　$A=\begin{pmatrix}-3 & -5 \\ 0 & 2\end{pmatrix}$

$A^3+A^2-5A+E=(A^2+A-6E)A+6A-5A+E$

$=A+E$

$=\begin{pmatrix}-3 & -5 \\ 0 & 2\end{pmatrix}+\begin{pmatrix}1 & 0 \\ 0 & 1\end{pmatrix}=\begin{pmatrix}-2 & -5 \\ 0 & 3\end{pmatrix}$

【３】１　$I_0=\dfrac{\pi}{2}$,　$I_1=-\dfrac{1}{3}$,　$I_2=\dfrac{\pi}{4}$　　　２　解説参照　　　３　解説参照

〈解説〉１　$I_0=\displaystyle\int_0^{\frac{\pi}{2}}1dx=[x]_0^{\frac{\pi}{2}}=\dfrac{\pi}{2}$

$I_1=\displaystyle\int_0^{\frac{\pi}{2}}\cos3xdx=\dfrac{1}{3}[\sin3x]_0^{\frac{\pi}{2}}=-\dfrac{1}{3}$

$I_2=\displaystyle\int_0^{\frac{\pi}{2}}\cos^23xdx=\int_0^{\frac{\pi}{2}}\dfrac{\cos6x+1}{2}dx=\dfrac{1}{2}\left[\dfrac{1}{6}\sin6x+x\right]_0^{\frac{\pi}{2}}=\dfrac{\pi}{4}$

２　$I_n=\displaystyle\int_0^{\frac{\pi}{2}}\cos^{n-1}3x\cdot\cos3xdx$

$$= \left[\cos^{n-1}3x \cdot \frac{1}{3}\sin 3x\right]_0^{\frac{\pi}{2}} - \int_0^{\frac{\pi}{2}} (n-1)\cos^{n-2}3x \cdot (-3\sin 3x) \cdot \frac{1}{3}\sin 3x dx$$

$$= (n-1)\int_0^{\frac{\pi}{2}} \cos^{n-2}3x \cdot \sin^2 3x dx$$

$$= (n-1)\int_0^{\frac{\pi}{2}} \cos^{n-2}3x(1-\cos^2 3x)dx$$

$$= (n-1)\left\{\int_0^{\frac{\pi}{2}} \cos^{n-2}3x dx - \int_0^{\frac{\pi}{2}} \cos^n 3x dx\right\}$$

$$= (n-1)(I_{n-2}-I_n)$$

$$nI_n = (n-1)I_{n-2}$$

よって, $I_n = \dfrac{n-1}{n}I_{n-2}$

3　$I_9 = \dfrac{8}{9}I_7 = \dfrac{8}{9} \cdot \dfrac{6}{7}I_5 = \dfrac{8}{9} \cdot \dfrac{6}{7} \cdot \dfrac{4}{5}I_3 = \dfrac{8}{9} \cdot \dfrac{6}{7} \cdot \dfrac{4}{5} \cdot \dfrac{2}{3}I_1$

$$= -\frac{128}{945}$$

$I_{10} = \dfrac{9}{10}I_8 = \dfrac{9}{10} \cdot \dfrac{7}{8}I_6 = \dfrac{9}{10} \cdot \dfrac{7}{8} \cdot \dfrac{5}{6}I_4 = \dfrac{9}{10} \cdot \dfrac{7}{8} \cdot \dfrac{5}{6} \cdot \dfrac{3}{4}I_2$

$$= \frac{9}{10} \cdot \frac{7}{8} \cdot \frac{5}{6} \cdot \frac{3}{4} \cdot \frac{1}{2}I_0$$

$$= \frac{63}{512}\pi$$

2008年度　実施問題

【中高共通】

【1】次の問いに答えなさい。

1　1から50までの自然数について，次の問いに答えなさい。

(1)　約数の個数が3個である自然数は何個あるか，答えなさい。

(2)　約数の個数が4個である自然数は何個あるか，答えなさい。

2　xの関数$f(x)＝9^x＋9^{-x}－2a(3^x＋3^{-x})$（$a$は定数)について，次の問いに答えなさい。

(1)　$t＝3^x＋3^{-x}$とおくとき，tのとりうる値の範囲を求めなさい。

(2)　$f(x)$の最小値を求めなさい。また，そのときのxの値を求めなさい。

3　a，b，cを実数とするとき，次の(1)，(2)の不等式を証明しなさい。また，等号が成り立つのはどのようなときか，答えなさい。

(1)　$a^2＋b^2＋c^2≧ab＋bc＋ca$

(2)　$a^4＋b^4＋c^4≧abc(a＋B＋c)$

4　次の図で，2点A，Bは定点であり，直線lは定直線である。また，点Pはl上を動く点である。このとき3点A，B，Pを用いた問題を2つ作成しなさい。また，それぞれの問題について，問題作成の意図を簡潔に述べなさい。

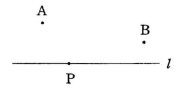

(☆☆☆☆◎◎)

【2】展開図が次の図のようになる正四角錐について，下の問いに答えな
さい。

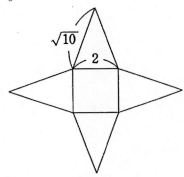

1 正四角錐の表面積を求めなさい。
2 正四角錐の体積を求めなさい。
3 正四角錐に内接する球の半径を求めなさい。

(☆☆☆◎◎◎)

【3】2次正方行列A，Pについて，次の問いに答えなさい。
1 Pが逆行列P^{-1}をもつとき，$(P^{-1}AP)^n = P^{-1}A^nP$が任意の自然数$n$に対して成り立つことを，数学的帰納法を用いて証明しなさい。
2 $A = \begin{pmatrix} 4 & 2 \\ 1 & 3 \end{pmatrix}$, $P = \begin{pmatrix} 1 & 2 \\ -1 & 1 \end{pmatrix}$のとき，$A^n$を求めなさい。

(☆☆☆◎◎◎)

【4】次の図において，△OABの辺OA上にOA：OD＝1：p，辺OB上に
OB：OD＝1：q(ただし，0＜p＜1，0＜q＜1)となる点C，Dをとる。
ADとBCとの交点をEとし，OEの延長線とABとの交点をFとする。
$$\overrightarrow{OA} = \vec{a}, \quad \overrightarrow{OB} = \vec{b} \text{とするとき，あとの問いに答えなさい。}$$

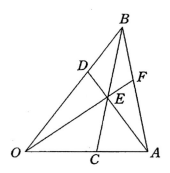

1　$\overrightarrow{OE}$ を $\overrightarrow{a}$, $\overrightarrow{b}$ を用いて表しなさい。

2　$\overrightarrow{OF}$ を $\overrightarrow{a}$, $\overrightarrow{b}$ を用いて表しなさい。

(☆☆☆◎◎◎)

【中学校】

【1】数列 $\{a_n\}$ の初項から第 n 項までの和を S_n とする。

$S_n = n^3 + 3n^2 + 2n$ のとき，次の問いに答えなさい。

1　一般項 a_n を求めなさい。

2　$\displaystyle\sum_{k=1}^{n} \frac{1}{a_k}$ を求めなさい。

(☆☆☆◎◎◎)

【2】1個のサイコロを3回投げ，出た目の数を順に a，b，cとするとき，積 abc が8の倍数となる確率を求めなさい。

(☆☆☆◎◎◎)

【3】次の図で，△ABCの内接円をO_1とする。また，線分ABをBのほうへ延長した線と点Dで接し，線分ACをCのほうへ延長した線と点Eで接し，辺BCと点Fで接する円をO_2とする。

AB＝7，BC＝8，CA＝9であるとき，あとの問いに答えなさい。

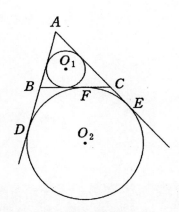

1 △ABCの面積を求めなさい。

2 円O_1の半径を求めなさい。

3 円O_2の半径を求めなさい。

(☆☆☆◎◎◎)

【高等学校】

【1】関数$f(x)$, $g(x)$が, $f'(x)=g(x)$, $g'(x)=f(x)$, $f(0)=0$, $g(0)=2$をみたすとき, 次の問いに答えなさい。

1 $f(x)+g(x)$を求めなさい。

2 $f(x)$, $g(x)$をそれぞれ求めなさい。

(☆☆☆◎◎◎)

【2】袋の中に, 数字の1, 2, 3, 4, 5を1つずつ書いた玉が5個入っている。この袋から, 無作為に玉を1個取り出して, それに記された数を記録し, 取り出した玉を袋の中に戻す, という操作をn回繰り返す。このとき, 記録されたn個の数の和が偶数である確率p_nを求めなさい。ただし, nは正の整数とする。

(☆☆☆◎◎◎)

【3】 $\theta=\dfrac{360^\circ}{7}$, $\alpha=\cos\theta+i\sin\theta$, $\beta=\alpha+\alpha^2+\alpha^4$のとき，次の問いに答えなさい。

1　$\overline{\alpha}=\alpha^6$が成り立つことを示しなさい。

2　$\beta+\overline{\beta}$, $\beta\,\overline{\beta}$ の値を求めなさい。

3　$\cos\theta+\cos2\theta+\cos4\theta$ の値を求めなさい。

(☆☆☆◎◎◎)

解答・解説

【中高共通】

【1】1　(1)　4個　　(2)　15個　　2　(1)　$t\geqq2$　(等号は$x=0$のとき成り立つ)　　(2)　$x=0$のとき最小値$2-4a$　　3　(1)(2)　解説参照

4　〔問題例1〕AP＝BPとなる点Pの位置を定めなさい。　問題作成の意図：2定点からの距離が等しい点は，垂直二等分線上にあることの理解をみる。　〔問題例2〕AP＋BPが最小となる点Pの位置を定めなさい。　問題作成の意図：対称移動を利用して，線分の長さの和が最小となる条件を図形的にとらえる力をみる。

〈解説〉(1)　素数とは「1より大きい整数で1とその数自身以外に約数をもたない数をいう。たとえば，2，3，5，7，11，13，…
約数の個数が3個である自然数は，4，9，25，49である。

(2)　約数の個数が4個である自然数は，6，10，14，22，26，34，38，46と15，21，33，39と35と8，20の15個である。

2　(1)　$3^x>0$, $3^{-x}>0$だから，相加平均と相乗平均の関係から
$t=3^x+3^{-x}\geqq2\sqrt{3^x\cdot3^{-x}}=2$
よって　$t\geqq2$　(等号は$x=0$のとき成り立つ)

(2)　$t^2=(3x+3^{-x})^2$
$t^2=9^x+2+9^{-x}$　だから　$9^x+9^{-x}=t^2-2$

よって　$y=f(x)$とおくと　$y=t^2-2-2at$

∴　$y=(t-a)^2-a^2-2$

(1)より　$t≧2$だから

i)　$a≦2$のとき

$t=2$のとき最少となる。

よって，$x=0$のとき　最小値$2-4a$

ii)　$a>2$のとき

$t=a$のとき最小となる。

$3^x+3^{-x}=a$　より

$(3x)^2-a・3^x+1=0$

∴　$3^x=\dfrac{a±\sqrt{a^2-4}}{2}$

よって

$x=\log_3\dfrac{a±\sqrt{a^2-4}}{2}$のとき　最小値　$-a^2-2$

3　(1)　(左辺)$-$(右辺)$=a^2+b^2+c^2-(ab+bc+ca)$

$\qquad\qquad\qquad=\dfrac{1}{2}(2a^2+2b^2+2c^2-2ab-2bc-2ca)$

$\qquad\qquad\qquad=\dfrac{1}{2}\{(a^2-2ab+b^2)+(b^2-2bc+c^2)(c^2-2ca+a^2)\}$

$\qquad\qquad\qquad=\dfrac{1}{2}\{(a-b)^2+(b-c)^2+(c-a)^2\}≧0$

よって　$a^2+b^2+C^2≧ab+bc+ca$　が成り立つ。

また，等号が成り立つのは，$a-b=0$　かつ　$b-c=0$　かつ　$c-a=0$

すなわち　$a=b=c$のときである。

(2)　$a^4+b^4+c^4≧abc(a+b+c)$

(1)より　$a^4+b^4+c^4=(a^2)^2+(b^2)^2+(c^2)^2≧a^2b^2+b^2c^2+c^2a^2$　…①

ここで

$a^2b^2+b^2c^2+c^2a^2=(ab)^2+(bc)^2+(ca)^2$であり，(1)を利用すると

$(ab)^2+(bc)^2+(ca)^2≧ab・bc+bc・ca+ca・ab$

$\qquad\qquad\qquad=abc(b+c+a)$

したがって　$(ab)^2+(bc)^2+(ca)^2≧abc(b+c+a)$

$\therefore$　$a^2b^2+b^2c^2+c^2a^2 \geqq abc(a+b+c)$　…②

①，②より　$a^4+b^4+c^4 \geqq a^2b^2+b^2c^2+c^2a^2 \geqq abc(a+b+c)$

よって　$a^4+b^4+c^4 \geqq abc(a+b+c)$　が成り立つ。

また，等号が成り立つのは，$a=b=c$ のときである。

【2】1　16　　2　$\dfrac{8\sqrt{2}}{3}$　　3　$\dfrac{\sqrt{2}}{2}$

〈解説〉1

側面における三角形の高さを h とおくと，

$10=1+h^2$　$h^2=9$　$h=3$

よって，表面積は　$4 \times \left(\dfrac{1}{2} \times 2 \times 3\right)+2 \times 2=12+4=16$

2　正四角錐の高さを k とおくと

$3^2=k^2+1^2$　$k=\sqrt{8}$

よって，正四角錐の体積は　$\dfrac{1}{3} \times 2 \times 2 \times \sqrt{8}=\dfrac{8\sqrt{2}}{3}$

3

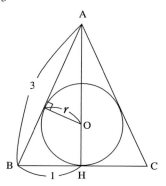

上の三角形で AB＝3，BC＝2，AH＝$\sqrt{9-1}$＝$\sqrt{8}$，半径を r とおくと

三角形の面積を考えて

$2\left(\dfrac{1}{2} \times 3 \times r\right)+\dfrac{1}{2} \times 2 \times r=\dfrac{1}{2} \times 2 \times \sqrt{8}$

$3r+r=\sqrt{8}$　$\therefore$　$r=\dfrac{\sqrt{2}}{2}$

【3】1　解説参照　2　$A^n = \dfrac{1}{3}\begin{pmatrix} 2^n+2\cdot 5^n & -2^{n+1}+2\cdot 5^n \\ -2^n+5^n & 2^{n+1}+5^n \end{pmatrix}$

〈解説〉1　[Ⅰ]　$n=1$ のとき，明らかに成り立つ。

[Ⅱ]　$n=k$ のとき，$(P^{-1}AP)^k = P^{-1}A^k P$ が成り立つと仮定する。

ここで，$n=k+1$ のとき

$$\begin{aligned}(P^{-1}AP)^{k+1} &= (P^{-1}AP)^k(P^{-1}AP)\\ &= (P^{-1}A^k P)(P^{-1}AP)\\ &= P^{-1}A^k PP^{-1}AP\\ &= P^{-1}A^k EAP\\ &= P^{-1}A^{k+1}P\end{aligned}$$

ゆえに　$n=k+1$ のときも成り立つ。

[Ⅰ][Ⅱ]より，$(P^{-1}AP)^n = P^{-1}A^n P$ が任意の自然数 n に対して成り立つ。

2　$P^{-1} = \dfrac{1}{3}\begin{pmatrix} 1 & -2 \\ 1 & 1 \end{pmatrix}$ である。

よって　$\begin{aligned}P^{-1}AP &= \dfrac{1}{3}\begin{pmatrix} 1 & -2 \\ 1 & 1 \end{pmatrix}\begin{pmatrix} 4 & 2 \\ 1 & 3 \end{pmatrix}\begin{pmatrix} 1 & 2 \\ -1 & 1 \end{pmatrix}\\ &= \begin{pmatrix} 2 & 0 \\ 0 & 5 \end{pmatrix}\end{aligned}$

ゆえに　$(P^{-1}AP)^n = \begin{pmatrix} 2 & 0 \\ 0 & 5 \end{pmatrix}^n = \begin{pmatrix} 2^n & 0 \\ 0 & 5^n \end{pmatrix}$

$(P^{-1}AP)^n = P^{-1}A^n P$ より

$P^{-1}A^n P = \begin{pmatrix} 2^n & 0 \\ 0 & 5^n \end{pmatrix}$

両辺に左から P，右から P^{-1} をかけると

$\begin{aligned}A^n &= P\begin{pmatrix} 2^n & 0 \\ 0 & 5^n \end{pmatrix}P^{-1}\\ &= \begin{pmatrix} 1 & 2 \\ -1 & 1 \end{pmatrix}\begin{pmatrix} 2^n & 0 \\ 0 & 5^n \end{pmatrix}\dfrac{1}{3}\begin{pmatrix} 1 & -2 \\ 1 & 1 \end{pmatrix}\end{aligned}$

$\therefore$　$A^n = \dfrac{1}{3}\begin{pmatrix} 2^n+2\cdot 5^n & -2^{n+1}+2\cdot 5^n \\ -2^n+5^n & 2^{n+1}+5^n \end{pmatrix}$

【4】1　$\overrightarrow{OE} = \dfrac{p(1-q)}{1-pq}\,\vec{a} + \dfrac{q(1-p)}{1-pq}\,\vec{b}$

2　$\overrightarrow{OF} = \dfrac{p(1-q)}{p+q-2pq}\,\vec{a} + \dfrac{q(1-p)}{p+q-2pq}\,\vec{b}$

〈解説〉1　DE：EA＝$1-s$：sとおくと，　$\overrightarrow{OE}=(1-s)\overrightarrow{OA}+s\overrightarrow{OD}$

∴　$\overrightarrow{OE}=(1-s)\overrightarrow{a}+sq\overrightarrow{b}$　…①

CE：EB＝$1-t$：tとおくと，　$\overrightarrow{OE}=(1-t)\overrightarrow{OB}+t\overrightarrow{OC}$

∴　$\overrightarrow{OE}=tp\overrightarrow{a}+(1-t)\overrightarrow{b}$　…②

①，②より　$(1-s)\overrightarrow{a}+sq\overrightarrow{b}=tp\overrightarrow{a}+(1-t)\overrightarrow{b}$

$\overrightarrow{a}$，$\overrightarrow{b}$ は一次独立だから

$$\begin{cases} 1-s=tp & \cdots③ \\ sq=1-t & \cdots④ \end{cases}$$

④より　$t=1-sq$　③に代入して　$1-s=(1-sq)p$

$(1-pq)s=1-p$　…⑤

ここで，$0<p<1$，$0<q<1$だから，$0<pq<1$　∴　$1-pq\neq0$

よって⑤より　$s=\dfrac{1-p}{1-pq}$　また，$t=\dfrac{1-q}{1-pq}$となる・

よって，　$\overrightarrow{OE}=\dfrac{p(1-q)}{1-pq}\overrightarrow{a}+\dfrac{q(1-p)}{1-pq}\overrightarrow{b}$

2　3点O，E，Fは同一直線上にあるから　$\overrightarrow{OF}=k\overrightarrow{OE}$

$\overrightarrow{OF}=k\left\{\dfrac{p(1-q)}{1-pq}\overrightarrow{a}+\dfrac{q(1-p)}{1-pq}\overrightarrow{b}\right\}$　…⑥

また，Fは線分AB上にあるから

$\overrightarrow{OF}=(1-l)\overrightarrow{a}+l\overrightarrow{b}$　…⑦

⑥，⑦より　$k\left\{\dfrac{p(1-q)}{1-pq}\overrightarrow{a}+\dfrac{q(1-p)}{1-pq}\overrightarrow{b}\right\}=(1-l)\overrightarrow{a}+l\overrightarrow{b}$

$\overrightarrow{a}$，$\overrightarrow{b}$ は一次独立だから

$$\begin{cases} k\left\{\dfrac{p(1-q)}{1-pq}\right\}=1-l & \cdots⑧ \\ k\left\{\dfrac{q(1-p)}{1-pq}\right\}=l & \cdots⑨ \end{cases}$$

⑧，⑨より　$(p+q-2pq)k=1-pq$　…⑩

ここで，$0<p<1$，$0<q<1$であることに注意すると

$p+q-2pq=p-pq+q-pq$

$\qquad\qquad=p(1-q)+q(1-p)>0$である。

よって，⑩は　$k=\dfrac{1-pq}{p+q-2pq}$

また，⑨に代入して　$l=\dfrac{q(1-p)}{p+q-2pq}$

$\therefore\quad\overrightarrow{\mathrm{OF}}=\dfrac{p(1-q)}{p+q-2pq}\,\vec{a}+\dfrac{q(1-p)}{p+q-2pq}\,\vec{b}$

【中学校】

【1】1　$a_n=3n(n+1)$　　2　$\displaystyle\sum_{k=1}^{n}\dfrac{1}{a^k}=\dfrac{n}{3(n+1)}$

〈解説〉1　$n=1$のとき　$a_1=S_1=1^3+3\cdot1^2+2\cdot1=6$

$n\geqq2$のとき

$a_n=S_n-S_{n-1}$

$\quad=(n^3+3n^2+2n)-\{(n-1)^3+3(n-1)^2+2(n-1)\}$

$\quad=n^3+3n^2+2n-n^3+3n^2-3n+1-3n^2+6n-3-2n+2$

$\quad=3n^2+3n$

$\quad=3n(n+1)$

これは　$n=1$のときも成り立つ。

$\therefore\quad a_n=3n(n+1)$

2　$\displaystyle\sum_{k=1}^{n}\dfrac{1}{a_k}=\sum_{k=1}^{n}\dfrac{1}{3k(k+1)}$

$\qquad\qquad=\dfrac{1}{3}\displaystyle\sum_{k=1}^{n}\left(\dfrac{1}{k}-\dfrac{1}{k+1}\right)$

$\qquad\qquad=\dfrac{1}{3}\left\{\left(\dfrac{1}{1}-\dfrac{1}{2}\right)+\left(\dfrac{1}{2}-\dfrac{1}{3}\right)+\left(\dfrac{1}{3}-\dfrac{1}{4}\right)+\cdots\right.$

$\qquad\qquad\qquad\left.+\left(\dfrac{1}{n}-\dfrac{1}{n+1}\right)\right\}$

$$= \frac{1}{3}\left(1 - \frac{1}{n+1}\right)$$

$$= \frac{n}{3(n+1)}$$

ゆえに　$\displaystyle\sum_{k=1}^{n} \frac{1}{a_k} = \frac{n}{3(n+1)}$

【２】$\dfrac{1}{3}$

〈解説〉1個のサイコロを3回投げたときの目の出方は　$6^3 = 216$　（通り）
　　積 abc が8の倍数となる場合を，次の4つの場合に分けて考える。

　　i)　4の目が3回出る場合　　　　ii)　4の目が2回出る場合

　　iii)　4の目が1回出る場合　　　iv)　4の目が1回も出ない場合

　　i)　のとき，1通り

　　ii)　のとき　残りの1回は4以外の目が出るから　${}_3C_1 \times 5 = 15$　（通り）

　　iii)　のとき　4の目以外の目の出方を考えて2つの場合に分けると

　　ア)　4の目が1回出て，2または6の目が2回出るとき

　　　${}_3C_1 \times 2 \times 2 = 12$　（通り）

　　イ)　2または6の目が1回出るとき

　　　${}_3C_1 \times {}_2C_1 \times 2 \times 3 = = 36$　（通り）

　　ア)，イ)より　$12 + 36 = 48$　（通り）

　　iv)　のとき　$2^3 = 8$　（通り）

　　i)〜iv)より　求める解は　$\dfrac{1+15+48+8}{216} = \dfrac{72}{216} = \dfrac{1}{3}$

【３】1　$12\sqrt{5}$　　　2　$\sqrt{5}$　　　3　$3\sqrt{5}$

〈解説〉1　余弦定理より　$\cos C = \dfrac{8^2 + 9^2 - 7^2}{2 \cdot 8 \cdot 9} \iff \cos C = \dfrac{2}{3}$

　　$\sin C > 0$ だから $\sin C = \sqrt{1 - \cos^2 C} = \sqrt{1 - \dfrac{4}{9}} = \dfrac{\sqrt{5}}{3}$

　　$\triangle ABC = \dfrac{1}{2} CA \cdot CB \cdot \sin C = \dfrac{1}{2} \cdot 9 \cdot 8 \cdot \dfrac{\sqrt{5}}{3}$

　　$\therefore \triangle ABC = 12\sqrt{5}$

2 円O_1の半径をr_1とすると，$\triangle ABC = \frac{1}{2}(BC+CA+AB)r_1$だから

$12\sqrt{5} = \frac{1}{2}(8+9+7)r_1$　$\therefore$　$r' = \sqrt{5}$

3

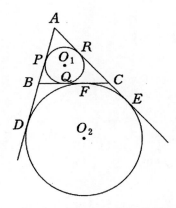

AD，AEは点Aから円O_2にひいた接線だから　AD＝AE　…①

ここで

AD＝AB＋BD＝AB＋BFであり，AE＝AC＋CE＝AC＋CFであるから

$$\begin{aligned}
AD+AE &= (AB+BF)+(AC+CF)\\
&= AB+(BF+CF)+CA\\
&= AB+BC+CA\\
&= 7+8+9\\
&= 24
\end{aligned}$$

よって　AD＋AE＝24　…②

①，②より　AD＝AE＝12

ここで，円O_1と辺AB，BC，CAとの接点をそれぞれ，P，Q，Rとし，

AP＝AR＝x，BP＝BQ＝y，CQ＝CR＝zとおくと

$$\begin{cases} x+y=7 \\ y+z=8 \\ z+x=9 \end{cases} \Leftrightarrow \begin{cases} x=4 \\ y=3 \\ z=5 \end{cases}$$

ここで，△APO₁∽△ADO₂だから

AP：AD＝O₁P：O₂D

4：12＝$\sqrt{5}$：O₂D

∴　O₂D＝$3\sqrt{5}$

よって　円O₂の半径は$3\sqrt{5}$

【高等学校】

【１】１　$2e^x$　　　２　$f(x)=e^x-e^{-x}$, $g(x)=e^x+e^{-x}$

〈解説〉１　条件より　$f(x)+g(x)=g'(x)+f'(x)$

∴　$f(x)+g(x)=\{f(x)+g(x)\}'$　…①

ここで，$f(x)+g(x)=y$　とおくと①は　$y=\dfrac{dy}{dx}$　…②

また，$f(0)=0$, $g(0)=2$より　$x=0$のとき　$y=2$　…③

ここで，$y=0$は解ではないから　$y\neq0$

よって，②は$\dfrac{1}{y}\cdot\dfrac{dy}{dx}=1$

∴　$\displaystyle\int\dfrac{1}{y}dy=\int dx$

∴　$\log|y|=x+C_1$　（C_1は積分定数）

∴　$y=\pm e^{C_1}\cdot e^x=Ce^x$　（ただし，$C=\pm e^{C_1}$である）

ここで，③より$x=0$のとき$y=2$であるから　$C=2$

∴　$y=f(x)+g(x)=2e^x$　…④

２　条件より　$f(x)-g(x)=g'(x)-f'(x)$

∴　$f(x)-g(x)=-\{f(x)-g(x)\}'$　…⑤

$f(x)-g(x)=z$　とおくと⑤は　$z=-\dfrac{dz}{dx}$　…⑥

また，$f(0)=0$, $g(0)=2$より　$x=0$のとき$z=-2$　…⑦

ここで，$z=0$は解ではないから　$z\neq0$

よって，⑥は　$\dfrac{1}{z}\cdot\dfrac{dz}{dx}=-1$

∴　$\displaystyle\int\dfrac{1}{z}dz=-\int dx$

∴　$\log|z|=-x+C_2$（C_2は積分定数）

$$\therefore \quad z=\pm e^{C_2}\cdot e^{-x}=C_3 e^{-x} \quad (ただし, \ C_3=\pm e^{C_2}である)$$

ここで，⑦より$x=0$のとき$z=-2$であるから $C_3=-2$

$$\therefore \quad f(x)-g(x)=-2e^{-x} \quad \cdots ⑧$$

④，⑧から $f(x)=e^x-e^{-x}, \ g(x)=e^x+e^{-x}$

【2】 $p_n=\dfrac{1}{2}\left\{1+\left(-\dfrac{1}{5}\right)^n\right\}$

〈解説〉1回の操作によって偶数が書かれた玉を取り出す確率は$\dfrac{2}{5}$，奇数が書かれた玉を取り出す確率は$\dfrac{3}{5}$である。

$(n+1)$回目に記録された数の和が偶数となるのは，次の2つの場合がある。

i) n回目に和が偶数であり，$(n+1)$回目に偶数の玉を取り出す

ii) n回目に和が奇数であり，$(n+1)$回目に奇数の玉を取り出す

この2つの事象は互いに排反であるから

$$p_{n+1}=p_n\times\dfrac{2}{5}+(1-p_n)\times\dfrac{3}{5}=-\dfrac{1}{5}p_n+\dfrac{3}{5}$$

$$p_{n+1}-\dfrac{1}{2}=-\dfrac{1}{5}\left(p_n-\dfrac{1}{2}\right)$$

よって，数列$\left\{p_n-\dfrac{1}{2}\right\}$は，初項$p_1-\dfrac{1}{2}=\dfrac{2}{5}-\dfrac{1}{2}=-\dfrac{1}{10}$，公比$-\dfrac{1}{5}$

の等比数列より $p_n-\dfrac{1}{2}=-\dfrac{1}{10}\left(-\dfrac{1}{5}\right)^{n-1}$

$$p_n=-\dfrac{1}{10}\left(-\dfrac{1}{5}\right)^{n-1}+\dfrac{1}{2} \quad \therefore \quad p_n=\dfrac{1}{2}\left\{1+\left(-\dfrac{1}{5}\right)^n\right\}$$

【3】 1 解説参照 2 $\beta+\overline{\beta}=-1, \ \beta\,\overline{\beta}=2$ 3 $-\dfrac{1}{2}$

〈解説〉1 $\alpha^6=(\cos\theta+i\sin\theta)^6$

$=\cos6\theta+i\sin6\theta$

$=\cos(7\theta-\theta)+i\sin(7\theta-\theta)$

$=\cos(360°-\theta)+i\sin(360°-\theta)$

$=\cos(-\theta)+i\sin(-\theta)$

$=\cos\theta-i\sin\theta$

$$=\cos\theta+i\sin\theta$$

$$=\overline{\alpha}\quad\therefore\quad\alpha^6=\overline{\alpha}\quad\cdots①$$

2　1と同様にして，$\alpha^5=\overline{\alpha^2}\quad\cdots②$，$\alpha^4=\overline{\alpha^3}\quad\cdots③$

①～③より　$\overline{\alpha^6}=\alpha$，$\overline{\alpha^5}=\alpha^2$，$\overline{\alpha^4}=\alpha^3\quad\cdots④$

ここで，$\alpha^7=1$だから　$\alpha^7-1=0$

$(\alpha-1)(\alpha^6+\alpha^5+\alpha^4+\alpha^3+\alpha^2+\alpha+1)=0$

$\alpha\neq1$だから　$\alpha^6+\alpha^5+\alpha^4+\alpha^3+\alpha^2+\alpha+1=0$

$\alpha^6+\alpha^5+\alpha^4+\alpha^3+\alpha^2+\alpha=-1\quad\cdots⑤$

ここで　$\begin{aligned}\beta+\overline{\beta}&=\alpha+\alpha^2+\alpha^4+\overline{\alpha+\alpha^2+\alpha^4}\\&=\alpha+\alpha^2+\alpha^4+\overline{\alpha}+\overline{\alpha^2}+\overline{\alpha^4}\\&=\alpha+\alpha^2+\alpha^4+\alpha^6+\alpha^5+\alpha^3\\&=\alpha^6+\alpha^5+\alpha^4+\alpha^3+\alpha^2+\alpha\end{aligned}$

よって　$\beta+\overline{\beta}=-1\quad\cdots⑥$

また　$\begin{aligned}\beta\overline{\beta}&=(\alpha+\alpha^2+\alpha^4)(\overline{\alpha+\alpha^2+\alpha^4})\\&=(\alpha+\alpha^2+\alpha^3)(\alpha^6+\alpha^5+\alpha^3)\\&=\alpha(1+\alpha+\alpha^3)\alpha^3(1+\alpha^2+\alpha^3)\\&=\alpha^4(1+\alpha+\alpha^2+\alpha^3+\alpha^4+\alpha^5+\alpha^6+2\alpha^3)\\&=\alpha^4\times2\alpha^3\\&=2\alpha^7\end{aligned}$

よって　$\beta\overline{\beta}=2\quad\cdots⑦$

ゆえに　$\beta+\overline{\beta}=-1$，$\beta\overline{\beta}=2$

3　$\beta=\alpha+\alpha^2+\alpha^4$

$=\cos\theta+i\sin\theta+\cos2\theta+i\sin2\theta+\cos4\theta+i\sin4\theta$

$\therefore\quad\beta=(\cos\theta+\cos2\theta+\cos4\theta)+i(\sin\theta+\sin2\theta+\sin4\theta)$

また，$\overline{\beta}=(\cos\theta+\cos2\theta+\cos4\theta)-i(\sin\theta+\sin2\theta+\sin4\theta)$

よって，$\cos\theta + \cos2\theta + \cos4\theta$ は β の実部である。

⑥，⑦より　$\beta + \overline{\beta} = -1$，$\beta\overline{\beta} = 2$

したがって　β，$\overline{\beta}$ は　二次方程式　$x^2 + x + 2 = 0$　…⑧の解である。

⑧を解くと　$x = \dfrac{-1 \pm \sqrt{7}\,i}{2}$

よって　$\cos\theta + \cos2\theta + \cos4\theta = -\dfrac{1}{2}$

２００７年度　　実施問題

【中高共通】

【１】次の問いに答えなさい。

1　ある学校の全校生徒494人が，1人1票ずつ投票し，3人の生徒会役員を選ぶ選挙を行う。立候補者が5人いるとき，必ず当選するために必要な最低得票数を求めなさい。

　　　ただし，全員が棄権せずに，立候補者の1人に投票するものとする。

2　「三平方の定理」が成り立つことを，中学3年生や入学当初の高校1年生にわかるように，2通りの方法で証明しなさい。

3　A，B，Cの3人で次のような〈ルール〉にしたがってじゃんけんを行い，1人の勝者を決めることにする。

┌─〈ルール〉─────────────────────┐
│・はじめに3人でじゃんけんを行い，負けた人は次からのじゃんけんに参加しない。│
│・1人の勝者が決まるまでじゃんけんをくり返す。│
└─────────────────────────────┘

　　このとき，次の問いに答えなさい。なお，あいこになった場合も1回のじゃんけんを行ったと数えるものとする。

(1)　1回目のじゃんけんで，1人の勝者が決まる確率を求めなさい。

(2)　3回目のじゃんけんが終わるまでに，1人の勝者が決まる確率を求めなさい。

4　xについての2次方程式$x^2-(2a+1)x+a+2=0$が虚数解をもち，その解の3乗が実数となるとき，実数aの値を求めなさい。

(☆☆☆◎◎◎)

【２】半径2の円C_1に内接する正三角形を$\triangle P_1Q_1R_1$とし，$\triangle P_1Q_1R_1$の内接円

をC_2とする。$\triangle P_1Q_1R_1$の各辺と円C_2との接点を次の図のようにP_2, Q_2, R_2とし, $\triangle P_2Q_2R_2$の内接円をC_3とする。

　この操作をくり返してできるn個目の円をC_nとする。このとき, 下の問いに答えなさい。ただし, 円C_1の中心をOとする。

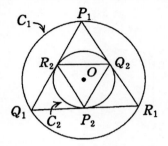

1　円C_nの半径をr_nとするとき, r_nをnを用いて表しなさい。

2　円C_nの面積をS_nとするとき, $\sum_{k=1}^{n} S_k$をnを用いて表しなさい。

(☆☆◎◎◎)

【3】nを自然数とするとき, $n^3+(n+1)^3+(n+2)^3$は9の倍数であることを証明しなさい。

(☆☆◎◎◎)

【4】4点O(0, 0, 0), A(1, 1, 0), B(2, 1, 2), C(4, 0, 2)がある。ベクトル$\vec{u}$ $(u_1, u_2, 1)$が2つのベクトル$\vec{AB}$, $\vec{AC}$に垂直なとき, 次の問いに答えなさい。

1　u_1, u_2を求めなさい。

2　点Oと平面ABCとの距離を求めなさい。

3　四面体OABCの体積を求めなさい。

(☆☆☆◎◎◎)

【中学校】

【1】方程式 $\sqrt{x^2-x+2}=2(1-x)$ を解きなさい。

(☆☆◎◎◎)

【2】次の図は，AB＝6cm，AD＝4cm，AE＝3cmの直方体ABCD－EFGH を示したものである。辺CDの中点をPとし，3点A，P，Gを通る平面でこの直方体を切ったとき，下の問いに答えなさい。

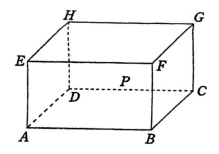

　1　切り口はどのような形になるか，図形の名称を答えなさい。
　2　切り口の図形の面積を求めなさい。

(☆☆☆◎◎◎)

【3】曲線 $y=|x^2-2x|$ と直線 $y=mx(m>0)$ で囲まれた図形の面積を m を用いて表しなさい。

(☆☆☆◎◎◎)

【高等学校】

【1】$\log_2 3=a$，$\log_3 7=b$ とおくとき，$\log_{56} 84$ を a，b を用いて表しなさい。

(☆☆◎◎◎)

【2】2次の正方行列 $A=\begin{pmatrix} a & b \\ c & d \end{pmatrix}$ が $A^2+A-E=0$ をみたすとき，$a+d$，$ad-bc$ の値を求めなさい。ただし，Eは単位行列，0は零行列である。

(☆☆☆◎◎)

【3】 関数$y=\dfrac{-2x^2+6x}{x^2+3}$について，次の問いに答えなさい。

1 この関数の増減，極値を調べ，グラフをかきなさい。

2 この関数のグラフとx軸で囲まれた図形の面積を求めなさい。

(☆☆☆◎◎◎)

解答・解説

【中高共通】

【1】 1 124票　　2 解説参照　　3 (1) $\dfrac{1}{3}$　　(2) $\dfrac{23}{27}$

4 $a=\dfrac{1}{4}$, -1

〈解説〉1 候補者が5人いるので，この分を除く，494－5＝489票について，3人が選ばれる場合を考える。この中の最低得票数をxとすると，残り2人もxであるから全部で$3x$，第4位の人が489－$3x$をすべて獲得したとしても，それがxを超えなければよいから，

489－$3x$＜x

122.25＜x

∴ xは123票

よって，求める最低得票数は，初めの1票を足して124票。

2 （証明Ⅰ）

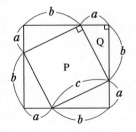

上図のような形を考えると，Pは1辺がcの正方形であるから，その面

積はc^2。またPは1辺が$(a+b)$の正方形から三角形Qを4つ分引いたものであるから，

$$(a+b)^2-\frac{1}{2}ab\times4=a^2+b^2$$

$$\therefore\quad c^2=a^2+b^2$$

(証明Ⅱ)

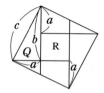

上図は三角形Qが4つと1辺が$(b-a)$の正方形Rからなる図形で，これは1辺がcの正方形に等しい。よって，

$$c^2=\frac{1}{2}ab\times4+(b-a)^2=a^2+b^2$$

$$\therefore\quad c^2=a^2+b^2$$

3　(1)　3人のじゃんけんの出し方は全部で，$3^3=27$通り

いま，1人がグーで勝つとすると(A，B，C)は(グ，パ，パ)，(パ，グ，パ)，(パ，パ，グ)の3通りあり，これが，チョキ，パーにも当てはまるので，全部で，$3\times3=9$通り。

よって，求める確率は，$\dfrac{9}{27}=\dfrac{1}{3}$

(2)　3回目のじゃんけんが終わるまでに1人の勝者が決まるのは次の□の場合。

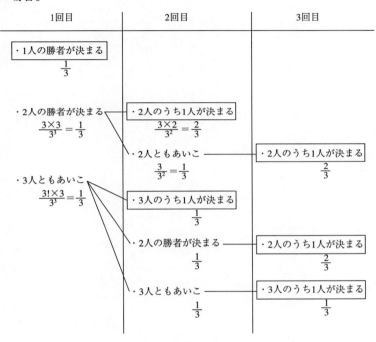

よって，求める確率は，$\dfrac{1}{3}+\left(\dfrac{1}{3}\times\dfrac{2}{3}+\dfrac{1}{3}\times\dfrac{1}{3}\right)+\left(\dfrac{1}{3}\times\dfrac{1}{3}\times\dfrac{2}{3}\right.$

$\left.+\dfrac{1}{3}\times\dfrac{1}{3}\times\dfrac{2}{3}+\dfrac{1}{3}\times\dfrac{1}{3}\times\dfrac{1}{3}\right)=\dfrac{23}{27}$

4　$x^2-(2a+1)x+a+2=0\cdots①$

①の判別式をDとすると，虚数解をもつから，

$D=(2a+1)^2-4(a+2)<0$

$4a^2-7<0$

$-\dfrac{\sqrt{7}}{2}<a<\dfrac{\sqrt{7}}{2}\cdots②$

①から，$x^2=(2a+1)x-(a+2)$

$x^3=(2a+1)x^2-(a+2)$

$=(4a-1)(a+1)x-(2a+1)(a+2)\cdots$③

xは虚数だから，$x=p+qi(q\neq0)$とおいて③に代入すると，

$x^3=(4a-1)(a+1)p-(2a+1)(a+2)+(4a-1)(a+1)qi$

x^3は実数だから，$(4a-1)(a+1)q=0$

$\therefore\quad a=\dfrac{1}{4},\ -1$

これは②も満たしている。

よって，$a=\dfrac{1}{4},\ -1$

【２】1　$r_n=4\left(\dfrac{1}{2}\right)^n$　　2　$\dfrac{16}{3}\left(1-\dfrac{1}{4^n}\right)$

〈解説〉

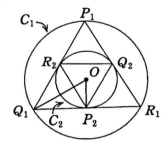

1　条件から，$r_1=2$

r_2は図のOP_2にあたり，これは$OQ_1(=r_1)$の$\dfrac{1}{2}$であるから，$r_2=\dfrac{1}{2}r_1$

円に内接する三角形をつくるとき，常に$r_n=\dfrac{1}{2}r_{n-1}$の関係が成り立って

いるから，

$$r_n=r_1\left(\dfrac{1}{2}\right)^{n-1}=2\cdot\left(\dfrac{1}{2}\right)^{n-1}=4\cdot\left(\dfrac{1}{2}\right)^n$$

2　$S_n=(r_n)^2\pi=16\cdot\left(\dfrac{1}{2}\right)^{2n}\pi=16\pi\cdot\left(\dfrac{1}{4}\right)^n$

これは，S_nが初項4π，公比$\dfrac{1}{4}$の等比数列であることを表している。

$$\therefore \quad \sum_{k=1}^{n} S_k = \frac{4\pi \left\{1-\left(\frac{1}{4}\right)^n\right\}}{1-\frac{1}{4}} = \frac{16}{3}\left(1-\frac{1}{4^n}\right)$$

【3】(証明) $a^3+b^3+c^3-3abc=(a+b+c)(a^2+b^2+c^2-ab-bc-ca)$

$a=n$, $b=n+1$, $c=n+2$を代入すると,

$n^3+(n+1)^3+(n+2)^3=(n+n+1+n+2)\{n^2+(n+1)^2+(n+2)^2-n(n+1)-(n+1)(n+2)-(n+2)n\}+3n(n+1)(n+2)$

$=(3n+3)\times 3+3n(n+1)(n+2)$

$=9(n+1)+3n(n+1)(n+2)$

$n(n+1)(n+2)$は, n, $(n+1)$, $(n+2)$のどれかが3の倍数であるから,

$3n(n+1)(n+2)$は9の倍数。

よって, $n^3+(n+1)^3+(n+2)^3$は9の倍数である。

【4】1 $u_1=-2$, $u_2=-4$　　2 $\frac{2}{7}\sqrt{21}$　　3 1

〈解説〉1 $\overrightarrow{AB}=(1, 0, 2)$, $\overrightarrow{AC}=(3, -1, 2)$

いま, $\vec{u}\perp\overrightarrow{AB}$, $\vec{u}\perp\overrightarrow{AC}$だから, $(\vec{u}, \overrightarrow{AB})=(\vec{u}, \overrightarrow{AC})=0$

$\therefore \begin{cases} u_1+2=0, \\ 3u_1-u_2+2=0 \end{cases}$

$\therefore u_1=-2$, $u_2=-4$

2

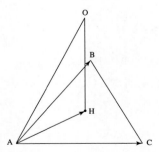

点Oから平面ABCに下した垂線の足をHとすると，$\overrightarrow{OH} \perp \overrightarrow{AB}$（又は $\overrightarrow{OH} \perp \overrightarrow{AC}$）だから，

$\overrightarrow{OH} = k\overrightarrow{u} = k(-2, -4, 1)$　(kは任意の定数)

と書ける。

また，点Hは平面ABC上の点だから，

$\overrightarrow{AH} = t\overrightarrow{AB} + s\overrightarrow{AC}$　となる実数s, tがある。

$\overrightarrow{AH} = (-2k-1, -4k-1, k)$　より，

$$\begin{cases} -2k-1 = t+3s \\ -4k-1 = -s \\ k = 2t+2s \end{cases}$$

これを解いて，$k = -\dfrac{2}{7}$

$\therefore \quad \overrightarrow{OH} = -\dfrac{2}{7}(-2, -4, 1)$

$\therefore \quad |\overrightarrow{OH}| = \dfrac{2}{7}\sqrt{4+16+1} = \dfrac{2}{7}\sqrt{21}$

3　△ABCの面積 $= \dfrac{1}{2}|\overrightarrow{AB}| \cdot |\overrightarrow{AC}| \cdot \sin\theta$　$(\theta = \angle BAC)$

$|\overrightarrow{AB}| = \sqrt{5}$, $|\overrightarrow{AC}| = \sqrt{14}$

また，$\cos\theta = \dfrac{(\overrightarrow{AB}, \overrightarrow{AC})}{|\overrightarrow{AB}| \cdot |\overrightarrow{AC}|} = \dfrac{3+4}{\sqrt{5} \cdot \sqrt{14}} = \dfrac{\sqrt{70}}{10}$

$\therefore \quad \sin\theta = \dfrac{\sqrt{30}}{10}$

$\therefore \quad$ 面積 $= \dfrac{1}{2} \cdot \sqrt{5} \cdot \sqrt{14} \cdot \dfrac{\sqrt{30}}{10} = \dfrac{\sqrt{21}}{2}$

よって，四面体OABCの体積 $=$ △ABCの面積 $\times |\overrightarrow{OH}| \times \dfrac{1}{3}$

$ = \dfrac{\sqrt{21}}{2} \times \dfrac{2}{7}\sqrt{21} \times \dfrac{1}{3}$

$ = 1$

【中学校】

【１】 $x = \dfrac{1}{3}$

〈解説〉 $\sqrt{x^2 - x + 2} = 2(1 - x)$

　両辺を2乗して整理すると，

　$3x^2 - 7x + 2 = 0$

　$(3x - 1)(x - 2) = 0$

　$x = \dfrac{1}{3}, \ 2$

　ここで，$1 - x > 0$より，

　$1 > x$

　$\therefore \ x = \dfrac{1}{3}$

【２】 1　平行四辺形　　2　$3\sqrt{41}$

〈解説〉

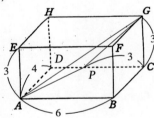

　1　辺EFの中点をQとすると，切り口は平行四辺形APGQ。

　2　三角形AGPの3つの辺について，与えられた条件から，

　$GP = 3\sqrt{2}$，$AP = 5$，$AG = \sqrt{6^2 + 3^2 + 4^2} = \sqrt{61}$

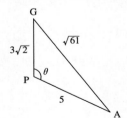

余弦定理から，$\cos\theta = \dfrac{(3\sqrt{2})^2 + 5^2 - (\sqrt{61})^2}{2\times 3\sqrt{2}\times 5} = \dfrac{-3}{5\sqrt{2}}$　$(0 < \theta < \pi)$

$\therefore\quad \sin\theta = \sqrt{1 - \cos^2\theta} = \dfrac{\sqrt{41}}{5\sqrt{2}}$

$\therefore\quad$ 平行四辺形の面積は，$S = 3\sqrt{2}\times 5\times \dfrac{\sqrt{41}}{5\sqrt{2}} = 3\sqrt{41}$

【３】　$\dfrac{-m^3 + 18m^2 - 12m + 8}{6}$

〈解説〉$y = |x^2 - 2x| = \begin{cases} x^2 - 2x & (x\leqq 0,\ x\geqq 2)\cdots ① \\ -x^2 + 2x & (0\leqq x\leqq 2)\cdots ② \end{cases}$

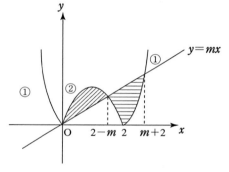

①と$y = mx$の交点は，$x^2 - 2x = mx$を解いて，$x = 0,\ m + 2$

②と$y = mx$の交点は，$-x^2 + 2x = mx$から，$x = 0,\ 2 - m$

よって，求める面積は，

$S = \displaystyle\int_0^{2-m}(-x^2 + 2x - mx)dx + \int_{2-m}^{2}\{mx - (-x^2 + 2x)\}dx$

$\displaystyle\qquad + \int_2^{m+2}(mx - x^2 + 2x)dx$

$= \left[-\dfrac{x^3}{3} + (2-m)\dfrac{x^2}{2}\right]_0^{2-m} + \left[\dfrac{x^3}{3} - (2-m)\dfrac{x^2}{2}\right]_{2-m}^{2} + \left[-\dfrac{x^3}{3} + (2+m)\dfrac{x^2}{2}\right]_2^{m+2}$

$= \left[-\dfrac{(2-m)^3}{3} + \dfrac{(2-m)^3}{2}\right]\times 2 + \dfrac{8}{3} - 2(2-m) - \dfrac{(m+2)^3}{3} + \dfrac{(2+m)^3}{2}$

$\qquad + \dfrac{8}{3} - 2(2+m)$

$$= \frac{(2-m)^3}{3} + \frac{(2+m)^3}{6} - \frac{8}{3}$$

$$= \frac{-m^3+18m^2-12m+8}{6}$$

【高等学校】

【 1 】 $\dfrac{ab+a+2}{ab+3}$

〈解説〉 $\log_{56}84 = \dfrac{\log_2 84}{\log_2 56}$

$$= \frac{\log_2(7 \times 12)}{\log_2(7 \times 8)}$$

$$= \frac{\log_2 7 + \log_2 12}{\log_2 7 + 3}$$

$$= \frac{\log_2 7 + \log_2 3 + 2}{\log_2 7 + 3}$$

ここで，$\log_2 7 = \dfrac{\log_3 7}{\log_3 2} = \dfrac{b}{\dfrac{1}{a}} = ab$

よって，与式 $= \dfrac{ab+a+2}{ab+3}$

【 2 】 $(a+d, \ ad-bc) = (-1, \ -1), \ \left(-1+\sqrt{5}, \ \dfrac{3-\sqrt{5}}{2}\right),$
$\left(-1-\sqrt{5}, \ \dfrac{3+\sqrt{5}}{2}\right)$

〈解説〉ケーリー・ハミルトンの定理より，$A^2 = (a+d)A - (ad-bc)E$ を
$A^2 + A - E = 0$ に代入して整理すると，

$(a+d+1)A = (ad-bc+1)E \cdots$①

(i) $a+d+1 = 0$ のとき

①から，$ad-bc+1 = 0$

∴ $a+d = -1$, $ad-bc = -1$

(ii) $a+d \neq -1$ のとき

$$A=\frac{ad-bc+1}{a+d-1}E=kE\quad\left(k=\frac{ad-bc+1}{a+d-1}\text{とおく}\right)$$

これをA²＋A－E＝0に代入すると，

$(kE)^2+kE-E=0$

$(k^2+k-1)E=0$

∴　$k^2+k-1=0$

$k=\dfrac{-1\pm\sqrt{5}}{2}$

$A=\dfrac{-1+\sqrt{5}}{2}\begin{pmatrix}1&0\\0&1\end{pmatrix},\ \dfrac{-1-\sqrt{5}}{2}\begin{pmatrix}1&0\\0&1\end{pmatrix}$となるから，

$$\begin{cases} a+d=-1+\sqrt{5}\ ,\ \ ad-bc=\dfrac{3-\sqrt{5}}{2}\\[2mm] a+d=-1-\sqrt{5}\ ,\ \ ad-bc=\dfrac{3+\sqrt{5}}{2}\end{cases}$$

【３】1　解説参照　　2　$-6+6\log2+\dfrac{2\sqrt{3}}{3}\pi$

〈解説〉1

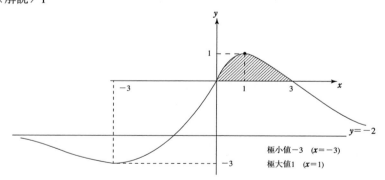

極小値－3　$(x=-3)$

極大値1　$(x=1)$

$y=\dfrac{-2x^2+6x}{x^2+3}=\dfrac{-2x(x-3)}{x^2+3}=-2+\dfrac{6x+6}{x^2+3}$

$y'=\dfrac{-6(x+3)(x-1)}{(x^2+3)^2}$

$y'=0$とすると，$x=-3,\ 1$

また，$y=-2$が漸近線で，$\displaystyle\lim_{x\to\pm\infty}y=-2$

yの値の増減を調べると，

x	……	-3	……	0	……	1	……	3
y'	$-$	0	$+$	$+$	$+$	0	$-$	
y	↘	-3	↗	0	↗	1	↘	0

極小　　　　　　　　　極大

2　求める面積はグラフの斜線部分だから，

$$S=\int_0^3\left(-2+\frac{6x+6}{x^2+3}\right)dx$$

$$=-2\int_0^3 dx+3\int_0^3\frac{2x}{x^2+3}dx+6\int_0^3\frac{1}{x^2+3}dx$$

ここで，$\displaystyle\int_0^3\frac{2x}{x^2+3}dx$について，$x^2+3=t$とおくと，$2xdx=dt$

$x:0\to3$のとき，$t:3\to12$

$$\therefore\quad 与式=\int_3^{12}\frac{1}{t}dt$$

$$=\Bigl[\log(t)\Bigr]_3^{12}$$

$$=\log12-\log3$$

$$=2\log2$$

同様に，$\displaystyle\int_0^3\frac{1}{x^2+3}dx$について，$x=\sqrt{3}\tan\theta$とおくと，$dx=\frac{\sqrt{3}}{\cos^2\theta}d\theta$

$0\leqq x\leqq3$に対し，$0\leqq\theta\leqq\frac{\pi}{3}$

$$\therefore\quad 与式=\int_0^{\frac{\pi}{3}}\frac{1}{3(1+\tan^2\theta)}\cdot\frac{\sqrt{3}}{\cos^2\theta}d\theta$$

$$=\frac{\sqrt{3}}{3}\int_0^{\frac{\pi}{3}}d\theta$$

$$=\frac{\sqrt{3}}{9}\pi$$

よって，$S=-6+6\log2+\frac{2\sqrt{3}}{3}\pi$

2006年度　実施問題

【中学校】

【1】円$x^2+y^2-2tx-2(1-t)y=0$がある。tが実数全体を動くとき，次の問いに答えなさい。

1　この円の中心の軌跡を求めなさい。

2　この円の円周の通りえない点全体の集合を求め，図示しなさい。

(☆☆☆◎◎◎)

【2】$x-2$，x，$x+2$が鈍角三角形の3辺の長さとなるようなxの値の範囲を求めなさい。

(☆☆☆◎◎◎)

【3】θは$0°\leqq\theta\leqq180°$の範囲を動くとする。

θの関数$f(\theta)=4\sin^3\theta-9\sin\theta\cos\theta+4\cos^3\theta-3$について，次の問いに答えなさい。

1　$t=\sin\theta+\cos\theta$とするとき，tのとりうる値の範囲を求めなさい。

2　θの関数$f(\theta)$をtの関数$g(t)$として表しなさい。

3　tが設問1の範囲を動くとき，関数$g(t)$の最大値と最小値を求めなさい。また，そのときのtの値を求めなさい。

(☆☆☆◎◎◎)

【高等学校】

【1】1から7までの数字を1つずつ書いた7枚のカードが小さい数字の順に左から並べてある。

この中から任意に2枚のカードを抜き出し，その場所を入れかえるという操作を考える。この操作をn回行ったとき，左から1枚目のカードの数字が1である確率をP_nとするとき，次の問いに答えなさい。

1　P_1を求めなさい。

2　P_nを求めなさい。

(☆☆☆◎◎◎)

【2】A, E, Oは2次正方行列であり，Eは単位行列，Oは零行列とする。$A^2=O$を満たしているとき，次のことを証明しなさい。

(1)　Aは逆行列をもたない。

(2)　$E+A$は逆行列をもつ。

(☆☆☆◎◎◎)

【3】$0<x<\pi$ において，曲線$y=2\sin x$ と$y=\dfrac{1}{2\sin x}$を考える。

1　上の2つの曲線の交点を求めなさい。

2　$\cos x=t$とおくことにより，不定積分$\displaystyle\int\dfrac{1}{\sin x}dx$を求めなさい。

3　上の2つの曲線で囲まれる部分の面積を求めなさい。

(☆☆☆◎◎◎)

【中高共通】

【1】次の問いに答えなさい。

1　正の整数x, yが，$x^2=2y^2+1$を満たしている。このとき，yは偶数であることを証明しなさい。

2　A，A，A，B，B，C，Cの7つの文字から4文字取りだして，1列に並べる方法は全部で何通りあるか答えなさい。

3　1辺の長さが6の正四面体ABCDがある。辺ABの中点をP，辺CDの中点をQとするき，線分PQの長さを求めなさい。

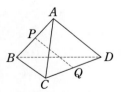

4　放物線$y=x^2+4x+7$と直線$y=2x-3$との最短距離を求めなさい。

5　$x\geqq2$, $y\geqq1$, $x^2y=64$のとき，$(\log_2 x)(\log_2 y)$の最大値と最小値を求めなさい。また，最大，最小となるときのx, yの値をそれぞれ求めなさい。

6　xについての2つの2次方程式 $x^2+(k-5)x-2=0\cdots$ ①，$x^2-3x-k=0\cdots$ ②がただ1つの共通解をもつような定数kの値を求めなさい。また，このときの共通解を求めなさい。

（☆☆☆◎◎◎）

【2】文部科学省の教育課程実施状況調査や国際的なPISA，TIMSSなどの学力調査の結果において，数学の学力問題が話題になっています。そんな中で，身近な事例や具体的な事柄に結びつけた学習をすると，定着率が高いと分析されています。

このことをふまえて，展開公式$(a+b)^2=a^2+2ab+b^2$を生徒に指導する際に，よく見受けられる$(a+b)^2=a^2+b^2$という誤りをさせないために，授業においてどのような工夫が考えられるか2つ書きなさい。

（☆☆☆◎◎◎）

【3】xについての2次方程式$x^2-2kx+3k=0\cdots$ ①がある。ただし，kは実数とする。このとき，次の問いに答えなさい。

1　①が異なる2つの実数解をもつとき，kの値の範囲を求めなさい。

2　①が異なる2つの解α，βをもつとする。このとき，$|\alpha-i|^2+|\beta-i|^2$の値をkを用いて表しなさい。ただし，iは虚数単位とする。

（☆☆☆◎◎◎）

【4】三角形ABCの中心をIとし，点Iを通ってAIに垂線をひき，辺AB，辺ACとの交点をそれぞれD，Eとする。$\angle ACB=70°$とするとき，次の問いに答えなさい。

1　$\angle DIB$の大きさを求めなさい。

2　$ID^2=BD\cdot CE$であることを証明しなさい。

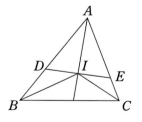

（☆☆☆◎◎◎）

【5】 $OA=2\sqrt{2}$, $OB=\sqrt{3}$, $\overrightarrow{OA}\cdot\overrightarrow{OB}=2$ である△OABの垂心をHとする。 $\overrightarrow{OA}=\vec{a}$, $\overrightarrow{OB}=\vec{b}$ とするとき, $\overrightarrow{OH}$ を $\vec{a}$, $\vec{b}$ を用いて表しなさい。

(☆☆☆◎◎◎)

解答・解説

【中学校】

【1】1　$x^2+y^2-2tx-2(1-t)y=0$　　　……①

　　　$(x-t)^2+(y-1+t)^2=2t^2-2t+1$　　　……②

　　　中心$(t, -t+1)$, 座標を(x, y)とおくと$x=t$　　　……③

　　　$y=1-t$　　　……④

　　　③, ④より$y=1-x$

　2　$2t^2-2t+1=2\left(t-\dfrac{1}{2}\right)^2+\dfrac{1}{2}>0$より$t$に対して②の円は一意に決まる。

　　したがって, すべてのtの値に対して①を満たす点(x, y)を①の円周

　　上でさがすことができる。　　　……⑤

　　①は$2t(x-y)=x^2+y^2-2y$より$x\neq y$のとき$t=\dfrac{x^2+y^2-2y}{2(x-y)}$

　　よって$x\neq y$であるすべての点(x, y)に対して, tの値が決定される。

　　　　　　　　　　　　　　　　　　　　　　　　　　　　……⑥

　　⑤, ⑥よりtが全実数をとれば, 必ず$x\neq y$であるような点(x, y)がと

　　れ, しかも点(x, y)は全領域にわたる点(x, y)であることがわかる。

　　(ただし, $x\neq y$)

　　$x=y$のとき①は$2x^2-2x=0$　∴　$x=0, 1$

　　したがって$x=y$のとき点$(0, 0)$, $(1, 1)$が①を通る点である。

　　よって, 直線$y=x$上で点$(0, 0)$, $(1, 1)$以外の点は①を通らない。

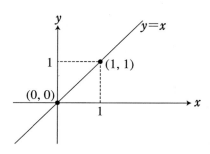

直線$y＝x$上で点$(0,0)$，$(1,1)$
を除いた領域

【２】三角形の三辺の長さの関係から

$x>0$　かつ　$(x-2)+x>x+2$

∴　$x>4$

三角形で$x+2$の辺に対応する角をθとすると

$$\cos\theta=\frac{x^2+(x-2)^2-(x+2)^2}{2x(x-2)}<0$$

$x>4$　より

$x^2+(x-2)^2-(x+2)^2<0$　より

$0<x<8$

$x>4$　より

xの値の範囲は　$4<x<8$

鈍角三角形

【３】1　$t=\sin\theta+\cos\theta=\sqrt{2}\sin(\theta+45°)$

$0°\leqq\theta\leqq180°$より

$45°\leqq\theta+45°\leqq225°$

$-\dfrac{1}{\sqrt{2}}\leqq\sin(\theta+45°)\leqq1$

よって，$-1\leqq t\leqq\sqrt{2}$

2　$f(\theta)=4\sin^3\theta-9\sin\theta\cos\theta+4\cos^3\theta-3$

$\qquad=4(\sin^3\theta+\cos^3\theta)-9\sin\theta\cos\theta-3$

$\qquad=4\{(\sin+\cos\theta)^3-3\sin\theta\cos\theta(\sin\theta+\cos\theta)\}-9\sin\theta\cos\theta-3$

ここで$t=\sin\theta+\cos\theta$より

$$t^2 = 1 + 2\sin\theta\cos\theta$$

$$\therefore \quad \sin\theta \cdot \cos\theta = \frac{t^2-1}{2}$$

したがって

$$g(t) = 4\left(t^3 - 3 \times \frac{t^2-1}{2} \times t\right) - 9 \times \frac{t^2-1}{2} - 3$$

$$= -2t^3 - \frac{9}{2}t^2 + 6t + \frac{3}{2}$$

3 　$g(t) = -2t^3 - \frac{9}{2}t^2 + 6t + \frac{3}{2}$

$$g'(t) = -6t^2 - 9t + 6 = -3(2t^2 + 3t - 2) = -3(2t-1)(t+2)$$

$-1 \leqq t \leqq \sqrt{2}$ の増減表

t	-1	$\cdots$	$\dfrac{1}{2}$	$\cdots$	$\sqrt{2}$
$g'(t)$		$+$	0	$-$	
$g(t)$	-7	↗	$\dfrac{25}{8}$	↘	$2\sqrt{2} - \dfrac{15}{2}$

最大値 $\dfrac{25}{8}$ 　$\left(t = \dfrac{1}{2}\text{のとき}\right)$

最小値 -7 　$(t = -1\text{のとき})$

【高等学校】

【1】(1) 　$\dfrac{5}{7}$ 　　(2) 　$\dfrac{4}{7}\left(\dfrac{2}{3}\right)^{n-1} + \dfrac{1}{7}$

〈解説〉1 　1回の操作後，1枚目のカードが1となっているとき，1回目に抜き出した2枚のカードに1は入っていない。

$$\therefore \quad P_1 = \frac{{}_6C_2}{{}_7C_2} = \frac{5}{7}$$

2

$$P_n = \underset{\substack{\| \\ (n-1)\text{回の操作で} \\ 1\text{枚目に}1\text{がある}}}{\underline{P_{n-1} \times \dfrac{{}_6C_2}{{}_7C_2}}} + \underset{\substack{\| \\ (n-1)\text{回の操作後,} \\ 1\text{枚目に}1\text{がない}}}{\underline{(1-P_{n-1}) \times \dfrac{1}{{}_7C_2}}}$$

$$P_n = P_{n-1} \times \frac{7}{5} + (1-P_{n-1}) \times \frac{1}{21} = \frac{2}{3}P_{n-1} + \frac{1}{21} \cdots\cdots ①$$

$$\left(\alpha = \frac{2}{3}\alpha + \frac{1}{21} \text{ とおいて } \alpha = \frac{1}{7} \right)$$

①は,

$$P_n - \frac{1}{7} = \frac{2}{3}\left(P_{n-1} - \frac{1}{7}\right) = \left(\frac{2}{3}\right)^{n-1} \cdot \left(P_1 - \frac{1}{7}\right)$$

$$= \left(\frac{2}{3}\right)^{n-1}\left(\frac{7}{5} - \frac{1}{7}\right) = \frac{4}{7}\left(\frac{2}{3}\right)^{n-1}$$

$$\therefore \quad Pn = \frac{4}{7}\left(\frac{2}{3}\right)^{n-1} + \frac{1}{7}$$

【２】 (1)　$A = \begin{pmatrix} a & b \\ c & d \end{pmatrix}$ とするとハミルトン・ケーリーの定理より

$A^2 - (a+d)A + (ad-bc)E = O$, $A^2 = O$ より

$\quad (a+d)A = (ad-bc)E \qquad \cdots\cdots①$

①で,　$a+d=0$ のとき,

$\quad ad-bc = 0 \qquad\qquad \cdots\cdots②$

したがって, このとき②から A は逆行列をもたない。

$a+d \neq 0$ のとき, ①から

$$A = \frac{ad-bc}{a+d}E \qquad\qquad \cdots\cdots③$$

よって $A = kE$ とおける。

このとき $A^2 = k^2 E$ であり

$A^2 = O$ から $k^2 = 0$　∴　$k = 0$

したがって③から

$\quad ad - bc = 0$

　　よってこのときも，Aは逆行列をもたない。

　　ゆえに，Aは逆行列をもたない。

(2)　$(E+A)(E-A)=E^2-EA+AE-A^2=E-A+A-A^2=E-A^2$

　　　$=E-O=E$

　　$\therefore$　$(E+A)(E-A)=E$

　　同様に

　　　$(E-A)(E+A)=E$

　　したがって，$E+A$は逆行列をもち，その逆行列は$E-A$である。

【3】

〈解説〉(1)　$y=2\sin x$……①，$y=\dfrac{1}{2\sin x}$……②

　①，②より $\sin^2 x=\dfrac{1}{4}$　$\therefore$　$\sin x=\pm\dfrac{1}{2}$

　$0<x<\pi$ より　$\sin x>0$　$\therefore$　$\sin x=\dfrac{1}{2}$

　よって$x=\dfrac{\pi}{6}$，$\dfrac{5}{6}\pi$

　交点は$\left(\dfrac{\pi}{6}，1\right)$，$\left(\dfrac{5}{6}\pi，1\right)$

(2)　$I=\displaystyle\int\dfrac{1}{\sin x}\,dx$とおく

$I=\displaystyle\int\dfrac{\sin x}{\sin^2 x}\,dx=\int\dfrac{\sin x}{1-\cos^2 x}\,dx$

$\cos x=t$　とおくと

$-\sin x\cdot dx=dt$

$I=\displaystyle\int\dfrac{\sin x}{1-t^2}\cdot\dfrac{1}{-\sin x}dt=\int\dfrac{1}{t^2-1}dt$

　$=\dfrac{1}{2}\displaystyle\int\left(\dfrac{1}{t-1}-\dfrac{1}{t+1}\right)dt=\dfrac{1}{2}\log\left|\dfrac{1-\cos x}{1+\cos x}\right|+C$

(3)　求める面積をSとすると$S=\displaystyle\int_{\frac{\pi}{6}}^{\frac{5}{6}\pi}\left(2\sin x-\dfrac{1}{2\sin x}\right)dx$

$$S_1=\int_{\frac{\pi}{6}}^{\frac{5}{6}\pi} 2\sin x\,dx=2\int_{\frac{\pi}{6}}^{\frac{5}{6}\pi}\sin x\,dx=-2\Big[\cos x\Big]_{\frac{\pi}{6}}^{\frac{5}{6}\pi}=2\sqrt{3}$$

$$S_2=\int_{\frac{\pi}{6}}^{\frac{5}{6}\pi}\frac{1}{2\sin x}dx=\frac{1}{2}\int_{\frac{\pi}{6}}^{\frac{5}{6}\pi}\frac{1}{\sin x}dx=\frac{1}{2}\int_{\frac{\pi}{6}}^{\frac{5}{6}\pi}\frac{\sin x}{1-\cos^2 x}dx,\quad \cos x=t$$

とおく

$$=\frac{1}{2}\int_{\frac{\sqrt{3}}{2}}^{-\frac{\sqrt{3}}{2}}\frac{1}{t^2-1}dt=\frac{1}{4}\int_{\frac{\sqrt{3}}{2}}^{-\frac{\sqrt{3}}{2}}\Big(\frac{1}{t-1}-\frac{1}{t+1}\Big)dt$$

$$=\frac{1}{4}\Big[\log|t+1|-\log|t-1|\Big]_{-\frac{\sqrt{3}}{2}}^{\frac{\sqrt{3}}{2}}$$

$$=\log(2+\sqrt{3})\quad よって\quad S=2\sqrt{3}-\log(2+\sqrt{3})$$

【中高共通】

【１】１　$2y^2+1$は奇数，よって$x^2=2y^2+1$よりxは奇数である。

よって，$x=2n-1$(nは自然数)とおくと

$x^2=2y^2+1$　より

$(2n-1)^2=2y^2+1$

展開して整理すると，

$y^2=2n(n-1)$

yは整数なので$n\geqq2$，このとき$n(n-1)$は偶数であるからy^2は4の倍数となる。よって，yは偶数である。

２　A，A，A，B，B，C，C

(i)　Aが3個，Bが1個のとき，1列に並べる方法は$\dfrac{4!}{3!1!}=4$(通り)

Aが3個，Cが1個のときも同様

(ii)　Aが2個，Bが2個のとき，1列に並べる方法は$\dfrac{4!}{2!2!}=6$(通り)

Aが2個，Cが2個のときも同様

(iii)　Aが2個，BとCが1個ずつのとき，1列に並べる方法は

$\dfrac{4!}{2!1!1!}=6$(通り)

(iv) Aが1個，Bが2個，Cが1個のとき，1列に並べる方法は

$\dfrac{4!}{2!1!1!}=6$(通り)，Aが1個，Cが2個，Bが1個のときも同様

(v) Bが2個，Cが2個のとき，1列に並べる方法は $\dfrac{4!}{2!2!}=6$(通り)

したがって，求める方法は，

$4\times2+6\times2+6+6\times2+6=44$(通り)

3 $\overrightarrow{AP}=\dfrac{1}{2}\overrightarrow{AB}$，$\overrightarrow{AQ}=\dfrac{1}{2}(\overrightarrow{AC}+\overrightarrow{AD})$

∴ $\overrightarrow{PQ}=\overrightarrow{AQ}-\overrightarrow{AP}=\dfrac{1}{2}(\overrightarrow{AC}+\overrightarrow{AD}-\overrightarrow{AB})$

ここで，

$\overrightarrow{AC}\cdot\overrightarrow{AB}=|\overrightarrow{AC}|\cdot|\overrightarrow{AB}|\cos60°=6\times6\times\dfrac{1}{2}=18$

同様に，$\overrightarrow{AC}\cdot\overrightarrow{AD}=\overrightarrow{AD}\cdot\overrightarrow{AB}=18$

$\begin{aligned}∴\quad|\overrightarrow{PQ}|^2&=\left|\dfrac{1}{2}(\overrightarrow{AC}+\overrightarrow{AD}-\overrightarrow{AB})\right|^2\\&=\dfrac{1}{4}(|\overrightarrow{AC}|^2+|\overrightarrow{AD}|^2+|\overrightarrow{AB}|^2+2\overrightarrow{AC}\cdot\overrightarrow{AD}\\&\quad-2\overrightarrow{AD}\cdot\overrightarrow{AB}-2\overrightarrow{AB}\cdot\overrightarrow{AC})\\&=\dfrac{1}{4}(36+36+36+2\times18-2\times18-2\times18)=18\end{aligned}$

よって，$|\overrightarrow{PQ}|=3\sqrt{2}$

4 $y=x^2+4x+7=(x+2)^2+3$

$y=x^2+4x+7$上の点Pから，直線$y=2x-3$への最短距離は，点Pから直線$2x-y-3=0$へおろした垂線の長さとなる。この長さdは，点Pの座標を$P(t,\ t^2+4t+7)$とすると

$\begin{aligned}d&=\dfrac{|2t-(t^2+4t+7)-3|}{\sqrt{2^2+(-1)^2}}=\dfrac{|t^2+2t+10|}{\sqrt{5}}\\&=\dfrac{|(t+1)^2+9|}{\sqrt{5}}\\&=\dfrac{(t+1)^2+9}{\sqrt{5}}\end{aligned}$

よって，$d \geqq \dfrac{9}{\sqrt{5}}$

したがって，最短距離は$\dfrac{9\sqrt{5}}{5}$

5.　$x \geqq 2$ 　　　　　　　　……①

　　$y \geqq 1$ 　　　　　　　　……②

　　$x^2 y = 64$ 　　　　　　　……③

③より

　　$y = \dfrac{64}{x^2}$ 　　　　　　……④

④を②に代入して

　　$\dfrac{64}{x^2} \geqq 1$，$x^2 \leqq = 64$

∴　　$-8 \leqq x \leqq 8$

①より

　　$2 \leqq x \leqq 8$ 　　　　　　……⑤

この範囲で$(\log_2 x)(\log_2 y) = Z$とおくと，

　　$Z = (\log_2 x)(\log_2 y)$

　　　$= (\log_2 x)\left(\log_2 \dfrac{64}{x^2}\right)$

　　　$= (\log_2 x)(\log_2 64 - 2\log_2 x)$

　　　$= (\log_2 x)(6 - 2\log_2 x)$

　　　$= -2(\log_2 x)^2 + 6\log_2 x$

　　　$= -2\left\{\left(\log_2 x - \dfrac{3}{2}\right)^2 - \dfrac{9}{4}\right\}$

　　　$= -2\left(\log_2 x - \dfrac{3}{2}\right)^2 + \dfrac{9}{2}$ 　　……⑥

⑤より

　　$\log_2 2 \leqq \log_2 x \leqq \log_2 8$

∴　　$1 \leqq \log_2 x \leqq 3$

したがって⑥は $\log_2 x = \dfrac{3}{2}$ のとき, 最大値 $\dfrac{9}{2}$ をとる。

このとき, $x=2^{\frac{3}{2}}=2\sqrt{2}$, $y=\dfrac{64}{(2\sqrt{2})^2}=8$

$\log_2 x = 3$ のとき, 最小値0をとる。

このとき, $x=2^3=8$, $y=\dfrac{64}{8^2}=1$

よって,

最大値 $\dfrac{9}{2}(x=2\sqrt{2}$, $y=8)$

最小値 $0(x=8$, $y=1)$

6 $\begin{cases} x^2+(k-5)x-2=0 & \cdots\cdots① \\ x^2-3x-k=0 & \cdots\cdots② \end{cases}$

共通解を α とすると,

$\quad \alpha^2+(k-5)\alpha-2=0 \qquad \cdots\cdots③$

$\quad \alpha^2-3d-k=0 \qquad\qquad \cdots\cdots④$

③−④

$\quad (k-2)\alpha-2+k=0 \quad$ より

$\quad (k-2)(\alpha+1)=0 \quad \therefore \quad k=2$, $\alpha=-1$

$k=2$のとき, ①, ②の方程式は一致し共通解2つで不適

$\therefore \quad \alpha=-1$

$\alpha=-1$のとき, $k=4$

よって $k=4$, 共通解は-1

【2】 一辺が$(a+b)$の正方形を図示し, その面積を求める。

$\quad a$, bに具体的な数値を何通か代入し, 公式を確認させる。

【3】 1 $x^2-2kx+3k=0\cdots①$

$\quad$ ①が異なる2つの実数解をもつので

$\quad\quad \dfrac{D}{4}=k^2-3k>0$

$k(k-3)>0$　∴　$k<0,\ 3<k$

2　$\alpha+\beta=2k,\ \alpha\beta=3k,\ \alpha\neq\beta$

$\alpha,\ \beta$ が実数解のとき

$$
\begin{aligned}
|\alpha-i|^2+|\beta-i|^2 &=(\alpha-i)(\overline{\alpha-i})+(\beta-i)(\overline{\beta-i})\\
&=(\alpha-i)(\overline{\alpha}+i)+(\beta-i)(\overline{\beta}+i)\\
&=(\alpha-i)(\alpha+i)+(\beta-i)(\beta+i)\\
&=\alpha^2-i^2+\beta^2-i^2\\
&=(\alpha+\beta)^2-2\alpha\beta+2\\
&=(2k)^2-2\times3k+2\\
&=4k^2-6k+2,\ (k<0,\ 3<k)
\end{aligned}
$$

$\alpha,\ \beta$ が虚数解のとき

$$
\begin{aligned}
|\alpha-i|^2+|\beta-i|^2 &=(\alpha-i)(\overline{\alpha-i})+(\beta-i)(\overline{\beta-i})\\
&=(\alpha-i)(\overline{\alpha}+i)+(\beta-i)((\overline{\beta}+i)\\
&=(\alpha-i)(\beta+i)+(\beta-i)(\alpha+i)\\
&=\alpha\beta+\alpha i-\beta i-i^2+\alpha\beta+\beta i-\alpha i+-i^2\\
&=2\alpha\beta+2=2\times3k+2=6k+2,\ (0<k<3)
\end{aligned}
$$

$k<0,\ 3<k$ のとき

$4k^2-6k+2$

$0<k<3$ のとき，

$6k+2$

【４】1　$\triangle ABC$ で$\angle C=70°$，$\dfrac{\angle A}{2}=\alpha$，$\dfrac{\angle B}{2}=\beta$ とする。

$2\alpha+2\beta+70°=180°$ より

$\alpha+\beta=55°$

$$
\begin{aligned}
\angle DIB &=\angle DIF-\angle BIF\\
&=90°-(\alpha+\beta)\\
&=90°-55°\\
&=35°
\end{aligned}
$$

2 　△ADEにおいて∠DAEの二等分線がDEと垂直に交わっているの
　　で，△ADEは二等辺三角形である。

　　∴　∠ADI＝∠AEI

　　よって，

　　　∠BDI＝∠IEC　　　　　　　……①

　　△BDIと△CEI　において

　　　∠DIB＝∠ECI　　　　　　　……②

　　①，②より

　　　△BDI∽△CEI

　　∴　ID：BD＝CE：IE　　　　……③

　　ここでAIは線分DEの垂直二等分線となるので

　　　IE＝ID

　　よって③は　ID：BD＝CE：ID

　　∴　ID^2＝BD・CE

【5】　∠AOB＝θとする。

　　　$\overrightarrow{OA} \cdot \overrightarrow{OB}$＝2より

　　　　$\left|\overrightarrow{OA}\right| \cdot \left|\overrightarrow{OB}\right| \cos\theta = 2,$

　　　$\left|\overrightarrow{OA}\right| = 2\sqrt{2},\ \left|\overrightarrow{OB}\right| = \sqrt{3}$より

　　　$2\sqrt{2} \times \sqrt{3}\cos\theta = 2$

　　∴　$\cos\theta = \dfrac{1}{\sqrt{6}}$

　　　$\left|\overrightarrow{OC}\right| = \left|\overrightarrow{OA}\right| \cdot \cos\theta = 2\sqrt{2} \times \dfrac{1}{\sqrt{6}} = \dfrac{2}{\sqrt{3}}$

　　∴　$\overrightarrow{OC} = \overrightarrow{OB} \times \dfrac{\frac{2}{\sqrt{3}}}{\sqrt{3}} = \dfrac{2}{3}\overrightarrow{OB}$

　　$AH：HC＝S：(1-S)$とすると

　　　$\overrightarrow{OH} = S \cdot \overrightarrow{OC} + (1-S)\overrightarrow{OA} = \dfrac{2}{3}S\,\overrightarrow{OB} + (1-S)\overrightarrow{OA}$

また，$\overrightarrow{OH} \perp \overrightarrow{AB}$ より

$\overrightarrow{OH} \cdot \overrightarrow{AB} = 0$

$\therefore \left(\dfrac{2}{3}S\overrightarrow{OB} + (1-S)\overrightarrow{OA} \right) \cdot (\overrightarrow{OB} - \overrightarrow{OA}) = 0$

$\dfrac{2}{3}S\,|\overrightarrow{OB}|^2 - \dfrac{2}{3}S\overrightarrow{OA} \cdot \overrightarrow{OB} + (1-S)\overrightarrow{OA} \cdot \overrightarrow{OB} - (1-S)\,|\overrightarrow{OA}|^2 = 0$

$\dfrac{2}{3}S \times (\sqrt{3})^2 - \dfrac{2}{3}S \times 2 + (1-S) \times 2 - (1-S) \times (2\sqrt{2})^2 = 0$

$\therefore \quad S = \dfrac{9}{10}$

よって，

$$\begin{aligned}
\overrightarrow{OH} &= \dfrac{2}{3}S\overrightarrow{OB} + (1-S)\overrightarrow{OA} \\
&= \dfrac{2}{3} \times \dfrac{9}{10}\overrightarrow{OB} + \left(1 - \dfrac{9}{10}\right)\overrightarrow{OA} \\
&= \dfrac{1}{10}\overrightarrow{OA} + \dfrac{3}{5}\overrightarrow{OB} \\
&= \dfrac{1}{10}\vec{a} + \dfrac{3}{5}\vec{b}
\end{aligned}$$

●書籍内容の訂正等について

　弊社では教員採用試験対策シリーズ（参考書，過去問，全国まるごと過去問題集），公務員試験対策シリーズ，公立幼稚園・保育士試験対策シリーズ，会社別就職試験対策シリーズについて，正誤表をホームページ（https://www.kyodo-s.jp）に掲載いたします。内容に訂正等，疑問点がございましたら，まずホームページをご確認ください。もし，正誤表に掲載されていない訂正等，疑問点がございましたら，下記項目をご記入の上，以下の送付先までお送りいただくようお願いいたします。

> ① **書籍名，都道府県（学校）名，年度**
> 　（例：教員採用試験過去問シリーズ　小学校教諭 過去問　2025年度版）
> ② **ページ数**（書籍に記載されているページ数をご記入ください。）
> ③ **訂正等，疑問点**（内容は具体的にご記入ください。）
> 　（例：問題文では"ア〜オの中から選べ"とあるが，選択肢はエまでしかない）

〔ご注意〕

○ 電話での質問や相談等につきましては，受付けておりません。ご注意ください。

○ 正誤表の更新は適宜行います。

○ いただいた疑問点につきましては，当社編集制作部で検討の上，正誤表への反映を決定させていただきます（個別回答は，原則行いませんのであしからずご了承ください）。

●情報提供のお願い

　協同教育研究会では，これから教員採用試験を受験される方々に，より正確な問題を，より多くご提供できるよう情報の収集を行っております。つきましては，教員採用試験に関する次の項目の情報を，以下の送付先までお送りいただけますと幸いでございます。お送りいただきました方には謝礼を差し上げます。

（情報量があまりに少ない場合は，謝礼をご用意できかねる場合があります）。

◆あなたの受験された面接試験，論作文試験の実施方法や質問内容

◆教員採用試験の受験体験記

- -

<table>
<tr><td rowspan="5">送付先</td><td>○電子メール：edit@kyodo-s.jp</td><td rowspan="5"></td></tr>
<tr><td>○FAX：03-3233-1233（協同出版株式会社　編集制作部 行）</td></tr>
<tr><td>○郵送：〒101-0054　東京都千代田区神田錦町2-5</td></tr>
<tr><td>　　　　　　協同出版株式会社　編集制作部 行</td></tr>
<tr><td>○HP：https://kyodo-s.jp/provision（右記のQRコードからもアクセスできます）</td></tr>
</table>

　※謝礼をお送りする関係から，いずれの方法でお送りいただく際にも，「お名前」「ご住所」は，必ず明記いただきますよう，よろしくお願い申し上げます。

教員採用試験「過去問」シリーズ

山形県の
数学科 過去問

編　集	ⒸＣ協同教育研究会
発　行	令和6年4月10日
発行者	小貫　輝雄
発行所	協同出版株式会社
	〒101-0054　東京都千代田区神田錦町2 - 5
	電話　03－3295－1341
	振替　東京00190－4－94061
印刷所	協同出版・ＰＯＤ工場

落丁・乱丁はお取り替えいたします。

2024年夏に向けて
ー教員を目指すあなたを全力サポート！ー

●通信講座

志望自治体別の教材とプロによる
丁寧な添削指導で合格をサポート

●公開講座 (＊1)

48のオンデマンド講座のなかから、
不得意分野のみピンポイントで学習できる！
受講料は6000円〜　＊一部対面講義もあり

●全国模試 (＊1)

業界最多の **年5回** 実施！
定期的に学習到達度を測って
レベルアップを目指そう！

●自治体別対策模試 (＊1)

的中問題がよく出る！
本試験の出題傾向・形式に合わせた
試験で実力を試そう！

　上記の講座及び試験は，すべて右記のQRコードか
らお申し込みできます。また，講座及び試験の情報は，
随時，更新していきます。

＊1・・・ 2024年対策の公開講座、全国模試、自治体別対策模試の
　　　　情報は、2023年9月頃に公開予定です。

協同出版・協同教育研究会
https://kyodo-s.jp

お問い合わせは
通話料無料の
フリーダイヤル

0120 (13) 7300
いい み　なさんおうえん
受付時間：平日（月〜金）9時〜18時　まで